# Verfassungsschutz
# in der freiheitlichen Demokratie

60 JAHRE Landesamt für Verfassungsschutz

HESSEN

5 VORWORT
*Boris Rhein, Hessischer Minister des Innern und für Sport*

7 VERFASSUNGSSCHUTZ IM WANDEL DER ZEIT
8 **Gestern – Heute – Morgen: Verfassungsschutz im 21. Jahrhundert**
*Roland Desch*

16 **Verfassungsschutz zwischen Grundgesetz und Innerer Sicherheit**
*Martin Rößler*

23 GESCHICHTLICHER RÜCKBLICK
24 **60 Jahre Landesamt für Verfassungsschutz (LfV) Hessen**
Kursorische Notizen einer Erfolgsgeschichte
*Dr. Iris Pilling*

39 **Die Verfassungsschutzberichte des Landes Hessen im Vergleich**
*Prof. Dr. Eckhard Jesse*

53 RAHMENBEDINGUNGEN UND PERSPEKTIVEN DES VERFASSUNGSSCHUTZES
54 **Parlamentarische Kontrolle – Praxis und Perspektiven**
*Nancy Faeser, Holger Bellino, Wolfgang Greilich, Jürgen Frömmrich, Alexander Bauer*

71 **Abschied vom Trennungsgebot**
*Prof. Dr. Michael Ronellenfitsch*

88 **Ein spannendes Verhältnis: Verfassungsschutz und Öffentlichkeit**
*Holger Stark*

97 ISLAMISMUS / ISLAMISTISCHER TERRORISMUS
98 **Jihad im Sauerland**
Zur Entstehung der islamistischen Terrorszene in Deutschland
*Dr. Guido Steinberg*

107 **Radikalisieren verboten?**
Praktische Überlegungen zum Verbot islamistischer Missionierungsnetzwerke
*Michael Fischer / Catrin Rieband*

121 RECHTSEXTREMISMUS
122 **Antisemitisch motivierte Straftaten von Beleidigungen bis zu Gewalttaten**
Eine Analyse zu Ausmaß, Deliktarten, Entwicklung und Tätern
*Prof. Dr. Armin Pfahl-Traughber*

137 **Die Jungen Nationaldemokraten**
Strukturen, Strategien und Erfolgsbedingungen in der „Volksfront von Rechts"
*Dr. Roland Johne*

163 LINKSEXTREMISMUS
164 **Gescheiterte Revolutionsträume: Die Enttarnung der geheimen „Militärorganisation" der DKP 1989**
*Dr. Rudolf van Hüllen*

185 GEHEIMSCHUTZ
186 **Wer ist schon sicher? Die Durchführung von Sicherheitsüberprüfungen**
*Dr. Alexandra Karrenberg*

203 ANHANG
204 **Literaturverzeichnis**

217 **Autoren**

Ursprünglich sollte eine „Informationsabteilung" eingerichtet werden, so hatte es im März 1950 das hessische Kabinett besprochen. Im Juli 1951 wurde aus der geplanten Informationsabteilung das Landesamt für Verfassungsschutz. Die Gründung war ein deutliches Zeichen für den politischen Aufbau Hessens nach dem Ende des Zweiten Weltkriegs. Die drei Monate später folgende Aufhebung des Besatzungsstatuts lieferte dann die historischen Rahmenbedingungen.

Die Väter des Grundgesetzes hatten sich nach den Erfahrungen der Geschichte ganz bewusst für eine wehrhafte Demokratie entschieden. Sie wollten nach der Weimarer Republik und in Abkehr vom darauf folgenden Totalitarismus einen Staat der Freiheit. Politischer Agitation, die die Überwindung unserer freiheitlichen demokratischen Grundordnung zum Ziel hat, sollte dennoch effektiv begegnet werden können. Jene Vorgabe ist – so viel kann ich heute rückblickend feststellen – in den vergangenen 60 Jahren erfüllt worden.

Das Landesamt für Verfassungsschutz ist ein wichtiger Pfeiler in der föderalen Sicherheitsarchitektur unserer Demokratie. Die Mitarbeiterinnen und Mitarbeiter beobachten extremistische Bestrebungen – auch unter Anwendung nachrichtendienstlicher Mittel. Die Erkenntnisse versetzen Landesregierung und Exekutivbehörden in die Lage, gegen die Feinde unserer Verfassung vorzugehen. Zudem leistet das Landesamt für Verfassungsschutz auch einen wichtigen Beitrag an der geistig-politischen Auseinandersetzung mit den Verfassungsgegnern. Ich begrüße in dem Zusammenhang ausdrücklich den Ausbau der Aufklärungs- und Präventionsarbeit gegen alle Formen des politischen Extremismus; ebenso die Veröffentlichung zahlreicher Publikationen, bis hin zum jährlich erscheinenden Verfassungsschutzbericht.

Die enge Zusammenarbeit im Verfassungsschutzverbund von Bund und Ländern trägt zum Schutz unserer Demokratie genauso bei wie der Informationsaustausch mit der hessischen Polizei oder den Kommunen. Das alles ist Garant für die Stabilität unserer freiheitlichen Demokratie.

Ich gratuliere dem Landesamt für Verfassungsschutz zu seinem 60-jährigen Bestehen. Die Festschrift vermittelt einen Einblick in die Arbeit des Verfassungsschutzes und ist die konsequente Weiterführung des Diskurses im Sinne unserer freiheitlichen demokratischen Grundordnung.

Ihr

Boris Rhein, Hessischer Minister des Innern und für Sport

Gestern - Heute - Morgen -

GESCHICHTLICHER RÜ

Ein spannendes Verhältnis: Verfassung

Jihad im Sauerland

Antisemitisch motivierte Straftat

e Jungen Nationaldemokraten

hon sicher? Die Durchführung von Sicherheitsüberprüfungen

0 Jahre Landesamt für Verfassungsschutz Hessen

Verfassungsschutz im 21. Jahrhundert

Verfass

Die Verfassungsschutzberichte des Landes Hes

Abschied vom Trennungsgebot

ngsschutz und Öffentlichkeit

Radikalisieren verboten?

n von Beleidigungen bis zu Gewalttaten

Gescheiterte Revolutionsträume:

Wer ist schon sicher?

hutz in der freiheitlichen Demokratie

erfassungsschutz im 21. Jahrhundert

Verfassungs

GESCHICHTLICHER RÜCKBLICK

Die Verfassungsschutzberichte des

Abschied vom Trennungsgebot

RECHTSEXTREMISMUS

Die Jungen Nationalde

„Militärorganisation"

her? Die Durchführung von Sicherheitsüberprüfungen

ndesamt für Verfassungsschutz Hessen

Verfassungssc

60 Jahre Landesamt für

Die Verfassungsschutzberichte

# VERFASSUNGSSCHUTZ IM WANDEL DER ZEIT

# Gestern - Heute - Morgen
# Verfassungsschutz im 21. Jahrhundert

## Einführung und ein Blick in die Zukunft

*Roland Desch*

### 1. Der Blick zurück

Geburtstage - runde allemal - bieten wie ein Jahreswechsel immer wieder Gelegenheit, innezuhalten, Bilanz zu ziehen und planend einen Blick in die Zukunft zu richten.

So sind im Jahr 2011 sechzig Jahre Verfassungsschutz in Hessen Anlass, neben einer Reihe verschiedener Veranstaltungen mit dieser Festschrift unterschiedliche Perspektiven des Verfassungsschutzes in Hessen in inhaltlicher und organisatorischer Weise zu betrachten.

Ich bin dankbar, dass sich namhafte Persönlichkeiten aus Wissenschaft, Politik, Gesellschaft und Verfassungsschutz bereit erklärt haben, Beiträge zu verfassen, die Ihnen in der Folge Lesenswertes zu folgenden Fragestellungen bieten:

- kursorische Notizen zur Erfolgsgeschichte des hessischen Verfassungsschutzes
- das Trennungsgebot als konstitutive Voraussetzung für den Schutz der Verfassung
- die parlamentarische Kontrolle des Landesamtes für Verfassungsschutz Hessen
- Verfassungsschutz und Öffentlichkeit
- die immerwährenden facettenreichen Phänomene des Rechts- und Linksextremismus sowie
- der jüngste Beobachtungsgegenstand „Islamismus und islamistischer Terrorismus"

abgerundet mit Anmerkungen zu

- Aspekten des Geheimschutzes und der diesen gewährleistenden Sicherheitsüberprüfungen

Nach dem Ende des Zweiten Weltkrieges und damit der nationalsozialistischen Herrschaft mussten viele Bereiche des öffentlichen Lebens neu geregelt und organisiert werden. Dabei verwundert es nicht, dass beispielsweise Angelegenheiten der öffentlichen Sicherheit, die durch die Polizei zu gewährleisten waren, sehr viel schneller geregelt wurden, als dies beim Verfassungsschutz der Fall war.

Vor dem Hintergrund der seinerzeitigen historischen Erfahrungen mit einer allmächtigen Organisation wie dem Reichssicherheitshauptamt und der Geheimen Staatspolizei - Gestapo - war es nur folgerichtig, dass zum Schutz der Verfassung und des Staates eine von der Polizei getrennte Organisation einzurichten war.

Interessanterweise geht das Trennungsgebot, das in dieser Form in den meisten anderen Staaten in Bezug auf sogenannte Inlandsnachrichtendienste nicht existiert, in der deutschen Geschichte weiter zurück. Bereits Anfang des 19. Jahrhunderts existierte in Staaten des Deutschen Bundes neben der Kriminalpolizei eine politische Polizei. Auch hier entwickelte sich in der Folge eine Einschränkung von Befugnissen. Diese erstreckten sich nur noch auf die Sammlung und Auswertung von Informationen. Auch später, nach der Reichsgründung bis schließlich zur Weimarer Republik, hatten die verschiedenen zentralen Stellen keine exekutiven Befugnisse.

In der Bundesrepublik Deutschland und in den Bundsländern dauerte es schließlich bis 1950 respektive 1951, bis die Einrichtung eines Bundesamtes und in der Folge der Landesämter für Verfassungsschutz[1] - als Ausdruck der föderalen Struktur - und deren Befugnisse einfachgesetzlich geregelt wurden. Im Sommer 1951 war es dann so weit: Der Hessische Landtag verabschiedete das Gesetz über das Landesamt für Verfassungsschutz. Aus einem Provisorium - der Informationsstelle im Innenministerium - wurde das Landesamt für Verfassungsschutz Hessen.

Von Beginn an waren Rechts- und Linksextremismus beherrschende Themenfelder. Daneben musste ein besonderes Augenmerk auf Spionageaktivitäten gerichtet werden. Als Überschrift für die ersten Jahre eines neuen Verfassungsschutzes bis in die 70er Jahre des 20. Jahrhunderts bietet sich der Begriff „Kalter Krieg" an. Damit einher gingen intensive Maßnahmen zur Beobachtung links- und rechtsextremistischer Parteien - wie der Sozialistischen Reichspartei (SRP) und der Kommunistischen Partei Deutschlands (KPD). Das Verbot beider Parteien konnte letztlich nicht verhindern, dass sich in den 60er Jahren wiederum neue rechts- und linksextremistische Parteien gründeten - die Nationaldemokratische Partei Deutschlands (NPD) und die Deutsche Kommunistische Partei (DKP) -, die dauerhaft zu Beobachtungsobjekten des Verfassungsschutzes wurden.

Gegen Ende der 60er Jahre entwickelte sich ein neues Phänomen, das bis in die 90er Jahre andauerte. Ausgehend von Studentenrevolten etablierte sich der Linksterrorismus in unterschiedlichen organisatorischen Ausprägungen, wie den Revolutionären Zellen (RZ) und der Roten Armee Fraktion (RAF), anfänglich auch als Baader-Meinhof-Bande bekannt. Mit diesem Phänomen kamen auf die junge Bundesrepublik Deutschland und auf Hessen besondere Aufgaben und Belastungen zu. Anschläge unterschiedlicher Art, Entführungen bis hin zu zahlreichen Mordanschlägen terrorisierten die Gesellschaft auf schreckliche

[1] Sie sind z.T. als selbstständige Behörden, z.T. als Abteilungen der Innenministerien/-behörde organisiert.

Weise und stellten besondere politische, rechtliche und taktische Herausforderungen dar.

In einer ganz anderen Art und Mischung als dies in jüngster Zeit bei dem Bauvorhaben „Stuttgart 21" der Fall war, fanden die Auseinandersetzungen um den Bau der Startbahn 18 West in den 80er Jahren in Frankfurt am Main statt. Linksextremisten und -terroristen nutzten die Baumaßnahmen ebenso zu gewalttätigen Auseinandersetzungen wie dies Bürgerinnen und Bürger aus der Region für ihre ebenfalls zum Teil von Gewalt geprägten Proteste taten. Erst nach den Morden an Polizisten im November 1987 ebbten die gewalttätigen Proteste ab. Im Zusammenhang mit dem aktuellen Ausbau des Flughafens - Bau einer neuen Landebahn - haben sich die Proteste erfreulicherweise nicht in der gewaltsamen Art wiederholt. Dies war sicher auch Ergebnis einer sehr viel intensiver gestalteten politischen und gesellschaftlichen Kommunikation.

In den 80er beginnend und verstärkt in den 90er Jahren rückten Aufgaben im Zusammenhang mit ausländisch-extremistischen Aktivitäten in den Blickpunkt des Verfassungsschutzes. Parallel zu einer Diskussion über den weiteren Bedarf an Verfassungsschutz nach dem Fall des Eisernen Vorhangs und dem damit verbundenen endgültigen Ende des Kalten Krieges etablierten sich immer mehr ausländische extremistische Vereine und Organisationen. Sie brachten die Auseinandersetzungen aus ihren Heimatländern und die damit verbundenen, zum Teil gegen den Gedanken der Völkerverständigung gerichteten Einstellungen mitten nach Deutschland und somit auch nach Hessen. Dies erfolgte nicht nur in Hinterstuben, sondern häufig mit besonders gewalttätigen Auseinandersetzungen und Anschlägen in der Öffentlichkeit und auf den Straßen.

Was sich in den 90er Jahren in Europa und Deutschland bereits andeutete, wurde schließlich 2001 zu Beginn des neuen Jahrtausends schreckliche Gewissheit. Der 11. September 2001 offenbarte mit aller Wucht die weltweite Dimension des islamistischen Terrorismus. In der Folge wurde die Beobachtung des Islamismus - ein Begriff, der in bewusster Abgrenzung zur Religion des Islam wegen seiner extremistischen Dimension neu geprägt wurde - zu einem neuen und in Anbetracht seiner bedrohlichen und terroristischen Dimension herausragenden Tätigkeitsfeld des Verfassungsschutzes.

Nach diesem kurzen Überblick über die Aufgaben des Verfassungsschutzes in den vergangenen 60 Jahren lässt sich feststellen:

- Links- und rechtsextremistische Bestrebungen und Aktivitäten sind traditionell prägend und konstant.
- Im Laufe der Jahre haben sich immer wieder neue Phänomene oder Ausprägungen extremistischer Bestrebungen ergeben, die eine

Fortentwicklung der Arbeit des Verfassungsschutzes erforderten.

- Verfassungsschutz war und ist als Frühwarnsystem für eine wehrhafte Demokratie unerlässlich. Die Aufklärung der Öffentlichkeit sowie die Information von Politik und anderen Stellen müssen dabei extremistische Bestrebungen reduzieren oder - ganz im Sinne einer modernen Prävention - vermeiden helfen.

Konstanz und Modernisierung sind daher Merkmale eines zeitgemäßen Verfassungsschutzes. In diesem Sinn gilt es daher, auf den Erfahrungen der vergangenen sechs Jahrzehnte aufzubauen und den bevorstehenden Herausforderungen mit Zuversicht und Offenheit für neue Methoden und Entwicklungen zu begegnen.

## 2. Der Blick nach vorn

### Determinanten der Arbeit des Verfassungsschutzes

Was sind die zukünftigen Determinanten der Arbeit zum Schutz der Verfassung - und damit für Sicherheit in Freiheit? Woraus können sich fortgesetzte, modifizierte oder neue Bedrohungen für die verfassungsmäßigen Prinzipien bzw. den Bestand oder die Sicherheit des Bundes oder eines Landes ergeben?

Zuvorderst werden gesellschaftliche Entwicklungen Ausmaß und Formen von Extremismus bestimmen. Demografie ist dabei ein Schlüsselbegriff für vielfältige Entwicklungen, damit auch für den Verfassungsschutz. Die Alterung der Gesellschaft birgt ebenso potenzielle Spannungsfelder wie eine aus vielfältigen Gründen erfolgende weitere Internationalisierung. Aus beiden Gründen können sich gegenläufige Interessenssphären entwickeln, die die Entstehung extremistischer Bestrebungen im weiteren Sinne fördern; seien es Konflikte zwischen Alten und Jungen, Einheimischen und Migranten sowie damit verbunden zwischen denjenigen, die gesellschaftliche Teilhabe erleben oder sich ausgegrenzt fühlen - Stichworte hierfür: Integration und Desintegration.

Zwischen Einzelgruppen bzw. -phänomenen können sich aber auch Extremismus fördernde Gemeinsamkeiten ergeben, wie beispielsweise ein übergreifender Antisemitismus oder gewalttätige Angriffe im Zusammenhang mit muslimischen Feiertagen oder Veranstaltungen.

Gesellschaftliche Einstellungen und Verhaltensweisen werden dabei zunehmend von Partikularinteressen bestimmt, die im Ergebnis zu einer weiteren Diversifizierung der Parteienlandschaft führen können - zwar nicht zwangsläufig mit extremistischen Ausprägungen, aber mit einem erhöhten Gefahrenpotenzial. Dies gilt insbesondere dann, wenn demokratische Kräfte aufgrund der Zersplitterung der politischen Parteien ggf. tendenziell extremistische Kräfte, anstatt sie mit den verfügbaren Mitteln zu bekämpfen, in Koalitionen einbinden - Stichwort: Weimarer Verhältnisse.

Neben Internationalisierung und Globalisierung hat die heutige Gesellschaft ein weiteres herausragendes und herausforderndes Merkmal. Waren Information und Kommunikation schon immer Schlüsselfaktoren für Erfolg und Durchsetzungsfähigkeit, sind die heutigen und absehbar künftigen Möglichkeiten IT-gestützter Information und Kommunikation geradezu revolutionär. Das digitale Zeitalter mit dem Internet verändert die Gesellschaft in vielfältiger Hinsicht – und schafft damit auch neue Voraussetzungen für die Entstehung und Ausbreitung von Extremismus sowie dessen Bekämpfung. Extremistische Positionen können grenzenlos verbreitet werden, Radikalisierungsprozesse in vielfältigster Weise stattfinden sowie Gruppen- oder – viel gefährlicher – Einzelaktivitäten und Anschläge in der Anonymität des Netzes geplant, vorbereitet bzw. initiiert sowie „gerechtfertigt" werden.

Damit einher geht eine wachsende Gefahr „zufälliger" Entwicklungsprozesse in Richtung Extremismus und Terrorismus. Wer weiß, wie sich ein Angehöriger der „Generation Facebook" informiert, mit wem er kommuniziert, wer ihn womit für sich gewinnt und aktiviert?

In Anbetracht der kurz angerissenen Entwicklungstendenzen, die zum Teil schon Realität, zum Teil am Horizont zu erkennen sind, wird es in ganz besonderem Maße darauf ankommen, Anzeichen und potenzielle Anlässe für gesellschaftlichen Unfrieden und potenzielle soziale Unruhen frühzeitig zu erkennen, um extremistischen Bestrebungen sowie Aktivitäten begegnen zu können.

Ansonsten erscheinen die Voraussetzungen für eine weitere bzw. zunehmende Gewalt zwischen Extremisten der verschiedenen Phänomenbereiche, seien es Rechts- oder Linksextremisten oder künftig auch Islamisten, geradezu günstig, zumal in einer auf Aktion ausgerichteten Gesellschaft ideologisch fundierte Einstellungen weniger bedeutend sein können als die – ggf. auch medial wirksam inszenierte – Tat. Vor diesem Hintergrund steht zu befürchten, dass sich unterschiedliche, ggf. grundsätzlich auch gegensätzliche extremistische Potenziale zumindest vorübergehend in Aktionen gegen andere Extremisten zusammenschließen. Dies dürfte umso problematischer sein, als die Gefahr internationaler Konflikte und Vernetzungen anwachsen dürfte – nicht nur im Bereich des islamistischen Extremismus und Terrorismus.

Ein (neues) Phänomen ist heute unverkennbar, in seiner Dimension und Bedrohlichkeit für viele aber noch nicht zu fassen: Cyber-Extremismus oder Cyber-War. Darunter sind die traditionellen Tätigkeitsfelder des Verfassungsschutzes – Spionage und Wirtschaftsschutz – genauso zu fassen wie das herausragende Tätigkeitsfeld des Terrorismus. Angriffe auf kritische Informationsinfrastrukturen sind in vielerlei Hinsicht denkbar: im Rahmen der Industriespionage auf die sogenannten besonderen deutschen „Rohstoffe" im Sinne des Technologie-

Know-hows oder aber als terroristische Angriffe auf die Energieversorgung.

Insofern besteht für die Sicherheitsbehörden insgesamt, aber gerade auch für die Behörden des Verfassungsschutzes ein zunehmender Bedarf, über eigenes technisches Wissen und eigene Kompetenz zu verfügen. Dies gilt für die Erforschung bzw. das Erkennen besonderer „Tatgelegenheiten" genauso wie für Technik, die zur Beobachtung extremistischer Verhaltensweisen genutzt werden kann.

Mit der Beobachtung der entsprechenden Informations- und Kommunikationsbeziehungen stellen sich jedoch immer wieder Rechtsfragen im Spannungsfeld Freiheit vs. Sicherheit. Dies gilt nicht nur hinsichtlich der Fragen besonderer Befugnisse der Verfassungsschutzbehörden, sondern bereits bei der Ausgestaltung von Möglichkeiten der Datenerhebung und -verarbeitung im Kontext von sozialen Netzwerken oder Informationsdiensten. Nationale und internationale Interessen sowie Rechtskulturen treffen dabei ebenso aufeinander wie wirtschaftliche und Sicherheitsinteressen. Dabei geht es zunehmend nicht mehr um Fragen des Datenschutzes, sondern auch um Fragen der Datensicherheit.

Zu hinterfragen im Kontext des rechtlichen Rahmens zur Extremismusbekämpfung ist neben den technischen Aspekten auch die Konsistenz des rechtlichen Instrumentariums; dies gilt insbesondere für die Rechtsgebiete des Ausländerrechts, des Baurechts oder - wie immer wieder - auch für das Versammlungsrecht. Die häufig auf das jeweilige Rechtsgebiet ausgerichteten Rechtsnormen geben keine, zumindest aber nicht immer ausreichende Befugnisse, extremistische Bestrebungen einzuschränken. Trotz entsprechenden Wissens ist es heute nicht möglich, Baumaßnahmen durch extremistische Organisationen zu verhindern - obwohl die Prognose leicht fällt, dass hierdurch einer weiteren Ausbreitung extremistischen Gedankenguts Vorschub geleistet wird.

## 3. Was ist zu tun?

### Konsequenzen und Perspektiven

Im Gegensatz zur fünften Dekade seines Bestehens kann für die bevorstehende siebte Dekade des Verfassungsschutzes davon ausgegangen werden, dass die Notwendigkeit eines Inlandsdienstes zum Schutz der Verfassung nicht in Frage steht.

Die Bedrohungsszenarien sind zu eindeutig, als dass die Prinzipien der wehrhaften Demokratie aufgegeben werden könnten. Die freiheitliche demokratische Grundordnung mit ihren verschiedenen Elementen ist auch in den nächsten Jahren aller Verteidigung wert. Dazu gehört zweifellos ein effizienter, flexibler sowie personell, rechtlich und technisch bestmöglich aufgestellter Verfassungsschutz in Bund und Ländern.

Die föderalen Strukturen haben sich in Deutschland bewährt; im Kontext der regionalen, nationalen und internationalen Bedrohungsstrukturen ist auch weiterhin ein die jeweiligen Stärken zusammenführendes Miteinander von Bundes- und Landesbehörden sinnvoll und erfolgsträchtig.

Die internationale Zusammenarbeit hat sich in den vergangenen Jahren grundsätzlich bewährt; dennoch ist angesichts der fortschreitenden Internationalisierung darüber nachzudenken, wie zumindest im europäischen Kontext die Zusammenarbeit intensiviert und neu organisiert werden kann.

Auch wenn es keine Zweifel daran gibt, dass das Trennungsgebot auch zukünftig gelten soll, ist die Zusammenarbeit mit den Polizeibehörden immer wieder auf den Prüfstand zu stellen. Insbesondere in den Bereichen mit besonderem terroristischen Bedrohungspotenzial mit fließenden Zuständigkeiten ist eine nahtstellenfreie Zusammenarbeit durch intensiven Informationsaustausch, aber auch die Abstimmung der zu treffenden Maßnahmen zu gewährleisten. Hier kommt es zusätzlich besonders darauf an, die zur Verfügung stehenden Ressourcen möglichst effizient einzusetzen – als Beispiel kann die Überwachung im Internet dienen.

Mindestens genauso wichtig wie die weitere Optimierung der internationalen und sicherheitsbehördlichen nationalen Zusammenarbeit ist jedoch die weitere Entwicklung der Binnenstruktur der Verfassungsschutzbehörden.

Die Entwicklung einer Profession „Verfassungsschützerin/Verfassungsschützer" ist dabei ebenso zu bedenken wie die zusätzliche Beschäftigung von Spezialistinnen und Spezialisten in technischen, sprachlichen und interkulturellen Bereichen.

Dies sind Grundbedingungen für eine weitere Verbesserung der Analysekompetenz und der damit verbundenen Prognosefähigkeit des Verfassungsschutzes. Nur so kann er seiner Rolle als Frühwarnsystem und qualifizierter Berater der verschiedenen Bedarfsträger gerecht werden. Dabei wird es auch darauf ankommen, die verschiedenen „Beratungsprodukte" zielgruppengerecht aufzubereiten und in breiterer Form anzubieten, als das bisher der Fall war.

Daneben sollte eine stärkere Akzentuierung der Präventionsbemühungen des Verfassungsschutzes erfolgen. So wie bereits in den 70er Jahren unter dem Begriff „Verfassungsschutz durch Aufklärung" geschehen, gilt es künftig, die Kompetenzen zum Thema Extremismus über Entstehung, Ausbreitung und Ausprägung sowie Bekämpfungsmöglichkeiten vermehrt mittelbar oder auch unmittelbar in Maßnahmen zur Verhinderung einzubringen.

Dies geht allerdings nur, wenn hierfür die entsprechenden Ressourcen, sei es unmittelbar durch Personal oder mittelbar durch entsprechende Budgetierung, zur Verfügung stehen. Hier sollte künftig der Grundsatz gelten:

Bevor aufwändige Aussteigerprogramme entwickelt werden, ist es sinnvoller, den Einstieg in extremistische Karrieren zu verhindern.

Damit einhergehen müssen ein verändertes Kommunikationsverhalten und eine offensivere Öffentlichkeitsarbeit des Verfassungsschutzes, als dies in der Vergangenheit der Fall war. Nachrichtendienstliche Tätigkeiten und Öffentlichkeitsarbeit schließen sich nicht aus.
Zur gesellschaftlichen Akzeptanz des Verfassungsschutzes und damit auch zur Prävention von Extremismus ist es zudem unabdingbar, ein Vertrauensverhältnis zur Bevölkerung und zu tragenden gesellschaftlichen Organisationen zu schaffen bzw. auszubauen. Durch ihr Zusammenwirken kann nicht nur das Wissen über Gefährdungen der Demokratie intensiviert, sondern auch die Handlungsoptionen von Staat und Gesellschaft erhöht werden. Wenn dies gelingt, sind die Chancen, Extremismus in Grenzen zu halten, trotz der Extremismus fördernden Determinanten in einer freiheitlichen und sicheren Gesellschaft groß - und die Voraussetzungen gut, die Erfolgsgeschichte des Verfassungsschutzes für weitere Jahrzehnte fortzuschreiben.

# Verfassungsschutz zwischen Grundgesetz und Innerer Sicherheit

*Martin Rößler*

*„Der Staat ist nicht ein der Gesellschaft objektiv gegenüberstehendes, von ihr unabhängiges Gebilde, sondern die Gesellschaft selbst im Zustand ihrer politischen Integration."* (Max Weber)

Ich gratuliere dem Landesamt für Verfassungsschutz Hessen zu seinem 60-jährigen Bestehen. Ein solches Jubiläum ist selbst für eine Behörde nicht selbstverständlich und immer auch Anlass, einen Blick zurückzuwerfen - so, wie es neben vielfältigen anderen Jubiläumsaktivitäten mit dieser Festschrift und nicht zuletzt einem Festakt im Hessischen Landtag geschieht. Es bietet Gelegenheit, Maßgebliches oder auch nur Bemerkenswertes der vergangenen Jahrzehnte zusammenzutragen und - oft im Zahlenvergleich mit der Gegenwart - zu bewerten.

Eine solche Betrachtung des Landesamtes für Verfassungsschutz, als dem Hessischen Innenministerium unmittelbar nachgeordneter oberer Landesbehörde, etwa unter Berücksichtigung seiner unterschiedlichen Direktoren (seit 2007: Präsidenten), der Zahl und Aufgabe der aufsichtsführenden Referenten im Innenministerium, dem Auf und Ab der Belegschaftsstärke oder auch der im Laufe von 60 Jahren gesellschaftlicher Entwicklung zwangsläufig wechselnden Aufgabenschwerpunkte, mit immer wieder notwendiger Neuausrichtung und erforderlichen Umstrukturierungen, gehört fraglos zu einem solchen Datum.

Zahlen, Daten und Fakten können allerdings nicht mehr sein als ein äußeres Gerüst der Darstellung. Ein Spiegelbild der Zeit und Lebenswirklichkeit entsteht erst, wenn man die geschichtlichen, namentlich die (gesellschafts-)politischen Umstände mit einbezieht, die diese Daten und Fakten geschaffen oder zumindest maßgeblich beeinflusst haben. Hierzu sei ein kurzer geschichtlicher Rückblick gestattet.

Die Gründung des Hessischen Landesamts für Verfassungsschutz erfolgte rund ein dreiviertel Jahr nach Inkrafttreten des *Gesetzes über die Zusammenarbeit des Bundes und der Länder in Angelegenheiten des Verfassungsschutzes* vom September 1950 und reicht zurück in eine Zeit, in der der letzte große Krieg, der ganz Europa in Trümmer gelegt und die Maßstäbe des Vorstellbaren verschoben hatte, gerade einmal sechs

Jahre beendet war. Deutschland war auf dem Weg, seine Identität und Position in Europa zu finden, der europäische Gedanke - grundlegend entwickelt bereits in den 20er Jahren des vergangenen Jahrhunderts durch Aristide Briand und Gustav Stresemann - auf dem Weg zu seiner Verwirklichung. So wurde ebenfalls 1951 mit dem Ziel des wirtschaftlichen Zusammenwachsens zwischen Frankreich, den Benelux-Staaten, Deutschland und Italien die Europäische Gemeinschaft für Kohle und Stahl (EGKS) gegründet.

Dies war die erste Etappe auf dem Weg hin zu einer europäischen Föderation, die für alle Europäer wirtschaftlichen Wohlstand und damit letztlich - so die Vorstellung und Hoffnung - politisch stabile Verhältnisse und dauerhaften Frieden sichern sollte. Das hiermit nach unseren Vorstellungen untrennbar verbundene demokratische Gemeinwesen musste allerdings, zumal nach den Erfahrungen der Weimarer Zeit, gesichert und vor Angriffen von innen wie von außen geschützt werden. Jene Vorgabe ist, so viel kann man heute rückblickend sagen, in den vergangenen 60 Jahren erfüllt worden. Hierfür verantwortlich war allerdings nicht allein eine klug „konstruierte" Verfassung im Sinne eines normativen bzw. präventiven Verfassungsschutzes, sondern auch die bewusste Entscheidung zur Gründung einer Sicherheitsbehörde wie des Landesamtes für Verfassungsschutz Hessen.

Ich möchte daher den 60. Jahrestag seines Bestehens zum Anlass nehmen, mich nicht zuletzt mit Blick auf den tiefergehenden Anspruch dieser Festschrift und die oftmals in den Hintergrund gerückte Verfassungstradition in Hessen mit der Frage zu beschäftigen, was „Verfassungsschutz" im Lichte dieser Erfahrungen bzw. Vorgaben bedeutet.

Nach der Legaldefinition in Art. 73 Nr.10 *lit.* b des Grundgesetzes (GG) ist Verfassungsschutz der Schutz der freiheitlichen demokratischen Grundordnung, des Bestands und der Sicherheit des Bundes oder eines Landes. Dieser weite Begriff des Verfassungsschutzes erlaubt es uns, hierunter alle Instrumentarien, Einrichtungen und Maßnahmen zu fassen, die dem Schutz der genannten Rechtsgüter vor Unterhöhlung und Beseitigung dienen sollen. Schlüsselbegriff ist dabei die *freiheitliche demokratische Grundordnung*, ein in Art. 21 GG normierter, unbestimmter, ausfüllungsbedürftiger Rechtsbegriff, der als Katalog von Tatbeständen vom Bundesverfassungsgericht in seinen Verbotsentscheidungen zur *Sozialistischen Reichspartei* und zur *Kommunistischen Partei Deutschlands* 1952 bzw. 1956 erstmals definiert wurde. Hierzu gehören etwa das Recht des Volkes, die Staatsgewalt in Wahlen und Abstimmungen zu bestimmen, die Bindung des Gesetzgebers an die verfassungsmäßige Ordnung, die Unabhängigkeit der Gerichte, der Ausschluss jeglicher Gewalt- und Willkürherrschaft und vieles mehr.

All diese Errungenschaften eines modernen Verfassungsstaates betrachten wir heute, 66 und 22 Jahre nach Beendigung der letzten totalitären Regime auf deutschem Boden, als selbstverständlich. Aber sind sie das wirklich? Oder anders gefragt: Musste es zwangsläufig dazu kommen?

Als am 23. Mai 1949 das Grundgesetz der Bundesrepublik Deutschland verkündet wurde, hatte der Verfassungsstaat in Deutschland – untrennbar damit verbunden auch das Land Hessen – bereits eine 140-jährige, aber wechselvolle Tradition. Die ersten deutschen Verfassungen folgten damit den ersten modernen Verfassungen überhaupt, der nordamerikanischen und der französischen aus dem letzten Viertel des 18. Jahrhunderts, in relativ kurzem Abstand nach. Während diese aber das Produkt erfolgreicher Revolutionen gegen die angestammte Staatsgewalt waren, gingen die deutschen Verfassungen gerade von der bestehenden Staatsgewalt aus.

So fehlte dem deutschen Bürgertum nicht nur die Machtbasis, sondern wohl auch der Wille zu einer gewaltsamen Durchsetzung seiner Verfassungsforderungen. Wo Verfassungen entstanden, waren sie daher stets „freiwillige" Gewährungen der regierenden Fürsten. Hier kennzeichnet spätestens das Ende der napoleonischen Zeit das Streben auch der hessischen Bevölkerung nach größeren Freiheiten und mehr Rechten: Das Herzogtum Nassau erhielt bereits 1814 eine freiheitliche Verfassung, deren Initiator Reichsfreiherr Karl vom Stein (1757–1831) war. Bereits in seinem „politischen Testament" von 1808 hatte er mit Blick auf die Notwendigkeit demokratischer Prinzipien als Grundlage einer modernen Gesellschaftsordnung zutreffend erkannt: „Wenn dem Volke alle Theilnahme an den Operationen des Staates entzogen wird, wenn man ihm sogar die Verwaltung seiner Kommunal Angelegenheiten entzieht, kommt es bald dahin, die Regierung theils gleichgültig, theils in einzelnen Fällen in Opposition mit sich zu betrachten."

In Hessen-Darmstadt erließ Großherzog Ludwig I. 1820 ein Verfassungsedikt, das freilich ebenfalls ohne Mitwirkung des Volkes zustande kam. In langwierigen Verhandlungen mit der Volksversammlung, die aufgrund des Edikts berufen worden war, wurde dieses allerdings durch die Verfassung vom 17. Dezember 1820 ersetzt. Sie führte die konstitutionelle Monarchie ein und blieb bis zum Jahr 1918 (!) in Kraft. Damit galt Hessen-Darmstadt als fortschrittlichster Bundesstaat des Deutschen Reichs.

Ansätze, auch in Hessen-Kassel verfassungsmäßige Zustände herzustellen, führten erst am 15. Januar 1831 zur Verabschiedung einer Verfassung, die einer zu berufenden Ständekammer unter anderem das Recht zusprach, Gesetze vorzuschlagen. Allerdings wurden hier nur ein Jahr später die Rechte dieser Kammer wieder entscheidend beschnitten.

Erneut freiheitlichere Zustände brachten dann die Jahre 1848/49: Vor über 160 Jahren schuf die erste deutsche Nationalversammlung in der Frankfurter Paulskirche die erste „demokratisch" legitimierte Verfassung für Deutschland. Sie war ein leider nur bis zum Jahr 1850 währendes liberales Bekenntnis zur Einigkeit der deutschen Nation, die besonders durch die Grundrechte für die Bürger aller deutschen Länder zum Ausdruck kommen sollte.

Schließlich traten, und hier schließt sich langsam der Kreis, nach erneutem Wechsel von Monarchie im Kaiserreich, hin zu Demokratie in der auf die Weimarer Verfassung gestützten Weimarer Republik, zurück zu Diktatur und Totalitarismus im Dritten Reich noch vor dem Jahresende 1946 in Bayern, Württemberg-Baden und Hessen (am 1. Dezember) die von den jeweiligen verfassungsgebenden Landesversammlungen entworfenen und in Volksabstimmungen angenommenen Verfassungen in Kraft. Die hessische Verfassung erklärt dabei ebenso wie das manche ihrer Bestimmungen später überlagernde und außer Kraft setzende Grundgesetz die Grundgedanken *Republik, Freiheit, Demokratie, Rechtsstaat und soziale Gerechtigkeit* zu ihren obersten Prinzipien.

Vor dem Hintergrund der Erfahrungen aus Drittem Reich und vor allem der Weimarer Zeit – war auf der Basis des dortigen Verfassungsverständnisses doch keine Abwehr gegen die Selbstpreisgabe der demokratischen Ordnung möglich – suchte der Parlamentarische Rat schon bei der Konzeption des Grundgesetzes Lehren zu ziehen. Insbesondere sollte die Abschaffung der demokratisch-rechtsstaatlichen Ordnung auf demokratischem Weg verhindert, jeder darauf gerichtete Versuch letztlich schon „im Keim" erstickt werden.

Folge dieser Überlegungen ist ein bereits konstruktiver, verfassungsimmanenter Verfassungsschutz, wie ihn Art. 79 Abs. 3 GG formuliert und normiert. Nach ihm sind die Grundprinzipien der Verfassungsordnung unabänderlich. Sie sind der demokratischen Disposition ebenso entzogen, wie etwa der Deutsche Bund das monarchische Prinzip der Disposition des Verfassungsgebers entzogen hatte.

Als immer wieder so bezeichnete „streitbare", „wehrhafte", „abwehrbereite" Demokratie grenzt sich das Grundgesetz zudem ausdrücklich vom formalen Demokratieverständnis der Weimarer Verfassung ab. Deutlich wird dies etwa dann, wenn im Sinne eines präventiven Verfassungsschutzes Vereine oder politische Parteien, die die freiheitliche demokratische Grundordnung bekämpfen, für verfassungswidrig erklärt und verboten, das heißt aufgelöst werden. Auch Einzelpersonen kann (vgl. Art.18 GG) die Ausübung einzelner, vor allem politisch verwendbarer Grundrechte, namentlich die Freiheit der Meinungsäußerung, die Lehrfreiheit, Versammlungs- und Vereinigungsfreiheit, das Brief-, Post- und Fernmeldegeheimnis etc. aberkannt werden.

Neben dieser förmlichen „Materialisierung" von Demokratie und weiteren, einfachgesetzlich geregelten Maßnahmen wurde – gleichsam als dritte Säule des Verfassungsschutzes – der nachrichtendienstliche Verfassungsschutz geschaffen. Im Konzept der Gewährleistung der Inneren Sicherheit (ein freilich erst in den späten 60ern/frühen 70ern entstandener Begriff), also des Schutzes der Gesellschaft und des Staates vor Terrorismus, Kriminalität und vergleichbaren Bedrohungen, sind die Verfassungsschutzbehörden der Länder und mit ihnen das Landesamt für Verfassungsschutz Hessen unverzichtbare Bausteine.

Dessen auf das Beschaffen und Sammeln, Ordnen sowie Bewerten von Informationen gerichtete Tätigkeit dient maßgeblich dem Erhalt unserer Demokratie, handelt es sich hierbei doch um Informationen über diejenigen Personen und Gruppierungen, deren Bestreben und Ziel es ist, die freiheitliche demokratische Grundordnung zu beschädigen oder zu überwinden, das heißt sie abzuschaffen.

Die Verfassungsschutzbehörden der Länder und des Bundes stehen dabei, anders als vielfach vermutet, in keinem Hierarchieverhältnis zueinander, sie arbeiten vielmehr bei inhaltlicher oder auch zum Teil lokaler Doppelzuständigkeit parallel. Diese parallele Zuständigkeit bedingt zwar einerseits einen entsprechenden Koordinierungsbedarf, stellt in der (politischen) Praxis letztlich zugleich aber auch ein weiteres Kontrollinstrument – neben der unmittelbaren Fach- und Rechtsaufsicht durch das Innenministerium und der parlamentarischen Kontrolle – dar.

Ich wünsche dem Landesamt für Verfassungsschutz Hessen auch in den kommenden 60 Jahren ein erfolgreiches, im Sinne des Schutzes unserer Verfassung glückliches Wirken und Zusammenwirken mit all den anderen Sicherheitsbehörden, die wir gemeinhin kurz und knapp unter dem Begriff der „Sicherheitsarchitektur" zusammenfassen. Der nachrichtendienstliche Verfassungsschutz wird künftig, diese Prognose sei hier gestattet, nicht an Bedeutung verlieren. Sehr wahrscheinlich werden die Aufgabenfelder im Jahr 2071 in weiten Teilen andere sein, als es uns heute möglich sein dürfte, sie zu beschreiben. Eines aber bleibt gewiss: die elementare Aufgabe, unsere Verfassung so gut wie bisher vor ihren Feinden zu schützen.

Gestern - Heute - Morgen -

GESCHICHTLICHER RÜ

Ein spannendes Verhältnis: Verfassung

Jihad im Sauerland

RECHTSEXTREMISMUS Antisemitisch motivierte Straftat

e Jungen Nationaldemokraten LINKSEXTREMI

chon sicher? Die Durchführung von Sicherheitsüberprüfungen

*) Jahre Landesamt für Verfassungsschutz Hessen*

en - Verfassungsschutz im 21. Jahrhundert Verfas

60 Jahre Lande

Die Verfassungsschutzberichte des Landes Hes

Abschied vom Trennungsgebot

ungsschutz und Öffentlichkeit *H*

Radikalisieren verboten?

n von *Beleidigungen bis zu Gewalttaten*

Gescheiterte Revolutionsträume:

Wer ist schon sicher?

*hutz in der freiheitlichen Demokratie*

Verfassungsschutz im 21. Jahrhundert Verfassungs

GESCHICHTLICHER RÜCKBLICK 60 Jahre Lande

*Die Verfassungsschutzberichte des*

UNGEN UND PERSPEKTIVEN DES VERFASSUNGSSCHUTZES

Abschied vom Trennungsgebot

ISLAMISMUS / ISLAMISTISCHER TERRORISMUS

RECHTSEXTREMISMUS

Die Jungen Nationalde

nsträume: Die Enttarnung der geheimen „Militärorganisation" de

her? Die Durchführung von Sicherheitsüberprüfungen

*ndesamt für Verfassungsschutz Hessen*

Verfassungssc

ESCHICHTLICHER RÜCKBLICK 60 Jahre Landesamt für

folgsgeschichte Die Verfassungsschutzberichte

# GESCHICHTLICHER RÜCKBLICK

# 60 Jahre Landesamt für Verfassungsschutz (LfV) Hessen

Kursorische Notizen einer Erfolgsgeschichte

*Iris Pilling*

## 1. Entstehung des bundesdeutschen Verfassungsschutzes

Ein Ursprung des deutschen Verfassungsschutzes liegt in einem „Schreiben der Militärgouverneure zum Grundgesetz" vom 14. April 1949[1]. In diesem als „Polizei-Brief" bekannten Dokument haben der amerikanische, der britische und der französische Militärgouverneur nicht nur die Befugnisse der deutschen Polizei, sondern auch eines Verfassungsschutzes beschrieben.

Bereits in dem „Memorandum der Militärgouverneure zum Grundgesetz"[2] wurden dem Parlamentarischen Rat am 22. November 1948 Hinweise gegeben, wie die Alliierten den von ihm erarbeiteten Entwurf des Grundgesetzes lesen und auslegen würden. Besonders erwähnt war, dass die „Befugnisse auf dem Gebiet der Polizei auf diejenigen beschränkt sind, die während der Besatzung von den Militärgouverneuren ausdrücklich gebilligt worden sind".

Ergänzt wurde diese Regelung im Polizei-Brief 1949 durch den Hinweis, dass diese Befugnisse „auf die durch internationale Vereinbarung" festgelegten Bestimmungen beschränkt sein sollten. Gemäß den Vorgaben der Alliierten durfte die Bundesregierung „unverzüglich Bundesorgane zur Verfolgung von Gesetzesübertretungen und Bundespolizeibehörden" einrichten. Für diese Behörden sollte jeweils ein eigenes Bundesgesetz erlassen werden. Neben den Aufgaben der heutigen Bundespolizei und des Bundeskriminalamtes wurde im Polizei-Brief unter Punkt 2 die Befugnis der Verfassungsschutzbehörden festgelegt:

> „Der Bundesregierung wird es ebenfalls gestattet, eine Stelle zur Sammlung und Verbreitung von Auskünften über umstürzlerische, gegen die Bundesregierung gerichtete Tätigkeiten einzurichten. Diese Stelle soll keine Polizeibefugnis haben."

Nach der Gründung der Bundesrepublik Deutschland am 23. Mai 1949 standen zunächst andere Themen im Vorder-

1 Ernst Rudolf Huber, *Quellen zum Staatsrecht der Neuzeit*, Bd. II: *Deutsche Verfassungsdokumente der Gegenwart* (1919–1951), Tübingen 1951, S. 216 (deutsche Fassung).

2 Diese sogenannte „Aide Mémoire" ist u. a. abgedruckt in The Department of State (Hrsg.), Foreign Relations of the US, 1948, Bd. II: Germany and Austria, Washington 1973, S. 442 f.

grund. Aber bereits im Oktober 1949 sprach sich Bundeskanzler Adenauer dafür aus, schnell ein Amt zur Abwehr staatsfeindlicher Bestrebungen einzurichten, um diesen angemessen entgegenwirken zu können.[3] Es dauerte einige Wochen, bis das Gesetzgebungsverfahren – unter Einbindung von Diskussionen im Bundesrat und sicher auch der zuständigen Bundes- und Landesministerien – am 28. Juli 1950 mit dem „Gesetz über die Zusammenarbeit des Bundes und der Länder in Angelegenheiten des Verfassungsschutzes" (Bundesverfassungsschutzgesetz) abgeschlossen wurde.[4] Damit war unter Berücksichtigung der Vorgaben des Grundgesetzes[5] durch die Regelung in § 2 des Bundesverfassungsschutzgesetzes von Beginn an die föderale Struktur des Verfassungsschutzes in Deutschland festgeschrieben.[6]

## 2. Entwicklung in Hessen

Vor dem Hintergrund dieser Entwicklungen wurde in Hessen bereits im März 1950 vom Kabinett die Einrichtung einer „Informationsabteilung" im Innenministerium besprochen.[7] Nachdem im Oktober ein Organisationsvorschlag für eine solche „Informationsstelle" vorgelegt wurde, wurde sie im November 1950 eingerichtet.

Direkt nach Verabschiedung des Bundesverfassungsschutzgesetzes begannen im August 1950 die Arbeiten an einem eigenen Landesgesetz. Dieses wurde vom Hessischen Landtag am 19. Juli 1951 verabschiedet. Damit konnte die „Informationsstelle" aufgelöst und in das neu gegründete LfV Hessen überführt werden.

Die Behörde wurde bis Februar 1952 von Oberregierungsrat Paul Schmidt geleitet, der auch schon der Informationsstelle im Innenministerium vorgestanden hatte. Das LfV Hessen war damals in der Karlstraße 18 in Wiesbaden untergebracht. Als Schmidt die Behörde verließ, beschäftigte der hessische Verfassungsschutz 40 Personen[8]. Dies blieb unter den Amtsleitern bis

[3] 10. Sitzung am 07.10.1949, Top 9, Kabinettsprotokolle der Bundesregierung online.

[4] Die Veröffentlichung des Gesetzes erfolgte im Bundesgesetzblatt Nr. 42 vom 28.09.1950.

[5] In Artikel 73 (1) heißt es: „Der Bund hat die ausschließliche Gesetzgebung über [...] :10. die Zusammenarbeit des Bundes und der Länder [...] b) zum Schutze der freiheitlichen demokratischen Grundordnung, des Bestandes und der Sicherheit des Bundes oder eines Landes (Verfassungsschutz) und c) zum Schutze gegen Bestrebungen im Bundesgebiet, die durch Anwendung von Gewalt oder darauf gerichtete Vorbereitungshandlungen auswärtige Belange der Bundesrepublik Deutschland gefährden."

[6] In § 2 heißt es: „(1) Für die Zusammenarbeit des Bundes mit den Ländern unterhält der Bund ein Bundesamt für Verfassungsschutz als Bundesoberbehörde. Es untersteht dem Bundesministerium des Innern. Das Bundesamt für Verfassungsschutz darf einer polizeilichen Dienststelle nicht angegliedert werden.
(2) Für die Zusammenarbeit der Länder mit dem Bund und der Länder untereinander unterhält jedes Land eine Behörde zur Bearbeitung von Angelegenheiten des Verfassungsschutzes."

[7] Kabinettsprotokolle der hessischen Landesregierung (Kabinett Stock), Kabinettssitzung am 22.03.1950, Angabe der Themen gemäß Hessischem Hauptstaatsarchiv, Online-Informationen.

[8] Das Bundesamt für Verfassungsschutz hatte 1950 mit 75 Bediensteten begonnen und zählt heute 2.740 Mitarbeiterinnen und Mitarbeiter.

1960[9] so. Erst unter dem Leitenden Regierungsdirektor Kurt Wolf (Juni 1957 bis November 1967) wurde mehr Personal eingestellt. 1960 arbeiteten 50 Personen in den neuen Räumen in der Bertramstraße 3 in Wiesbaden. Diese Zahl erhöhte sich jährlich leicht, so dass fünf Jahre später 92 Verfassungsschützer in Hessen im Einsatz waren. Bis 1975 wuchs die Zahl der Mitarbeiter auf 200, bevor die Bedrohung durch die „Rote Armee Fraktion" (RAF) zu einem weiteren Anstieg des Personals auf 257 Stellen im Jahr 1980 führte.[10]

Auch wegen der Herausforderungen durch den Linksterrorismus entschied die Landesregierung sich für Günther Scheicher, der vorher im Bundeskriminalamt maßgeblich in die Bearbeitung von Verfahren im Zusammenhang mit der Roten Armee Fraktion (RAF) eingebunden war, als neuen Direktor des LfV Hessen (August 1980 bis Oktober 1991). In diese Zeit fällt die friedliche Revolution in der Deutschen Demokratischen Republik (DDR) und die Wiedervereinigung Deutschlands, aber auch eine Neufassung des hessischen Verfassungsschutzgesetzes. Außerdem zog die Behörde in die Welfenstraße 3a in Wiesbaden um.

Heinz Fromm, der heutige Präsident des Bundesamtes für Verfassungsschutz, wurde im Dezember 1991 zum Direktor des LfV Hessen ernannt und leitete die Behörde bis Oktober 1993. Nach seinem Weggang setzte ein erster Personalabbau in der Landesverwaltung ein, von dem auch das LfV Hessen betroffen war. Bis zum Regierungswechsel 1999 musste Hartmut Ferse (November 1993 bis Juli 1999) sein Personal auf 182 Stellen reduzieren. In dieser Zeit zog die Behörde in den Konrad-Adenauer-Ring 49 in Wiesbaden um. Sein Nachfolger, der vorherige stellvertretende Amtsleiter Lutz Irrgang (Juli 1999 bis Oktober 2006) bekam nicht zuletzt wegen der Bedrohung durch Islamisten, aber auch wegen des neuen Aufgabengebietes „Organisierte Kriminalität" wieder mehr Stellen zugewiesen.

Dr. Alexander Eisvogel (November 2006 bis April 2010), der jetzige Vizepräsident des Bundesamtes für Verfassungsschutz, wurde der erste Präsident des LfV Hessen.[11] Er bildete neue strukturelle Grundlagen für die Bearbeitung des Islamismus und des islamistischen Terrorismus aus und schuf mit dem Kompetenzzentrum Rechtsextremismus (KOREX) sowie dem Online-Recherche-

[9] Die Behörde wurde von März 1952 bis Mai 1954 von Regierungsdirektor Arno Maneck (kommissarisch) geleitet. Ihm folgte von Juni 1954 bis März 1955 Regierungsdirektor Karl Pforr, bevor Oberregierungsrat Wilhelm Leyerer, der vorherige Stellvertreter, von April 1955 bis Juni 1957 das Amt erneut kommissarisch führte. – „Der Spiegel" berichtete demgegenüber in seiner Ausgabe 12/1955 vom 16.05.1955, S. 45 (Spiegel-Online), dass Pforrs Verbindungen zu dem der Bundesregierung nahestehenden Nachrichtendienst des Generals a. D. Gehlen, dem ersten Präsidenten des 1956 daraus entstandenen Bundesnachrichtendienstes, Hessens neuen Innenminister Heinrich Schneider (SPD) bewogen, ihn abzulösen.

[10] Die Behördenleitung oblag in dieser Zeit Werner Heede (Dezember 1967 bis April 1976) und Roderich Fabian (Mai 1976 bis August 1980).

[11] Aufgrund einer beamtenrechtlichen Neuregelung wurde die Bezeichnung des Amtsleiters im Jahr 2007 von Direktor zu Präsident geändert.

| Amtsleiter | Zeitraum |
|---|---|
| Paul Schmidt | Juli 1951 bis Februar 1952 |
| Arno Maneck (kommissarisch) | März 1952 bis Mai 1954 |
| Karl Pforr | Juni 1954 bis März 1955 |
| Wilhelm Leyerer | April 1955 bis Juni 1957 |
| Kurt Wolf | Juni 1957 bis November 1967 |
| Werner Heede | Dezember 1967 bis April 1976 |
| Roderich Fabian | Mai 1976 bis August 1980 |
| Günther Scheicher | August 1980 bis Oktober 1991 |
| Heinz Fromm | Dezember 1991 bis Oktober 1993 |
| Hartmut Ferse | November 1993 bis Juli 1999 |
| Lutz Irrgang | Juli 1999 bis Oktober 2006 |
| Dr. Alexander Eisvogel | November 2006 bis April 2010 |
| Roland Desch | Juni 2010 bis heute |

Team Extremismus Terrorismus (ORTET) neue Arbeitseinheiten.[12]

### 3. Schwerpunkte der Verfassungsschutzarbeit

Bei Gründung des Amtes für Verfassungsschutz 1950 auf Bundes-[13] und 1951 auf Landesebene hatten zwei Themenfelder eine herausragende Bedeutung: Zum einen ging es darum, „staatsfeindliche Bestrebungen" frühzeitig zu erkennen und ihnen entgegenwirken zu können. Dies betraf sowohl nazistische, d.h. rechtsextremistische Bestrebungen, als auch – gerade mit Blick auf die Erfahrungen in der „Ostzone" und der späteren DDR – kommunistische, d.h. linksextremistische Bestrebungen. Besonderes Augenmerk wurde zum anderen auf Spionageaktivitäten insbesondere kommunistischer Staaten gerichtet.[14]

[12] KOREX ist überwiegend im Bereich der Aufklärungs- und Präventionsarbeit tätig. Demgegenüber ergänzt ORTET durch seine auf das Internet ausgerichtete Tätigkeit die operative Arbeit des hessischen Verfassungsschutzes. Auch wegen dieser neuen Akzente, aber vor allem wegen der intensiven Arbeit gerade im Zusammenhang mit der anhaltend hohen Gefährdungslage durch islamistische Terroristen sind dem LfV Hessen seit 2009 insgesamt 245,5 Planstellen zugewiesen.

[13] Zur Geschichte des Bundesamtes für Verfassungsschutz vgl. z.B. Hans-Gert Lange, 50 Jahre BfV in der Öffentlichkeit, in: Bundesamt für Verfassungsschutz (Hrsg.), 50 Jahre im Dienst der inneren Sicherheit, S. 15-52, Köln u.a. 2000.

[14] Die Aufgabe als solche wurde erst bei einer Novellierung des Bundesverfassungsschutzgesetzes 1972 in § 3 Abs. 1 Nr. 2 beschrieben: Sammlung etc. von Unterlagen über „sicherheitsgefährdende oder geheimdienstliche Tätigkeiten im Geltungsbereich dieses Gesetzes für eine fremde Macht".

Im Bundesverfassungsschutzgesetz war die Aufgabenstellung in § 3 wie folgt beschrieben:

„Aufgabe [...] ist die Sammlung und Auswertung von Auskünften, Nachrichten und sonstigen Unterlagen über Bestrebungen, die eine Aufhebung, Änderung oder Störung der verfassungsmäßigen Ordnung im Bund oder in einem Land oder eine ungesetzliche Beeinträchtigung der Amtsführung von Mitgliedern verfassungsmäßiger Organe des Bundes oder eines Landes zum Ziele haben."

Die hessische Landesregierung hat diese Aufgabenbeschreibung in Verbindung mit den Vorschriften des LfV-Gesetzes bis zur Änderung des Gesetzes im Jahre 1990 als ausreichende Rechtsgrundlage für das Handeln des hessischen Verfassungsschutzes betrachtet. Inhaltlich wurden die Aufgaben daher nur in der in § 3 des hessischen Gesetzes beschriebenen Auskunfts- und Vorlagepflicht aller hessischen Behörden gegenüber dem LfV Hessen benannt.

Die Beobachtung rechts- bzw. linksextremistischer Parteien bildet seit Bestehen des Verfassungsschutzes einen Schwerpunkt der Arbeit. Die Verbote der „Sozialistischen Reichspartei" (SRP) 1952 bzw. der „Kommunistischen Partei Deutschlands" (KPD) 1956 bestätigten die Gefahr, die von diesen ausging. Gleichzeitig gab es aber Ereignisse, die dazu beitrugen, dass die Arbeit des Verfassungsschutzes - trotz allem Bemühen, den Arbeitsauftrag unauffällig und professionell zu erledigen - öffentliche Aufmerksamkeit erhielt. Besonders markant war der Fall des ersten Präsidenten des Bundesamtes für Verfassungsschutz, Otto John. Er hielt sich von Juli 1954 bis Dezember 1955 in Ost-Berlin auf und wurde wegen Landesverrats verurteilt.[15]

Auch in Hessen gab es in dieser frühen Zeit eine Begebenheit, die zu Ungunsten des Verfassungsschutzes interpretiert wurde. Laut „Der Spiegel"[16] wurde der Prozess gegen einen Mitarbeiter des hessischen Verfassungsschutzes im Jahre 1953 „zu einem öffent-lichen Exkurs über Aufgaben und Methoden des Verfassungsschutzes". Der Mitarbeiter sei im Januar 1952 als Archivar eingestellt worden und schließlich - auf eigenes Drängen hin - beauftragt worden, „unter den unglücklich Veranlagten [Anm.: Homosexuellen] V-Leute anzuheuern". Schon im Januar 1953 schied der Angeschuldigte aus dem Dienst aus und wurde später wegen Verstoßes gegen § 175 des Strafgesetzbuches verurteilt.[17]

---

[15] Es ist bis heute nicht mit letzter Gewissheit rekonstruierbar, ob John freiwillig in die DDR ging oder nicht. Er bemühte sich nach seiner Freilassung vergeblich um seine Rehabilitierung.

[16] „Der Spiegel" 45/1953 vom 04.11.1953, S. 16 (Spiegel-Online).

[17] Dieser Paragraph wurde im Juni 1994 aus dem Strafgesetzbuch gestrichen. Er stellte sexuelle Handlungen zwischen Personen männlichen Geschlechts unter Strafe.

In den 1960er Jahren bestimmten die Themen Links- und Rechtsextremismus sowie Spionageabwehr weiterhin die Arbeit des Verfassungsschutzes auch in Hessen.

Mit der Gründung der „Nationaldemokratischen Partei Deutschlands" (NPD) 1964 und deren Erfolgen auch bei der hessischen Landtagswahl 1966[18] sowie der „Deutschen Kommunistischen Partei" (DKP) 1968 schufen sich Extremisten beider Lager wieder eine Möglichkeit, bei Wahlen anzutreten, die eigenen politischen Positionen zu vertreten und – aus ihrer Sicht – erfolgreich politisch zu agieren. Staatliche Wahlkampf-Kostenerstattung war für sie dabei ebenso wichtig wie die für ein mögliches Verbot in Bezug auf eine Partei deutlich höheren Hürden als bei Verbotsmaßnahmen nach dem Vereinsgesetz. Beide Parteien haben es trotz regelmäßiger personeller und finanzieller Krisen bis heute verstanden, handlungsfähig zu bleiben. Ihre extremistischen Ziele haben sie keineswegs aufgegeben.[19]

Die Arbeit des Verfassungsschutzes blieb gerade nach dem Bau der Mauer im August 1963 geprägt vom „Kalten Krieg". Die Bemühungen des Verfassungsschutzes waren darauf gerichtet, die Bedrohung für die Bundesrepublik Deutschland durch kommunistische Staaten, hier insbesondere durch die Hauptverwaltung Aufklärung des Ministeriums für Staatssicherheit (MfS) der DDR, aufzuklären und abzuwehren. Die enge Zusammenarbeit von westdeutschen, auch in der DKP organisierten Kommunisten mit MfS und SED (siehe dazu auch den Beitrag von Rudolf van Hüllen in diesem Band) gab Anlass zur Sorge, dass solche Kontakte auch für Spionageaktivitäten eingesetzt werden könnten. Spätestens der berühmteste Fall, die Enttarnung eines engen Mitarbeiters des damaligen Bundeskanzlers Willi Brandt 1973[20], zeigte allen die Richtigkeit und die Bedeutung der Spionageabwehr durch die Verfassungsschutzbehörden auf.

Besondere Aufmerksamkeit widmete der Verfassungsschutz auch den extremistischen Aktivitäten im Rahmen gesellschaftlicher Proteste, die in den Studentenrevolten resultierten. Dabei ging es damals wie heute nicht um die Demonstrationen nichtextremistischer Personen und Gruppierungen, sondern um die von Extremisten ausgehenden oder für ihre eigenen Ziele und Zwecke missbrauchten Aktionen, die häufig in gewalttätigen Auseinandersetzungen gipfelten. Eine solche Differenzierung kann der Verfassungsschutz nur treffen, wenn er durch Vertrauenspersonen (sogenannte V-Leute) gruppeninterne Informationen erhält, durch die er vorhandene Erkenntnisse ergänzen, bestätigen oder als falsch bewerten kann. Der Versuch des LfV Hes-

---

18 Die NPD erzielte 7,9 % der Zweitstimmen und war mit acht Abgeordneten im Landtag vertreten.

19 Vgl. dazu z. B. die Verfassungsschutzberichte von Bund und Ländern.

20 Im April 1974 wurden Günter Guillaume und seine Ehefrau als Agenten der DDR enttarnt. Brandt übernahm die politische Verantwortung und trat im Mai 1974 von seinem Amt als Bundeskanzler zurück.

sen, innerhalb des studentischen Milieus solche V-Männer zu gewinnen, führte im Februar 1968 zu einer parlamentarischen Anfrage und zum Rücktritt des damaligen Staatssekretärs Dr. Günter Wetzel.[21]

In den 1970er Jahren bedingte der Linksterrorismus, dass das LfV Hessen erstmals einen herausragenden Arbeitsschwerpunkt setzte. Aktionen der Revolutionären Zellen (RZ)[22] sowie der 1970 gegründeten Roten Armee Fraktion bis hin zu Mordanschlägen auf führende Repräsentanten von Staat und Wirtschaft betrafen auch Hessen. Führende Mitglieder beider Gruppen lebten vor ihrem Abtauchen in die Illegalität in Hessen. Anschläge und Entführungen gab es auch hier: Beispielhaft sei auf die Ermordung des damaligen hessischen Wirtschaftsministers Heinz Herbert Karry am 11. Mai 1981[23], auf den tödlichen Anschlag auf Alfred Herrhausen am 30. November 1989 in Bad Homburg[24] oder den Anschlag auf die Justizvollzugsanstalt Weiterstadt am 27. März 1993[25] hingewiesen. Im Rhein-Main Gebiet gab es ein antiimperialistisch[26] geprägtes sogenanntes legales RAF-Umfeld, zu dem die illegal lebenden Mitglieder der RAF Kontakte unterhielten. Erst mit der selbst erklärten Auflösung der RAF 1998 fand diese fast 30 Jahre anhaltende Ära ihr Ende.

---

[21] In „Der Spiegel" 8/1968 vom 19.02.1968, S. 54 (Spiegel-Online) wurde berichtet, dass sich Wetzel bereits im November 1967 in einer Kabinettsitzung für „Tollpatschigkeiten" des hessischen Verfassungsschutzes habe rechtfertigen müssen, weil in Gießen ein Bediensteter des LfV zwei Studenten zur Ausforschung des Sozialistischen Deutschen Studentenbundes (SDS) anzuheuern versucht habe (vgl. „Der Spiegel" 50/1967 vom 04.12.1967, S. 76 f. – Spiegel-Online). Dies sei vom Staatssekretär angeordnet worden. Er habe selbst zwei Personen „zwecks Überwachung des Frankfurter SDS angeworben". In „Der Spiegel" 9/1968 vom 26.02.1968, S. 54 (Spiegel-Online) hieß es, dass Wetzel kurz darauf „seinen Rücktritt" eingereicht habe, weil der Eindruck entstanden sei, zwischen ihm und der Landesregierung bestünden unterschiedliche Auffassungen über die Arbeit des Verfassungsschutzes". Aus dieser Zeit stammt die Vorstellung, dass „der Verfassungsschutz [...] an Hochschulen nichts verloren" habe.

[22] Die RZ verübten von den 1970er Jahren bis in die 1990er Jahre militante Aktionen und Anschläge. Sie wurden dem terroristischen autonomen Spektrum zugerechnet. RZ-Mitglieder agierten im Gegensatz zu RAF-Mitgliedern nicht aus dem Untergrund heraus, sondern führten ein normales Leben und beteiligten sich an Diskussionsprozessen innerhalb der Linken und der Gesellschaft. Außerdem organisierten sie sich in kleinen Zellen ohne zentrale Führung.

[23] Bis heute ist dieser Mord nicht aufgeklärt. Kurz nach der Tat gab es ein Bekennerschreiben der Revolutionären Zellen, dessen Authentizität nicht abschließend geklärt ist.

[24] Der Mord am damaligen Chef der Deutschen Bank ist ebenfalls bis heute nicht aufgeklärt. Kurz nach der Tat bekannte sich die RAF zu dem Anschlag. Aufgrund der später von ihm widerrufenen Aussagen eines ehemaligen V-Mannes des LfV Hessen gab es Ermittlungen gegen RAF-Mitglieder, die sich aber nicht bestätigen ließen.

[25] Kurz vor Inbetriebnahme der Justizvollzugsanstalt überfiel eine Gruppe von Personen nachts die Wachmannschaft und nahm an mehreren Punkten Sprengungen vor. Drei Tatbeteiligte, die bis heute nicht gefasst werden konnten, sind als Mitglieder der RAF bekannt.

[26] Rudolf van Hüllen beschrieb auf bpb.de im Internet für die Bundeszentrale für politische Bildung zum Thema „Extremismus unter Linksextremismus/Aktuelle Situation" das Thema „‚Antiimperialistische' und ‚antideutsche' Strömungen im deutschen Linksextremismus" am 16.04.2008 treffend:
„Nach der klassischen marxistisch-leninistischen Imperialismus-Theorie neigen ‚kapitalistische' Ökonomien und Staaten dazu, sich zwecks Maximierung des Profits Märkte für Rohstoffe, Arbeitskräfte und den Absatz von Produkten notfalls gewaltsam zu erschließen. ‚Imperialismus' führt in dieser Lesart einerseits zu Kolonialismus, andererseits zu Kriegen zwischen ‚kapitalistischen' Staaten um Marktanteile und Rohstoffe.
[...] [Linksextremisten] verstanden sich stets als solidarisch mit den, um ihre nationale Befreiung von kolonialistischer Ausbeutung kämpfenden Völkern'. [...] Befreiungsbewegungen, die auf Einführung einer westlichen Demokratie abzielten, galten als ‚konterrevolutionär' und wurden nicht unterstützt. ‚Solidarität' empfingen lediglich solche ‚Befreiungsbewegungen', die ein ‚sozialistisches' Regime errichten wollten."

Bis heute wirkt eine schon lange nicht mehr gültige Regelung aus dem Januar 1972 nach. Aufgrund der sogenannten „Radikalenerlasse“[27] wurden Bedienstete bzw. Bewerber im öffentlichen Dienst mit Blick auf Mitgliedschaften in extremistischen Organisationen überprüft und ggf. entlassen oder nicht eingestellt. Im Rahmen der Bearbeitung erfolgte kurzfristig auch eine Regelanfrage bei Verfassungsschutzbehörden. Gegen daraus resultierende „Berufsverbote“ agierten vorrangig Linksextremisten, die am stärksten davon betroffen waren. Nachdem das Bundesverfassungsgericht 1975 entschied, dass eine Person nicht allein wegen ihrer Zugehörigkeit zu einer verfassungsfeindlichen Organisation für eine Tätigkeit im öffentlichen Dienst abgelehnt werden darf, sondern vielmehr ihr Verhalten ausschlaggebend sein muss, gehen die Länder eigene Wege. Als letztes Land hat Bayern 1991 die Regelanfrage eingestellt. Heute kann bei Zweifeln an der Verfassungstreue eines Bediensteten oder Bewerbers eine auf seine Person bezogene Einzelfallprüfung erfolgen.

Die 1980er Jahre standen in Hessen ganz im Zeichen der von linksextremistischen Autonomen und Anarchisten für ihre politischen Zwecke instrumentalisierten Auseinandersetzungen um den Bau der Startbahn West am Flughafen Frankfurt/Main. Nachdem der Hessische Verwaltungsgerichtshof nach Jahren gerichtlicher Auseinandersetzungen Ende 1980 über den Bau entschieden hatte, spitzte sich die Situation zu. Im Zusammenhang mit der Besetzung des Geländes wurde ein Hüttendorf gebaut, und es gab Demonstrationen, bei denen es auch zu massiven Auseinandersetzungen zwischen Aktivisten und Polizei kam. Nach der Einweihung der Startbahn gab es in deren Umfeld sogenannte Sonntagsspaziergänge[28], bei denen autonome und anarchistische Personen und Gruppen maßgeblich beteiligt waren. 1987 demonstrierten einige hundert Menschen, darunter auch linksextremistische Autonome, aus Anlass des Jahrestages der Räumung des Hüttendorfes am 2. November an der Startbahn West. Aus der Veranstaltung heraus erschossen militante Startbahngegner zwei Polizisten; sieben weitere Polizisten wurden teilweise schwer verletzt.

In den 1990er Jahren hatte auch für die Verfassungsschutzbehörden die Wiedervereinigung Bedeutung. Nach dem gerade in Deutschland damit besonders intensiv spürbaren Ende des Kalten Krieges wurde von interessierter Seite der Fortbestand und die Legitimation des Verfassungsschutzes angezweifelt. Zugleich bemühte sich der Verfassungsschutzverbund um eine schnelle Integration der neuen Länder und der neu geschaffenen Verfassungsschutz-

[27] Die „Grundsätze zur Frage der verfassungsfeindlichen Kräfte im öffentlichen Dienst“ waren von den Regierungschefs der Länder und Bundeskanzler Brandt vereinbart worden. Sie wurden auch als „Extremistenbeschluss“ bezeichnet.

[28] Bis heute werden regelmäßig solche Sonntagsspaziergänge durchgeführt. Allerdings verlaufen sie in der Regel friedlich.

behörden. Das LfV Hessen unterstützte damals das LfV Thüringen in seiner Aufbauarbeit.

In diesem Jahrzehnt gewann ein Arbeitsbereich der Verfassungsschutzbehörden öffentliche Aufmerksamkeit, der bis dahin nur selten wahrgenommen worden war, nämlich „Bestrebungen [...], die durch Anwendung von Gewalt oder darauf gerichtete Vorbereitungshandlungen auswärtige Belange der Bundesrepublik Deutschland gefährden".[29] Damit werden gewaltorientierte Bestrebungen von Ausländern beschrieben, die das Ziel verfolgen, das System in ihren jeweiligen Herkunftsländern anzugreifen.[30]

Linksextremistische, nationalistische oder separatistische Organisationen, die auf Aktivitäten im Herkunftsland ihrer Anhänger oder Mitglieder ausgerichtet waren, gab es schon vorher. Aber gerade die terroristischen Anschläge der „Arbeiterpartei Kurdistans" (PKK) in der Türkei oder ihre öffentlichkeitswirksamen Aktionen in Deutschland beunruhigten die Bevölkerung. Im Juli 1993 überfielen PKK-Anhänger das türkische Generalkonsulat in München, nahmen 20 Geiseln und forderten eine öffentliche Erklärung des Bundeskanzlers zu Gunsten der „kurdischen Sache". Parallel führten Anhänger der PKK deutschlandweit in mehr als 20 Städten zeitgleich gewaltsame Aktionen gegen türkische diplomatische Vertretungen, Reisebüros, Banken und andere Einrichtungen durch. Im November 1993 wurden erneut Anschläge gegen türkische Einrichtungen verübt. Die Konsequenz aus diesen Gewalttaten war ein am 26. November 1993 durch den Bundesinnenminister ausgesprochenes Betätigungsverbot für die PKK und ihr zuzurechnende Organisationen. In den 1990er Jahren blockierten ihre Anhänger - auch in Hessen - Autobahnen. Bei ihren Aktionen und Protestkundgebungen zündeten sich Anhänger selbst an; nicht alle überlebten. Trotz des Betätigungsverbotes ist die PKK in Deutschland bis heute weiter aktiv.

Mit den Anschlägen auf das World Trade Center in New York City und das Pentagon in Washington D.C. am 11. September 2001 wurde ein neues Kapitel der Verfassungsschutzarbeit aufgeschlagen. Dieser Terroranschlag war keineswegs

---

[29] Zitiert aus dem Gesetz über das LfV Hessen vom 19.07.1990. Diese Definition des Ausländerextremismus in § 2 Abs. 2 Punkte 3 und 4 wurde mittlerweile noch erweitert. Die Aufgabe ist jetzt beschrieben als Beobachtung von Bestrebungen im Geltungsbereich des Grundgesetzes, „die durch Anwendung von Gewalt oder darauf gerichtete Vorbereitungshandlungen auswärtige Belange der Bundesrepublik Deutschland gefährden" oder „die gegen den Gedanken der Völkerverständigung (Art. 9 Abs. 2 des Grundgesetzes), insbesondere gegen das friedliche Zusammenleben der Völker (Art. 26 Abs. 1 des Grundgesetzes), gerichtet sind".

[30] Aufgrund einer Änderung des Grundgesetzes (Juli 1972; Art. 87 Abs. 1 Satz 2) erhielt der Verfassungsschutz die Aufgabe, Ausländer, „die durch Anwendung von Gewalt oder darauf gerichtete Vorbereitungshandlungen auswärtige Angelegenheiten der Bundesrepublik Deutschland gefährden", zu beobachten. Eine Anpassung der Landesgesetze erfolgte nicht überall. Mit einem Gesetzentwurf wollte die Christlich Demokratische Union (CDU) 1974 die Aufgabenstellung des LfV Hessen an die Bundesgesetzgebung anpassen. Es gab zwei Lesungen im Hauptausschuss, bevor der Gesetzentwurf am 28.08.1974 abgelehnt wurde. (Vgl. Drucksache 7/4762, 7/5103 und 7/5738 des Hessischen Landtages).

der erste, der von Islamisten verübt wurde, aber einer, der sich tief im Bewusstsein eingeprägt hat: Kein anderer Anschlag symbolisiert in gleicher Weise das Gefahrenpotenzial, das von islamistischen militanten Fanatikern für die gesamte Welt ausgeht. Und er hat gezeigt, dass es nicht nur Aktionen in den Ländern gibt, in denen die neuen Regierungen ehemals diktatorischer muslimischer Staaten polizeiliche, militärische und humanitäre Hilfe beim Aufbau ihres Landes hin zu einer Demokratie erhalten. Die Bombenanschläge in Nahverkehrszügen in Madrid 2004 und in London 2005 brachten den Terror nach Europa; missglückte bzw. vereitelte Anschläge der sogenannten Kofferbomber oder der sogenannten Sauerland-Gruppe, der eine Person aus Hessen angehörte, zeigen, dass islamistische Militanz nicht an der deutschen Grenze endet. Das von Islamisten ausgehende Gefährdungspotenzial darf nicht unterschätzt werden. Im Herbst 2010 hatten sich Hinweise auf mögliche geplante Anschläge islamistischer Terroristen in Deutschland verdichtet. Darauf haben die Sicherheitsbehörden intensiv und professionell mit lageangepassten Maßnahmen reagiert. Und dennoch kann nicht jeder Anschlag verhindert werden. Mit dem Anschlag am Frankfurter Flughafen auf US-Soldaten am 2. März 2011 hat sich die Terrorgefahr konkretisiert. Es ist damit deutlich geworden, dass Deutschland und Hessen im Zielspektrum terroristischer Gewaltakte stehen.

Im letzten Jahrzehnt gab es auch im Bereich der Spionageabwehr erhebliche Veränderungen. Die Globalisierung, die technologische Entwicklung und insbesondere die Möglichkeiten des Internets eröffnen Nachrichtendiensten fremder Staaten neue Angriffspunkte.[31] Hier gilt es, durch geeignete Maßnahmen Informationen materiell zu schützen. Ebenso bedeutsam ist allerdings auch, von Mitarbeitern ein angemessenes persönliches Verhalten zu erwarten. Vor diesem Hintergrund hat auch das LfV Hessen seine Arbeit im Bereich des materiellen und personellen Geheimschutzes, aber auch der Beratung der Wirtschaft intensiviert.

Seit 2002 beobachtet das LfV Hessen – als eines von heute noch vier Ländern – auch Aktivitäten der Organisierten Kriminalität (OK). Die Hauptaufgabe besteht darin, Strukturerkenntnisse zu erarbeiten und so mittel- und langfristig ein umfassendes Bild über Regularien, Mechanismen und Vorgehensweise der OK zu entwickeln. Anlass- und einzelfallbezogen werden diese Erkenntnisse gemäß einer Zusammenarbeitsrichtlinie[32] den Strafverfolgungs-

[31] Welche Bedrohung von IT-Angriffen ausgeht, zeigte im Sommer 2010 das Schadprogramm „Stuxnet" auf. Selbst solche industriellen Produktionsbereiche, von denen man vermutet hatte, sie seien vom offenen Internet sicher abgetrennt, sind verwundbar und nicht vor Angriffen sicher.

[32] Gemeinsamer Runderlass des Hessischen Ministeriums des Innern und für Sport und des Hessischen Ministeriums der Justiz über Richtlinien der Zusammenarbeit von Polizei, Justiz und Verfassungsschutz bei der Beobachtung der organisierten Kriminalität (OK), in Kraft seit dem 15.12.2008, veröffentlicht im Staatsanzeiger für das Land Hessen, Nr. 3 vom 12.01.2009, S. 127 f.

behörden für weitere Maßnahmen in eigener Zuständigkeit überlassen.

Seit 40 Jahren hat die hessische Landesregierung der Aufklärung der Öffentlichkeit über die Arbeitsergebnisse und die Arbeitsweise des LfV Hessen besondere Beachtung geschenkt. Als erstes Land hat Hessen bereits 1969 „Verfassungsschutz durch Aufklärung" betrieben. In einem eigenen Referat im Innenministerium[33] arbeitete Hans Joachim Schwagerl, inhaltlich nicht immer unumstritten, als Leiter des „Positiven Verfassungsschutzes" bis 1991 daran, Schüler und Studenten, Arbeiter und Angestellte, Gewerkschaftern und Beamten die Aufgaben, Arbeitsweise und Erkenntnisse des LfV Hessen näher zu bringen. Er schrieb erstmals vertrauliche „Tätigkeits- und Erfahrungsberichte", die den politisch Verantwortlichen zur Verfügung gestellt wurden.

Seit der Pensionierung Schwagerls erledigt das LfV Hessen – in Abstimmung mit dem hessischen Innenministerium – seine Öffentlichkeitsarbeit und sein Berichtswesen selbst. Dabei hat es sich stets an bundesweiten Projekten wie der „Fairständnis-Kampagne" in den 1990er Jahren oder Arbeitsgemeinschaften von Pressesprechern und Öffentlichkeitsreferenten der Verfassungsschutzbehörden beteiligt. Daneben setzte das LfV Hessen stets eigene Akzente, so z. B. Mitte der 1990er Jahre durch gemeinsame Seminare für Multiplikatoren aus dem hessischen Innen-, Justiz- und Kultusministerium. Seit 1996 veranstaltet die Behörde jährlich eine Podiumsdiskussion zu aktuellen Themen, das „Herbstgespräch". Seit einigen Jahren ist das Amt mit einem eigenen Stand auf dem „Hessentag" vertreten und führt dort seit 2008 auch öffentliche Informationsveranstaltungen zu relevanten Themen aus dem Bereich der Extremismusbeobachtung durch. Angesichts der anhaltenden Bedeutung des Rechtsextremismus hat das LfV Hessen seit 2008 mit dem Kompetenzzentrum Rechtsextremismus (KOREX) einen Schwerpunkt auf die Aufklärungs- und Präventionsarbeit in diesem Bereich gelegt. Parallel dazu wurde dieser Aspekt im Bereich des Islamismus durch Dialog und vertrauensbildende Maßnahmen ebenfalls weiterentwickelt und intensiviert.

Bemerkenswert war, dass der jährliche Verfassungsschutzbericht aufgrund eines Vorschlags der Parlamentarischen Kontrollkommission ab 1991 für einige Jahre nicht mehr erstellt wurde. An seine Stelle traten vertrauliche Berichte für die politisch Verantwortlichen und themenbezogene Broschüren sowie die schon beschriebene intensivere Öffentlichkeitsarbeit. Erst für das Jahr 2000 erschien wieder ein hessischer Verfassungsschutzbericht. Aufgrund einer Regelung bei der Gesetzesnovellierung 2002 ist ein jährlicher Bericht nunmehr gesetzlich vorgeschrieben. Er darf vom

[33] Das Referat war zunächst im Ministerbüro angesiedelt bevor es dann organisatorisch in der Fachabteilung angebunden wurde.

LfV Hessen höchstens fünf Jahre im Internet eingestellt werden.[34]

### 4. Gesetzliche Grundlagen der Arbeit des Verfassungsschutzes

Das erste „Gesetz über das Landesamt für Verfassungsschutz" vom 19. Juli 1951 umfasste nur fünf Paragraphen. Inhaltlich ging es unter Bezug auf das Bundesverfassungsschutzgesetz um die Errichtung des LfV Hessen als eigene Behörde. Ausdrücklich wurde darauf hingewiesen, dass die Behörde keine polizeilichen Befugnisse und keine Weisungsbefugnisse hat. Außerdem wurde eine Auskunftsverpflichtung für alle hessischen Behörden beschrieben. Eine Umschreibung der Obliegenheiten erfolgte nicht, weil aus Sicht der Landesregierung durch den Bezug zum Bundesverfassungsschutzgesetz eine Wiederholung der einzelnen Aufgaben nicht erforderlich war.

Eine inhaltliche Neufassung erfolgte erst 1990.[35] In 24 Paragraphen wurden die Aufgaben und die Befugnisse des LfV Hessen detailliert geregelt. Unter Berücksichtigung datenschutzrechtlicher Diskussionen[36] und mit Blick auf das Recht der Bürgerinnen und Bürger auf informationelle Selbstbestimmung wurden außerdem wichtige Vorschriften zur Verarbeitung personenbezogener Daten erlassen. In dem am 19. Dezember 1990 in Kraft getretenen LfV-Gesetz wurde außerdem die parlamentarische Kontrolle des Verfassungsschutzes gesetzlich festgeschrieben.[37]

Weitere Novellierungen des LfV-Gesetzes erfolgten 1998[38], 2002 und 2007. Gerade auch als Reaktion auf die von islamistischen Terroristen verübten Anschläge vom 11. September 2001 rankte sich die inhaltliche Novellierung 2002 darum, dass auch der hessische Verfassungsschutz als eine der Behörden in der deutschen Sicherheitsarchitektur solche Gefahren frühzeitig erkennen und angemessene Maßnahmen zu deren Verhinderung treffen kann.[39] Strukturell und organisatorisch richtete sich der

[34] Dies ergibt sich aus § 9 (3) des LfV-Gesetzes.

[35] Im Jahre 1962 war lediglich eine Veränderung bezüglich des beamtenrechtlichen Status des Amtsleiters vorgenommen worden.

[36] Das Datenschutzgesetz des Landes Hessen war weltweit das erste Gesetz seiner Art und trat am 13.10.1970 in Kraft. Im Rahmen der Diskussion um das Bundesdatenschutzgesetz verabschiedete der hessische Gesetzgeber am 31.01.1978 ein neues Datenschutzgesetz. Eine zweite Novellierung erfolgte durch das Gesetz vom 11.11.1986. Europäische Regelungen führten zu einer weiteren Änderung des Hessischen Datenschutzgesetzes am 05.11.1998.

[37] In der Begründung zum LfV-Gesetz wurde deutlich gemacht, dass der Gesetzgeber diese seit Mitte der 1970er Jahre diskutierte Kontrolle einführen wollte. Andere Länder und der Bund hatten eine solche Vorschrift bereits in den Jahren 1978 bis 1981 erlassen. Vgl. Begründung zur Novellierung des LfV-Gesetzes, Hessischer Landtag, 12. Wahlperiode, Drucksache 12/6584.
Bis zu dieser ausdrücklichen gesetzlichen Regelung wurde die parlamentarische Kontrolle des Verfassungsschutzes in Hessen auf die Geschäftsordnung des Hessischen Landtages gestützt.

[38] Diese Änderung erfolgte aufgrund einer Neufassung des Hessischen Datenschutzgesetzes.

[39] Das „Gesetz zur Bekämpfung des internationalen Terrorismus" (Terrorismusbekämpfungsgesetz) vom 09.01.2002 verschaffte den Verfassungsschutzbehörden bundesweit zahlreiche Auskunftsbefugnisse, etwa gegenüber Fluggesellschaften, Finanzinstitutionen oder Post- und Telekommunikationsdienstleistern, um so Anschlagsvorbereitungen frühzeitig zu erkennen und zu unterbinden.

Verfassungsschutzverbund neu aus. Vor diesem Hintergrund ist zu sehen, dass die Aufgabenstellung des LfV Hessen auf die Beobachtung von Bestrebungen ausgeweitet wurde, die sich gegen den Gedanken der Völkerverständigung oder das friedliche Zusammenleben der Völker richten. Außerdem wurden Auskunftsverpflichtungen von Banken und Geldinstituten, Postdienstleistern und Luftverkehrsunternehmen festgelegt, wobei auch die Kontrolle dieser Auskunftsrechte geregelt wurde. Damals wurden auch die Regelungen über den Einsatz technischer Mittel zur Überwachung von Wohnungen an die Vorgaben des Grundgesetzartikels 13 (Unverletzlichkeit der Wohnung) angeglichen. In der Änderung des LfV-Gesetzes 2007 wurde in Bezug auf die Wohnraumüberwachung dem Schutz des Kernbereichs privater Lebensgestaltung Rechnung getragen. Daneben erhielt das LfV Hessen die Berechtigung zum Einsatz eines sogenannten IMSI-Catchers[40]. Andere Forderungen, wie die nach einer „Vorratsdatenspeicherung", oder einer Berechtigung für „Online-Durchsuchungen" sind bis heute heftig umstritten, so dass noch keine abschließende Entscheidung für oder gegen ihren Einsatz für Sicherheitsbehörden getroffen worden ist.

Über diese, insbesondere dem islamistischen Terrorismus geschuldeten Neuregelungen hinaus wurden in der Novellierung des LfV-Gesetzes von 2002 die Vorschriften über die Erhebung und die Speicherung personenbezogener Daten sowie die Datenübermittlung zur Gewährleistung der Sicherheit lebens- oder verteidigungswichtiger Einrichtungen neu gefasst. Als neue Aufgabenstellung wurde außerdem die Beobachtung der Organisierten Kriminalität (OK) durch das LfV Hessen festgeschrieben. Das Ziel dieser Bearbeitung war die Einbeziehung des Verfassungsschutzes in die Bekämpfung der organisierten Kriminalität, insbesondere bei der Informationsbeschaffung.

Im Sommer 1963 gab es Medienberichte[41] über angebliche Verstöße des Bundesamtes für Verfassungsschutz gegen Artikel 10 Grundgesetz bzw. wurde über einen entsprechenden möglichen Auftrag des Verfassungsschutzes an alliierte Stellen[42] spekuliert. Obwohl Untersuchungen dies nicht bestätigen konnten, begann eine Debatte über ein notwendiges Ausführungsgesetz zu Artikel 10 GG.[43] Seit November 1963 lagen die ersten Entwürfe vor. Nachdem das Grundgesetz im Juni 1968 in Artikel

[40] Damit kann u.a. die auf der Mobilfunkkarte eines Mobiltelefons gespeicherte internationale Codierung (IMSI-Nummer) ausgelesen und der Standort eines Mobiltelefons innerhalb einer Funkzelle eingegrenzt werden.

[41] Z.B. „Der Spiegel" 40/1963 vom 02.10.1963, S. 23 (Spiegel-Online) oder die Fernsehsendung „Panorama" am 23.09.1963 sowie „Die Zeit" vom 13.09.1963, S. 1 (Zeit-Online). Letztere hatte dem Bundesamt vorgeworfen, mit Hilfe alliierter Dienststellen Telefongespräche in der Bundesrepublik Deutschland abzuhören sowie Briefe zu öffnen.

[42] Der Regierungssprecher Karl-Günther von Hase räumte in einer Pressekonferenz im September 1963 ein, dass alliierte Stellen vom Bundesamt in Einzelfällen um Überlassung von bereits vorliegenden Materialien gebeten worden seien.

[43] Vor diesem Hintergrund ist der Dringlichkeitsantrag der Freien Demokratischen Partei (FDP) im Hessischen Landtag im September 1963 zu sehen.

10 um einen zweiten Absatz ergänzt worden war, trat zum 1. November 1968 schließlich das „Gesetz zur Beschränkung des Brief-, Post- und Fernmeldegeheimnisses" (Artikel-10-Gesetz - G 10) in Kraft. Damit erhielten deutsche Sicherheitsbehörden grundsätzlich die Möglichkeit, entsprechende nachrichtendienstliche Mittel einzusetzen.[44]

Ursprünglich wurden Sicherheitsüberprüfungen ohne besondere gesetzliche Grundlage durchgeführt. Mit den vom Bundeskabinett im August 1960 beschlossenen „Richtlinien für die Sicherheitsüberprüfung von Bundesbediensteten" gab es erstmals eine Verfahrensgrundlage. Die Mitwirkung des Verfassungsschutzes bei Sicherheitsüberprüfungen wurde dann bei der Novellierung des Bundesverfassungsschutzgesetzes 1972 als eigene Aufgabe festgelegt (§ 3 Abs. 2 BVerfSchG[45]). Eine gesetzliche Regelung dieses intensiven Eingriffs in das informationelle Selbstbestimmungsrecht erfolgte vor dem Hintergrund datenschutzrechtlicher Diskussionen 1994 im Sicherheitsüberprüfungsgesetz (SÜG), wodurch Transparenz bezüglich Umfang und Ablauf von Sicherheitsüberprüfungen sowie Rechtssicherheit in Bezug auf Speicherfristen, Anhörungs- und Auskunftsrechte Betroffener geschaffen wurden.

**5. Fazit**

Die Verfassungsschutzbehörden, die ihren Auftrag bei aller Transparenz und Offenheit nur durch eine angemessene Geheimhaltung ihrer Arbeitsweise erfüllen können, beflügeln seit 60 Jahren die Phantasie der Bürgerinnen und Bürger. Gerade auch ihre Kritiker und Gegner halten an bestimmten Klischees fest: So gab und gibt es das Image der schlapphuttragenden, den Mantelkragen hoch gestellten, mit Sonnenbrille ausgestatteten Agenten, die dem Einzelnen heimlich genauestens zuhören und zusehen.

Die Realität war und ist viel einfacher: Verfassungsschützer arbeiten in der Regel in einem Büro, lesen Unmengen offen zugänglicher Informationen, bewerten sie und ziehen vor dem Hintergrund des bereits vorhandenen Wissens Schlussfolgerungen in Bezug auf Ziele, Strukturen und Vorgehensweisen der von ihnen beobachteten extremistischen Bestrebungen. Nur ein Teil der Informationen wird durch nachrichtendienst-

[44] 2001 erfolgte eine Neufassung des Bundesgesetzes, in dem die vom Bundesverfassungsgericht vorgegebenen Pflichten beim Umgang mit personenbezogenen Daten (z. B. deren besondere Kennzeichnung) sowie die Erweiterung der Kontrolltätigkeit der parlamentarischen Kommission (G-10-Kommission) im Bundestag bzw. in jedem Landtag geregelt wurden.

[45] Hier ist die Mitwirkung der Verfassungsschutzbehörden bei der Überprüfung von Personen, denen im öffentlichen Interesse geheimhaltungsbedürftige Tatsachen, Gegenstände oder Erkenntnisse anvertraut werden, die Zugang dazu erhalten sollen oder ihn sich verschaffen können oder die an sicherheitsempfindlichen Stellen von lebens- oder verteidigungswichtigen Einrichtungen beschäftigt sind oder werden sollen oder die in sonstigen gesetzlich bestimmten Fällen zu überprüfen sind, festgelegt. Außerdem sind die Verfassungsschutzbehörden bei technischen Sicherheitsmaßnahmen zum Schutz von im öffentlichen Interesse geheimhaltungsbedürftigen Tatsachen, Gegenständen oder Erkenntnissen gegen die Kenntnisnahme durch Unbefugte beteiligt.

liche Mittel gewonnen, was aber für die Bestätigung oder die notwendige Korrektur erarbeiteter Analysen unerlässlich ist. Über nachrichtendienstliche Mittel selbst verfügt der Verfassungsschutzverbund nicht exklusiv; die Maßnahmen stehen z. B. der Polizei ebenfalls zur Verfügung.

Zugleich ist die Arbeit des Verfassungsschutzes professioneller geworden. Dazu beigetragen hat formal, dass alle Aufgaben und Befugnisse immer konkreter gefasst und durch gesetzliche Regelungen grundsätzlich gerichtlich überprüfbar geworden sind. Praktisch war und ist es wichtig, dass der Verfassungsschutzverbund als Ganzes und jede Landesbehörde sich den fachlichen Herausforderungen stellt und durch geeignete Maßnahmen frühzeitig Weichen stellt, um sie angemessen und besonnen zu bewältigen.

Auch das LfV Hessen ist daher gerade mit Blick auf die Bekämpfung des islamistischen Terrorismus und unter Berücksichtigung der Bedeutung des Rhein-Main-Gebietes ein nicht unwesentlicher Teil im Netzwerk der Sicherheitsbehörden. Es versucht nicht nur in diesem Aufgabenbereich sowohl seine Analysekompetenz als auch die Informationsbeschaffung zu optimieren. Zugleich will das LfV Hessen phänomenübergreifend[46] andere staatliche Stellen, aber auch Multiplikatoren bestimmter Zielgruppen und die Öffentlichkeit noch stärker über die Aufgabe und Funktion des Verfassungsschutzes, seine Arbeitsweise und Arbeitsergebnisse informieren und zugleich für Gefährdungspotenziale der freiheitlichen demokratischen Grundordnung sensibilisieren. Dies gilt gerade auch bei Aufgaben, in denen das LfV Hessen aufgrund gesetzlicher Regelungen im Verfahren zu beteiligen ist oder mitzuwirken hat.[47] Nur so lassen sich Angriffe auf unseren Staat oder die teilweise alarmierende Gewaltbereitschaft von Seiten politischer Extremisten bzw. organisierter Krimineller sowie Spionageaktivitäten fremder Nachrichtendienste in Deutschland begrenzen.

---

[46] Gemeint sind alle Bereiche des politischen Extremismus (Links-, Rechts- und Ausländerextremismus sowie legalistischer Islamismus), aber auch der Bereich der OK sowie der Spionageabwehr und verstärkt der Schutz vor unerlaubtem Abzug von Know-how, insbesondere in der Wirtschaft.

[47] Die Verfassungsschutzbehörden wirken mit bei Sicherheitsüberprüfungen nach dem Sicherheitsüberprüfungsgesetz (SÜG), beim Geheim- und Sabotageschutz sowie bei Zuverlässigkeitsüberprüfungen nach dem Luftsicherheitsgesetz (LuftSiG) und dem Atomgesetz (AtomG).

# Die Verfassungsschutzberichte des Landes Hessen im Vergleich

*Eckhard Jesse*

## 1. Einleitung

Jahr für Jahr stellt der Bundesminister des Innern auf einer Pressekonferenz den Verfassungsschutzbericht des Bundes vor. Dieser ist der Öffentlichkeit gut bekannt. Die Entstehung der Verfassungsschutzberichte ist eine Reaktion auf die Last der Vergangenheit. Nach den antisemitischen Schmierereien 1959/60 in der Bundesrepublik Deutschland wurde die Notwendigkeit erkannt, die in- und ausländische Öffentlichkeit über einschlägige Aktivitäten zu informieren. Das erste Mal erschien für den Berichtszeitraum 1961 ein „Bericht nach Erkenntnissen der Verfassungsschutzbehörden" über den „Rechtsradikalismus".[1] Dies war der Beginn der heutigen Verfassungsschutzberichte. Auch die Berichte zum „Rechtsradikalismus" für die Jahre 1963 und 1964 wurden in der „Beilage zum Parlament", herausgegeben von der Bundeszentrale für politische Bildung, abgedruckt. Vom Berichtszeitraum 1964 an wurde die Berichterstattung für die linke Variante des Extremismus am gleichen Publikationsort ergänzt. Für den Berichtszeitraum 1968 kam zum ersten Mal eigenständig eine Broschüre des Bundesministeriums des Innern heraus, für den Berichtszeitraum 1969 und 1970 wurden die Ergebnisse zum ersten und zum letzten Mal in einem Bericht zusammengefasst. Die Unterrichtung der Öffentlichkeit über verfassungsfeindliche Bestrebungen nahm in den Folgejahren nicht nur an Umfang zu, sondern auch an Professionalität und moderner Aufmachung.[2]

Die Verfassungsschutzberichte in der Bundesrepublik haben für andere Staaten eine gewisse Vorreiterrolle gespielt, etwa für die Niederlande, Österreich, die Schweiz und Tschechien. Allerdings führen diese Staaten in ihren „Staatsschutzberichten" (die Terminologie ist unterschiedlich) vor allem Bestrebungen auf, die Gewalt anwenden oder propagieren, weil sie nicht auf den Prinzipien der streitbaren Demokratie fußen.[3] Die Verfassungsschutzberichte des Bundes haben nicht nur im Ausland, sondern

---

1 Vgl. Bericht nach Erkenntnissen der Verfassungsschutzbehörden. Rechtsradikalismus in der Bundesrepublik. Ein Erfahrungsbericht, in: Aus Politik und Zeitgeschichte. Beilage zur Wochenzeitung „Das Parlament", B 20/62, S. 241-252.

2 Vgl. Eckhard Jesse: Verfassungsschutzberichte des Bundes und der Länder im Vergleich, in: Uwe Backes/Eckhard Jesse (Hrsg.): Vergleichende Extremismusforschung, Baden-Baden 2006, S. 379-396.

3 Vgl. Uwe Backes: Politische Extreme. Eine Wort- und Begriffsgeschichte von der Antike bis zur Gegenwart, Göttingen 2006, S. 200-202.

auch im Inland Nachfolger gefunden. Sie finden freilich nicht dieselbe Aufmerksamkeit wie die des Bundes.

Der Beitrag ist wie folgt gegliedert: Nach einem Kapitel zur Entstehung der Verfassungsschutzberichte in den Bundesländern geht es um eine Beschreibung und Bewertung der hessischen Verfassungsschutzberichte – zum einen für die Zeit von 1977 bis 1990, zum anderen für die Zeit seit dem Jahre 2000, jeweils mit dem Schwerpunkt auf rechts- und linksextremistische Aktivitäten. Von 1991 bis 1999 gab es in Hessen keine Verfassungsschutzberichte. Danach folgt ein Vergleich zu den Verfassungsschutzberichten der anderen Länder.[4] Der Text schließt mit einem Fazit, das die Notwendigkeit solcher Berichte begründet, zugleich aber vor Gefahren warnt.

## 2. Die Entstehung der Verfassungsschutzberichte in den Bundesländern

Die Verfassungsschutzberichte der Bundesländer sind vor allem eine Folge der von der Ständigen Konferenz der Innenminister der Länder am 9. September 1974 beschlossenen Konzeption „Verfassungsschutz durch Aufklärung". Zum einen sollte Aufklärung über extremistische Organisationen und Strategien geboten werden, zum anderen Information über die gesetzlichen Grundlagen und die Aufgaben des Verfassungsschutzes. In den Vordergrund rückte die geistig-politische Auseinandersetzung, weniger die repressive Seite. Damit ging oft eine Verstärkung der Öffentlichkeitsarbeit einher und die Einrichtung entsprechender Stellen. Die Verfassungsschutzbehörden wollten einerseits die Transparenz erhöhen, andererseits sich besser legitimieren. Sie standen seinerzeit unter hohem Legitimationsdruck bei einem Teil der Öffentlichkeit. Man denke nur an die oft mit Schlagworten („Gesinnungsschnüffelei" ist eines, „Duckmäusertum" ein anderes) geführte Diskussion um die Regelanfrage bei der Einstellung von Bewerbern im öffentlichen Dienst.

Das Land Niedersachsen machte den Anfang. Im Jahr 1976 wurde der Verfassungsschutzbericht für 1975 im Umfang von 103 Seiten vorgelegt. Innenminister Wilfried Hasselmann begründete die Notwendigkeit eines solchen Berichts u. a. mit den folgenden Worten: „Der nachrichtendienstliche Verfassungsschutz darf nicht als die zwar notwendige, aber anrüchige und deshalb ungeliebte ‚Kehrseite' unserer freiheitlichen demokratischen Grundordnung angesehen werden. Er ist vielmehr der legitime Ausdruck des Selbstbehauptungswillens unseres freiheitlichen Rechtsstaates."[5] Der Bericht erschien anfangs mit Unterbrechungen oder fasste zwei Jahre zusammen (etwa 1983 und 1984). Seit dem Berichtsjahr 1985 kommt er regelmäßig heraus.

---

[4] Dieser Beitrag fußt auf Überlegungen des Verfassers, die an anderer Stelle dargelegt worden sind. Vgl. Eckhard Jesse: Die Verfassungsschutzberichte der Bundesländer: Deskription, Analyse, Vergleich, in: Uwe Backes/Eckhard Jesse (Hrsg.): Jahrbuch Extremismus & Demokratie 2007, Bd. 19, Baden-Baden 2008, S. 13-34.

[5] Verfassungsschutzbericht Niedersachsen 1975, Hannover 1976, S. 3 f.

Bayern folgte Niedersachsen ein Jahr später. Umfasste der erste Verfassungsschutzbericht 1976 nur 72 Seiten, so verdoppelte sich die Seitenzahl des nächsten (144 Seiten). Dieser Umfang wurde in der Folge nie mehr unterschritten. Der erste Verfassungsschutzbericht von Rheinland-Pfalz betraf ebenfalls das Berichtsjahr 1976, der zweite das Jahr 1979, der dritte 1982. Erst von da an erschienen regelmäßig Verfassungsschutzberichte.

Schleswig-Holsteins erster Verfassungsschutzbericht galt dem Berichtsjahr 1977. Überraschend offensiv heißt es im Vorwort des Innenministers Rudolf Titzck: „Wir müssen heute leider feststellen, dass heute in manchen Teilen der jüngeren Generation ein zunehmend gleichgültiges, ablehnendes oder gar feindseliges Verhältnis zum Staat besteht. Dies sollte allen, die für das politische Geschehen in unserem Staat und für die Erziehung junger Menschen verantwortlich sind, Anlass sein, noch entschlossener für den Fortbestand unserer freiheitlichen Ordnung einzutreten."[6] Die Berichte fassen zuweilen zwei Jahre zusammen.[7] Hessen, das in diesem Beitrag im Vordergrund steht, informiert ebenfalls seit dem Berichtsjahr 1977. Allerdings blieben – wie erwähnt – die Berichtsjahre 1991 bis 1999 unkommentiert. Das größte Bundesland, Nordrhein-Westfalen, dokumentiert verfassungsfeindliche Bestrebungen seit dem Berichtsjahr 1978. Zum Teil legt das Innenministerium in gedruckter Form sogar „Zwischenberichte" vor, die die Entwicklungen in der ersten Jahreshälfte nachzeichnen. Wie Nordrhein-Westfalen gibt Baden-Württemberg Verfassungsschutzberichte seit dem Berichtsjahr 1978 heraus. Andere Länder ließen mit der Herausgabe von Verfassungsschutzberichten länger auf sich warten. Das Bundesland Berlin gibt seit dem Berichtsjahr 1990 eine einschlägige Dokumentation zu den verfassungsfeindlichen Kräften heraus. Der Innensenator Dieter Heckelmann begründet dies so, dass mit dem Wegfall der alliierten Vorbehaltsrechte nach der Wiedervereinigung „die Gewährleistung der inneren Sicherheit in der alleinigen Verantwortung des Senats [liegt]. Dies gibt mir die Möglichkeit, für das Jahr 1990 erstmals einen Jahresbericht des Landesamtes für Verfassungsschutz der Öffentlichkeit vorzustellen."[8]

Der Freistaat Hamburg veröffentlicht seit dem Berichtsjahr 1993 Verfassungsschutzberichte, offenbar veranlasst durch das gute Abschneiden der Rechtaußenparteien REP (4,8 Prozent) und DVU (2,8 Prozent) bei der Bürgerschaftswahl 1993. Als letztes – altes – Bundesland (bis auf das Saarland) hat der Stadtstaat Bremen sich veranlasst gesehen, solche Berichte zu veröffentlichen, erstmals für das Jahr 2003. Das auslösende Moment waren die Terroranschläge am 11. September 2001 in den USA.

6 Verfassungsschutzbericht Schleswig-Holstein 1977, Kiel 1978, S. 1.
7 Vgl. etwa Verfassungsschutzbericht Schleswig-Holstein 1985/1986, Kiel 1987.
8 Verfassungsschutzbericht Berlin 1990, Berlin 1991, S. 3

Die neuen Bundesländer geben ebenfalls solche Berichte heraus. Zum einen wollten die neu gegründeten Landesämter die Öffentlichkeit über ihre Arbeit informieren, zum anderen wurde dies angesichts der fremdenfeindlichen Ausschreitungen, über die die Medien viel zu berichten wussten, auch erwartet. Die Befürchtung, nicht zuletzt wegen der Machenschaften der Staatssicherheit werde der Verfassungsschutz in den neuen Ländern einen schweren Stand haben, traf so nicht zu.

Die Länder Thüringen und Mecklenburg-Vorpommern begannen mit dem Berichtsjahr 1992. Der erste Verfassungsschutzbericht Sachsen-Anhalts galt für die Zeit 1992/1993, der nächste für das Jahr 1993 allein. Den ersten Verfassungsschutzbericht im Freistaat Sachsen gab es für den Berichtszeitraum 1993. Gleiches gilt für das Land Brandenburg.

## 3. Verfassungsschutzberichte in Hessen 1977 bis 1990

Im Vorwort des Innenministers Ekkehard Gries zum ersten hessischen Verfassungsschutzbericht für den Berichtszeitraum 1977 hieß es, der Hessische Landtag habe in der Sitzung am 7. Juli 1977 beschlossen, alljährlich einen Verfassungsschutzbericht vorzulegen. „Die Aufnahme von bestimmten Organisationen und Einzelpersonen in den Jahresbericht hat keine rechtlichen Auswirkungen. Sie greift in den rechtlichen Status der Betroffenen nicht ein und kann diesen selbstverständlich nicht ändern. Die Benennung erfolgt vielmehr in Form von Werturteilen im Rahmen des gesetzlichen Auftrages der Verfassungsschutzbehörden, verfassungsfeindliche Gruppen und Aktivitäten zu beobachten, um so die freiheitliche demokratische Grundordnung zu schützen."[9] Das ist richtig, doch die politischen Auswirkungen sind beträchtlich. Die Dokumentation befasse sich nur mit Organisationen, deren Tätigkeit sich auch auf Hessen erstrecke.

Der Bericht ist nach folgenden Rubriken untergliedert: Gesetzliche Grundlagen, Organisation des Landesamtes für Verfassungsschutz Hessen, Informativer Verfassungsschutz, Rechtsextremistische Bestrebungen, Linksextremistische Bestrebungen, Sicherheitsgefährdende Bestrebungen von Ausländern, Spionageabwehr. Weder an dieser Reihenfolge noch an der Terminologie hat sich bis zum Verfassungsschutzbericht für das Jahr 1990 etwas geändert, sieht man davon ab, dass im letzten Bericht die „sicherheitsgefährdenden Bestrebungen von Ausländern" um „extremistische" ergänzt wurden. Inhaltlich lief die Erweiterung nicht auf eine Änderung hinaus. Diese Präzision war sinnvoll, denn nicht jede „extremistische" Bestrebung muss eine „sicherheitsgefährdende" sein. Die hessischen Verfassungsschutzberichte zeichnen sich damit durch eine hohe Kontinuität aus.[10]

---

[9] Ekkehard Gries: Vorwort, in: Hessischer Minister des Innern (Hrsg.): Verfassungsschutz in Hessen. Bericht 1977, o.O. (Wiesbaden) o.J. (1978), S. 2.

[10] Die Faksimile aus extremistischen Publikationen, wie sie sich im ersten Bericht finden, fehlen später.

Hatte der erste Bericht 40 Seiten, so war der für das Jahr 1990 76 Seiten stark.

Bei den rechtsextremistischen Bestrebungen wurden anfangs die NPD genannt, die Jungen Nationaldemokraten, „neonazistische Aktivitäten" sowie „Ausschreitungen aus rechtsextremistischen Beweggründen". Danach folgte eine „Beurteilung", in der es u.a. hieß, dass der Rechtsextremismus zurzeit keine Gefahr für die freiheitliche Ordnung darstelle. Später tauchten weitere rechtsextremistische Organisationen auf.

Bei den linksextremistischen Bestrebungen wurde unterschieden zwischen „orthodoxen Kommunisten", zu denen die Deutsche Kommunistische Partei (DKP) zählte, ihre Nebenorganisationen und die DKP-beeinflussten Organisationen (wie die Vereinigung der Verfolgten des Naziregimes-Bund der Antifaschisten - VVN-BdA), und der „Neuen Linken". Unter diesen unscharfen Terminus - später, ab dem Berichtszeitraum 1985, ist von der „extremen" Neuen Linken die Rede - fielen die K-Gruppen, Trotzkisten und die „undogmatische Neue Linke". Hierzu zählten „Autonome", ebenso Repräsentanten der „Sozialistischen Büros". Weiterhin wurde zur Entwicklung linksextremistischer Bestrebungen an den Hochschulen sowie zum Komplex „Terror und Gewalt" berichtet. Die Einschätzung fiel folgendermaßen aus: „Der Linksextremismus gefährdete auch 1977 nicht die freiheitliche demokratische Grundordnung der Bundesrepublik."[11] An diesem Urteil für Rechts- und Linksextremismus änderte sich bis 1990 nichts.

Im Vorwort des Berichts für das Jahr 1978 ist von den „ungleich größeren linksextremen Gruppierungen"[12] im Vergleich zu denen von rechtsaußen die Rede, im Vorwort zum Bericht für das Jahr 1979 davon, dass die Verfassungsschutzbehörden meist auch dann schweigen, „wenn sie unrichtige und diffamierende Behauptungen leicht widerlegen könnten."[13] Die Vorworte der Innenminister unterschiedlicher Richtungen sind durch eine engagierte Verteidigung des demokratischen Verfassungsstaates gekennzeichnet. Sie unterscheiden sich nur in Nuancen voneinander. Aber diese gibt es: Während es im Bericht 1985 beim sozialdemokratischen Innenminister hieß, „die Sorge vor der Tendenz zu einem Überwachungsstaat" sei ernst zu nehmen, setzte der CDU-Innenminister ein Jahr später die Akzente etwas anders: Extremistische Gruppierungen versuchten über Neben- oder Tarnorganisationen Bündnispartner zu gewinnen.[14]

Im Laufe der Jahre nimmt der Umfang der Berichterstattung über den Rechtsextremismus zu, ohne dass er aber bis zum Berichtszeitraum 1990 den des

---

[11] Bericht 1977 (Anm. 9), S. 36.

[12] Ekkehard Gries: Vorwort, in: Hessischer Minister des Innern (Hrsg.): Verfassungsschutz in Hessen. Bericht 1978, o.O. (Wiesbaden) o.J. (1979), S. 1.

[13] Ders.: Vorwort, in: Hessischer Minister des Innern (Hrsg.): Verfassungsschutz in Hessen. Bericht 1979, o.O. (Wiesbaden) o.J. (1980), S. 2.

[14] Vgl. Bericht 1985, S. 1; Bericht 1986, S. 1.

Linksextremismus erreicht. Dies geht vor allem auf eine intensivere Berichterstattung zum Komplex „Neonazismus"[15] zurück. So ist in den Berichten ausführlich die Rede von der Deutschen Bürgerinitiative, der Hilfsorganisation für nationale politische Gefangene und deren Angehörige, der Wiking-Jugend, dem Bund Heimattreuer Jugend sowie der Volkssozialistischen Bewegung Deutschlands/Partei der Arbeit, um einige der Organisationen zu benennen. Über Ausschreitungen von rechtsaußen wie über Strafurteile wurde ebenso berichtet.

Wer die Verfassungsschutzberichte für die Zeiträume von 1977 bis 1990 gesichtet hat, kommt zum Ergebnis, dass sich kaum Verschiebungen zeigen. Gruppierungen, die 1977 beobachtet wurden, blieben davon 1990 nicht verschont. Die Beobachtungsobjekte hatten sich also nicht verändert - ungeachtet des Regierungswechsels von 1987. Allerdings: Waren zuvor die Adressaten kommunistischer Bündnispolitik so gut wie ausgespart worden, so hieß es nunmehr, die VVN-BdA strebe breite Bündnisse, u.a. mit der SPD, an. Zuvor war die Ablehnung der DKP durch die Friedensbewegung hervorgehoben worden.

### 4. Verfassungsschutzberichte in Hessen seit 2000

Im Vorwort des Verfassungsschutzberichtes des Jahres 1990 deutete nichts darauf hin, dass dieser Bericht für ein Jahrzehnt der letzte sein könnte. 1991 war die schwarz-gelbe Koalition „abgewählt" und durch eine rot-grüne abgelöst worden. Anfang 1992 hatte die parlamentarische Kontrollkommission den Vorschlag des hessischen Innenministers gebilligt, auf die Herausgabe eines eigenen Verfassungsschutzberichtes zu verzichten.[16] Tatsächlich war es die rot-grüne Regierung, die die Mittel für den Verfassungsschutz reduziert und die Verfassungsschutzberichte abgeschafft hatte. In einem Antrag der SPD und der Grünen vom 18. August war zu lesen: „Die jährliche Vorlage eines ‚Verfassungsschutzberichtes Hessen' ist für eine zeitnahe Information der Öffentlichkeit über bedeutsame Themen des Verfassungsschutzes nicht erforderlich und nicht geeignet."[17] Offenkundig hatten die Grünen mehr Interesse daran als die Sozialdemokraten. Tarek Al-Wazir von den Grünen hatte 2001 in der ersten Lesung zur Änderung des Gesetzes über das Landesamt für Verfassungsschutz die CDU und die FDP seinerseits heftig kritisiert: „Wir haben die Berichte nicht im Gesetz abgeschafft. Niemand hätte den Leiter des Landesamtes für Verfassungsschutz, die Pressestelle des Verfassungsschutzes oder den Innenminister persönlich daran gehindert, einen neuen Bericht herauszugeben. Sie haben es nur seit dem 7. April 1999 nicht getan -

[15] Leider verwendet auch der hessische Verfassungsschutzbericht diese polemische Bezeichnung (statt: „Neonationalsozialismus")

[16] Fernmündliche Information des Landesamtes für Verfassungsschutz Hessen v. 19. April 2011.

[17] Zitiert nach: Hessischer Landtag, 15. Wahlperiode, 79. Sitzung v. 22. August 2001, S. 5486.

fast zweieinhalb Jahre lang. Daran kann wohl schlecht die Opposition schuld sein."[18] Das mit Wirkung vom 1. Januar 2002 in Kraft getretene Gesetz zur Änderung des Gesetzes über das Landesamt für Verfassungsschutz, das von der SPD und den Grünen wegen der Erweiterung der Kompetenzen des Verfassungsschutzes abgelehnt wurde, fügte in § 9 einen neuen Absatz 3 an: „Die Unterrichtung nach Abs. 1 dient auch der Aufklärung der Öffentlichkeit über Bestrebungen und Tätigkeiten nach § 2 Abs. 2, die mindestens einmal jährlich in einem zusammenfassenden Bericht erfolgt." Dieser Punkt war zwischen den Parteien nicht (mehr) strittig.

Wer den Verfassungsschutzbericht des Jahres 2000 sichtet, merkt nichts von den vorherigen politischen Kontroversen, auch nicht im Vorwort des Innenministers Volker Bouffier. Der Bericht knüpft in gewisser Weise nahtlos an den von 1990 an. Die Kategorien hatten sich nicht geändert (mit einer etwas stärkeren Auffächerung), auch die Reihenfolge blieb dieselbe. Zusätzliche Aufnahme fanden die Bereiche „Wirtschafts- und Geheimschutz" sowie „Scientology-Organisation". Hingegen fiel das äußere Erscheinungsbild deutlich anders aus. Das Format wurde von DIN A 5 auf DIN A 4 vergrößert, ein Sach- und Stichwortverzeichnis ergänzt, eine bunte Bebilderung vorgenommen. Die Berichte haben auf diese Weise an Anschaulichkeit gewonnen.

Im Verfassungsschutzbericht 2001 rückten die sicherheitsgefährdenden und extremistischen Bestrebungen von Ausländern (nicht zuletzt wegen der Terroranschläge vom 11. September 2001 in den USA) an den Anfang. Daran hat sich bis heute nichts geändert.[19] Im Vorwort weist Innenminister Bouffier eigens darauf hin, dass dem Landesamt 19 neue Stellen zur Verfügung stünden, darunter fünf zur Bekämpfung der Organisierten Kriminalität. „Damit verfügt der Verfassungsschutz in Hessen erstmals seit Jahren wieder über mehr als 200 Mitarbeiter."[20] Ein Jahr später wurde erstmals ein eigener Abschnitt zur Organisierten Kriminalität aufgenommen, der bis heute besteht und an Relevanz zugenommen hat.

Was den Rechtsextremismus betrifft, so dominiert zum einen die ausgiebige Information über die NPD, aber auch die Berichterstattung über die „Neonazis" fällt detailliert aus. Der Verfassungsschutz nimmt die Propaganda von rechtsaußen nicht für bare Münze und gelangt zu einer realistischen Einschätzung. Für den Berichtszeitraum 2004 war in einem Unterabschnitt von „Intellektualisierungsbemühungen im Rechtsextremismus" die Rede.[21] Diese Passagen verfehlen weithin das Thema, beziehen

---

18 Ebd., S. 5493.

19 Später, ab dem Berichtszeitraum 2007, folgte die nicht ganz klare Differenzierung in „Islamismus" und „Allgemeiner Ausländerextremismus".

20 Volker Bouffier: Vorwort, Hessisches Ministerium des Innern und für Sport (Hrsg.): Verfassungsschutz in Hessen. Bericht 2001, Wiesbaden O. J. (2002), S. 7.

21 Vgl. Bericht 2004, S. 79–81.

sich vor allem auf die NPD und gehen nicht auf Hessen ein. Später tauchen derartige Informationen nicht mehr auf.

Beim Linksextremismus wird die (gewalttätige) autonome Szene eingehend geschildert, darunter auch die Gruppe der „Antideutschen", die in den meisten Verfassungsschutzberichten anderer Länder keine Erwähnung finden. „Den Deutschen im Allgemeinen sowie eher ‚traditionell' – d. h. antiimperialistisch – orientierten Gruppierungen der extremistischen Linken im Besonderen wird [...] vorgeworfen, sich einem latenten bis offenen Antisemitismus und Antiamerikanismus verschrieben zu haben. Insoweit haben *Antideutsche* in der jüngeren Vergangenheit zu einer deutlichen Polarisierung im linksextremistischen Spektrum beigetragen."[22] Der Bericht erwähnt die PDS bzw. die Linke von Anfang an, und zwar sehr ausführlich. Dabei werden ihre linksextremistischen Bestrebungen klar beim Namen genannt, ebenso die offen extremistischen Zusammenschlüsse innerhalb der Partei sowie die Kontakte zu extremistischen Organisationen im In- und Ausland.

Im Vergleich zu den 70er und 80er Jahren ist der Umfang der Berichterstattung über den Rechtsextremismus deutlich gestiegen. Er liegt etwa über dem des Linksextremismus. Den meisten Raum nimmt der Islamismus bzw. der „Ausländerextremismus" ein. Die Berichterstattung lässt sich von der Gefahrenlage leiten, weniger von kurzatmiger Aufgeregtheit. Der hessische Verfassungsschutzbericht bietet sachliche und solide Informationen. Er widersteht der Versuchung, der wissenschaftlichen Ursachenforschung Konkurrenz zu machen und beschränkt sich auf sein angestammtes Aufgabenfeld. Damit präsentiert er ausreichend Material für eine angemessene Einschätzung durch den interessierten Leser. Die Schwerpunktsetzung auf Hessen überzeugt.

### 5. Vergleich der Berichte

Die Verfassungsschutzberichte der Länder sind ähnlich strukturiert wie die des Bundes. Die Berichte für die Länder Baden-Württemberg, Bayern, Berlin, Hamburg und Nordrhein-Westfalen fallen besonders umfassend aus, die für Bremen, Mecklenburg-Vorpommern, Rheinland-Pfalz eher knapp. Ein Teil des Umfangs ist der Tatsache geschuldet, dass ausführlich die gesamte Entwicklung der jeweiligen Organisation geschildert wird, also auch außerhalb des Bundeslandes. Auf diese Weise werden die Berichte aufgebläht, kommt es zu Doppelungen. Es erscheint daher nicht angezeigt, in einem Landes-Verfassungsschutzbericht die extremistischen Tendenzen einer Organisation im gesamten Bundesgebiet detailliert nachzuzeichnen.

Brandenburg und Bayern sind Extreme. Das gilt für die Einschätzung der Partei „Die Linke". Wird diese in jedem Verfassungsschutzbericht Bayerns er-

[22] Bericht 2009, S. 141 (Hervorhebung im Original).

wähnt (früher auch die PDS), so fehlt sie jedes Mal in dem von Brandenburg. Während Brandenburg noch nie auch nur eine Strömung der Linken in die Nähe der Verfassungsfeindlichkeit gerückt hat, betrachtet Bayern Jahr für Jahr die Linke in toto als extremistisch. Detailliert wird deren verfassungsfeindliche Orientierung aufgelistet. Man kann dem bayerischen Verfassungsschutzbericht vorwerfen, offenkundige Wandlungen bei Teilen der Partei zu unterschlagen, aber die Tatsache, dass der Bericht für Brandenburg es noch nie für notwendig erachtet hat, einzelne innerparteiliche Zusammenschlüsse wie die „Kommunistische Plattform" auch nur als „Prüffall" zu berücksichtigen, ist ein weit größerer Missstand. Dadurch wird die Glaubwürdigkeit der Berichte in den Punkten geschwächt, in denen sie korrekt informieren. Innenministerien geben den Verfassungsschutzbehörden Anweisungen. Dieser heikle Vorgang macht aus den Berichten bis zu einem gewissen Grad ein Instrument politischer Einflussnahme. Die von der SPD regierten Länder sind in den letzten Jahren überwiegend dazu übergegangen, die Linke in den Berichten nicht mehr aufzuführen. Das gilt allerdings nicht für Nordrhein-Westfalen.

Bei einem Vergleich zwischen den Berichten in den alten und neuen Bundesländern fällt die vorsichtigere „Behandlung" der Linken auf, unabhängig davon, wer in dem jeweiligen Bundesland regiert. Das dürfte auf zwei Gründe zurückgehen: Zum einen ist es gesellschaftlich ohne größere Proteste kaum durchsetzbar, eine Partei mit einem Stimmenanteil von 20 bis 25 Prozent in den Verfassungsschutzbericht aufzunehmen; zum andern ist die Linke in den neuen Bundesländern, in denen sie häufig politische Mitverantwortung trägt (und sei es nur auf kommunaler Ebene), pragmatischer ausgerichtet als anderswo. Dort schlägt Sektierertum stärker zu Buche.

Was die Partei der Republikaner (REP) betrifft, gibt es diese Diskrepanzen nicht. Hatten die Verfassungsschutzberichte von Nordrhein-Westfalen und Hamburg, seinerzeit von der SPD regiert, die Partei der REP schon länger im Visier (die Verfassungsschutzbehörde Nordrhein-Westfalens beobachtete die Partei vom 30. September 1989 an ebenso mit nachrichtendienstlichen Mitteln wie die Hamburgs vom 4. Januar 1990 an)[23], so fassten die Innenministerien der Länder im Dezember 1992 den Beschluss, diese Partei nachrichtendienstlich zu beobachten und hinfort in den Verfassungsschutzberichten über sie zu informieren. Das wurde durchgehend praktiziert. In den letzten Jahren fiel die Beweislage mit Blick auf verfassungsfeindliche Bestrebungen wegen des strikten, freilich nicht von allen unterstützten Abgrenzungskurses Rolf Schlierers, des Vorsitzenden der REP, gegenüber rechtsextremistischen Anwandlungen allerdings immer dünner aus. Mittlerweile ist die Partei in allen Verfassungsschutzberich-

[23] Verfassungsschutzbericht Hamburg 1993, Hamburg 1994, S. 72.

ten nicht mehr aufgeführt. Allerdings fehlt es dafür an einer Begründung.

Die rechtsextremistischen Bestrebungen werden insgesamt stärker aufgefächert und detaillierter behandelt als die von linksaußen. Eine gegenläufige Entwicklung fällt auf: Während ein Teil der Verfassungsschutzberichte seinen Blick auf Intellektuelle am rechten Rand wirft – der Verfassungsschutz von Nordrhein-Westfalen hatte sich jahrelang auf die „Junge Freiheit" „eingeschossen"[24] und sie in den Berichten überdimensional erwähnt, ehe dies durch das Bundesverfassungsgericht untersagt wurde –, fallen antifaschistische Gruppierungen, sofern sie nicht zu den „Autonomen" gehören, selbst dann heraus, wenn die DKP-nahe Linie dominiert. Nur wenige Berichte, wie etwa die aus Bayern und Baden-Württemberg, richten ihr Augenmerk auf die zum Teil von kommunistischer Orthodoxie geprägte VVN-BdA. Dies ist ein Zeichen für einen gewissen Wandel des gesamtgesellschaftlichen Koordinatensystems. Ausdruck mangelnder Äquidistanz ist auch der folgende Sachverhalt: So finden in vielen Verfassungsschutzberichten Formen des „diskursorientierten" Rechtsextremismus Aufnahme (die Bezeichnungen schwanken), Formen des „diskursorientierten" Linksextremismus fehlen jedoch. Das kann nicht an dessen Nichtexistenz liegen. Hat es damit etwas zu tun, dass Teile der „kritischen Öffentlichkeit" dem Verfassungsschutz solche Erwähnungen verargen? Immerhin finden in einigen Verfassungsschutzberichten die linksextremistischen „Antideutschen" Erwähnung, auch in Hessen. Diese orientieren sich um jeden Preis an Israel, bekämpfen aber entschieden die freiheitliche Ordnung Deutschlands. Zuweilen kommt es, wie vermerkt wird, zu Konflikten mit anderen Linksextremisten, die Partei für Palästina ergreifen.

Der Verfassungsschutzbericht des Landes Brandenburg fällt aus dem Rahmen. War er früher ähnlich konventionell gestaltet wie die Berichte der anderen Länder, so geht er seit dem Berichtsjahr 2006 neue Wege. Die herkömmliche Untergliederung („Rechtsextremismus", „Linksextremismus" usw.) wird vermieden, stattdessen wird stärker auf (Landes-)Spezifika geachtet. So lauten im Bericht für 2010 die Überschriften wie folgt: „Rechtsextremistische Parteien NPD und DVU" – „Neonationalsozialismus und Gewaltbereite" – „Kinder im Visier brandenburgischer Rechtsextremisten" – „Hass-Musik im Extremismus" – „Linksextremismus: Gewaltbereite, Bündnisversuche und überalterte Kader" – „Islamistischer Extremismus und Ausländerschutz".[25] Die Berichte sind sprachlich anschaulich gestaltet, haben aber den Nachteil der mangelnden Systematik und Vergleichbarkeit. So fehlen im Verfassungsschutzbericht 2009 Kapitel über

[24] Vgl. Innenministerium des Landes Nordrhein-Westfalen (Hrsg.): Die Kultur als Machtfrage. Die neue Rechte in Deutschland, Düsseldorf o. J. (2003).

[25] Vgl. Ministerium des Landes Brandenburg (Hrsg.): Verfassungsschutzbericht 2010 Land Brandenburg, Potsdam 2011, S. 8 f.

„Kinder im Visier brandenburgischer Rechtsextremisten" ebenso wie über „Hass-Musik im Extremismus". Hingegen fanden sich seinerzeit Ausführungen über „Neonationalsozialisten: Frauen im brandenburgischen Rechtsextremismus" wie über „Extremismus online".[26]

Mecklenburg-Vorpommern hatte zwischen 1995 und 2002 einen knappen „Jahresbericht" bzw. „Extremismusbericht" publiziert (im Umfang von 16 bis 24 Seiten), ehe es danach wieder den herkömmlichen und umfassenden Verfassungsschutzbericht herausbrachte. Der sächsische Freistaat hingegen schlägt einen anderen Weg ein. Ab dem Berichtszeitraum 2007 erscheinen die Verfassungsschutzberichte in einer „abgespeckten" Form.[27] Dafür gibt es ein „Sächsisches Handbuch zum Extremismus", das alle zwei Jahre systematisch zur Thematik informieren soll.[28]

Wie fällt der hessische Verfassungsschutzbericht im Vergleich zu den anderen Berichten aus? Er ist eher konventionell angelegt. Das hat den großen Vorteil des angemessenen Vergleichs immer über viele Jahre hinweg, zumal ein Kategorienwechsel vermieden worden ist. Im Vergleich zu manchen Verfassungsschutzberichten anderer Länder finden sich so gut wie keine Tendenzen des Zeitgeistes. Das oft verspätete Erscheinen des Berichts ist ein Schwachpunkt, der abgestellt werden sollte.[29]

## 6. Fazit

Die Konzeption der streitbaren Demokratie ist eine angemessene Reaktion auf diejenige Form des Extremismus, die den demokratischen Verfassungsstaat auf gewaltfreie Weise zu bekämpfen sucht. Wer diese Demokratieschutzkonzeption bejaht, muss auch die Beobachtung von Organisationen ins Auge fassen, die grundlegende Prinzipien der freiheitlichen Demokratie nicht bejahen.[30] Eine weitere logische Konsequenz besteht darin, Verfassungsschutzberichte vorzusehen. Denn sie informieren die Öffentlichkeit über verfassungsfeindliche Bestrebungen, sind eine der Maßnahmen der streitbaren Demokratie, die auf einer Reihe abgestufter Mechanismen basiert. Da derartige Verlautbarungen für die betroffenen Organisationen und Personen in der Regel negative Folgen nach sich ziehen, ist besondere Sorgfalt geboten. Fakten müssen ausgebreitet werden, nicht bloße Verdächtigungen.

Wer vor dem Hintergrund des Vergleichs der Verfassungsschutzberichte in den Ländern die Ergebnisse prüft, kommt zu einem ambivalenten Urteil.

---

[26] Vgl. dass. (Hrsg.): Verfassungsschutzbericht 2009 Land Brandenburg, Potsdam 2010, S. 133–139, S. 205–209.

[27] Der Verfassungsschutzbericht 2009 umfasste freilich immer noch 79 Seiten.

[28] Vgl. Landesamt für Verfassungsschutz (Hrsg.): Sächsisches Handbuch zum Extremismus und zu sicherheitsgefährdenden Bestrebungen, Dresden 2009.

[29] Der Verfassungsschutzbericht 2010 lag Mitte Mai 2011 noch nicht vor.

[30] Der Verfasser teilt damit also nicht die Position von Lars Oliver Michaelis, für den nur eine solche Partei beobachtet werden darf, gegen die die Verfassungsorgane ein Verbotsverfahren anstreben. Vgl. ders.: Politische Parteien unter der Beobachtung des Verfassungsschutzes. Die Streitbare Demokratie zwischen Toleranz und Abwehrbereitschaft, Baden-Baden 2000, S. 231–246.

Einerseits informieren die Berichte sachkundig und ausführlich die Öffentlichkeit, andererseits ist nicht jedes Urteil hinreichend nachvollziehbar und immer gut abgesichert. Offenbar spielen politische Rücksichtnahmen eine gewisse Rolle. Anders sind die unterschiedlichen Einschätzungen schwer erklärbar. „Während linker Extremismus im Bewusstsein der Bevölkerung an Bedeutung verloren hat, wird die Bedrohung durch den Rechtsextremismus von den Bürgern als real erkannt."[31] Wie nicht nur dieser Satz aus einem sächsischen Verfassungsbericht zeigt, ist eine offenbar unterschiedliche Wahrnehmung der beiden Extremismen augenfällig. Cum grano salis gilt: Der Extremismus von rechts wird insgesamt schärfer wahrgenommen als der von links.[32] Dieses verbreitete Muster wirkt auch auf den Inhalt von Verfassungsschutzberichten zurück, wenngleich in gedämpfter Form.

Die hessischen Berichte haben sich erfolgreich darum bemüht, strikt nach rechtsstaatlichen Prinzipien vorzugehen. Obwohl Hessen seit der Etablierung der Verfassungsschutzberichte eine Vielzahl an unterschiedlichen Regierungskonstellationen erlebt hat (Alleinregierung der SPD, 1982–1984 Minderheitsregierung; Alleinregierung der CDU 2003–2009, davon 2008-2009 Minderheitsregierung; rot-gelbe Koalition 1974–1982; rot-grüne Koalition 1984–1987, 1991–1999; schwarz-gelbe Koalition 1987–1991, 1999–2003, seit 2009)[33], wirkte sich dies in den Verfassungsschutzberichten so gut wie nicht aus. So haben sie ihre konsensstiftende Funktion gewahrt.

---

[31] Verfassungsschutzbericht Sachsen 1994, Dresden 1995, S. 82.

[32] Vgl. Eckhard Jesse: Die unterschiedliche Wahrnehmung von Rechts- und Linksextremismus, in: Politische Studien 58 (2007), Themenheft 1, S. 8–17.

[33] Vgl. Christoph Strünck: Das Parteiensystem Hessens, in: Uwe Jun/Melanie Haas/Oskar Niedermayer (Hrsg.): Parteien und Parteiensysteme in den deutschen Ländern, Wiesbaden 2008, S. 247–264.

Gestern - Heute - Morgen -
GESCHICHTLICHER RÜ

Ein spannendes Verhältnis: Verfassungs
Jihad im Sauerland
RECHTSEXTREMISMUS Antisemitisch motivierte Straftat
e Jungen Nationaldemokraten
LINKSEXTREM

chon sicher? Die Durchführung von Sicherheitsüberprüfungen
0 Jahre Landesamt für Verfassungsschutz Hessen
er Verfassungsschutz im 21. Jahrhundert Verfas
60 Jahre Lande
Die Verfassungsschutzberichte des Landes He

Abschied vom Trennungsgebot
ngsschutz und Öffentlichkeit
Radikalisieren verboten?
n von Beleidigungen bis zu Gewalttaten
Gescheiterte Revolutionsträume:
Wer ist schon sicher?
hutz in der freiheitlichen Demokratie
Verfassungsschutz im 21. Jahrhundert Verfassungs
GESCHICHTLICHER RÜCKBLICK 60 Jahre Land
Die Verfassungsschutzberichte des
UND PERSPEKTIVEN DES VERFASSUNGSSCHUTZES
Abschied vom Trennungsgebot
ISLAMISMUS / ISLAMISTISCHER TERRORISMUS
RECHTSEXTREMISMUS Antisemitisch
Die Jungen Nationalde
räume: Die Enttarnung der geheimen „Militärorganisation" de
cher? Die Durchführung von Sicherheitsüberprüfungen
ndesamt für Verfassungsschutz Hessen
Verfassungssc
60 Jahre Landesamt fü
Die Verfassungsschutzbericht

# RAHMENBEDINGUNGEN UND PERSPEKTIVEN DES VERFASSUNGSSCHUTZES

## Parlamentarische Kontrolle – Praxis und Perspektiven

*Nancy Faeser, Holger Bellino, Wolfgang Greilich, Jürgen Frömmrich, Alexander Bauer*

Die parlamentarische Kontrolle des Landesamtes für Verfassungsschutz Hessen (LfV Hessen) gehört zu den Eckpfeilern des behördlichen Verfassungsschutzes. Starke und enge Kontrolle ist das Pendant zu den Eingriffsbefugnissen dieser Behörde. Für diese Kontrolle besteht mit der Parlamentarischen Kontrollkommission Verfassungsschutz (PKV) ein eigenes Gremium des Hessischen Landtags. Diese direkte Anbindung des LfV Hessen an ein eigens geschaffenes Parlamentsgremium macht das LfV zu einer Besonderheit unter den hessischen Behörden.

Wie gestaltet sich die parlamentarische Kontrolle in der Praxis? Wie sind Effizienz und Wirksamkeit zu bewerten? Gibt es Änderungsbedarf in der Zusammenarbeit zwischen LfV und PKV? Gibt es Reformbedarf für die parlamentarische Kontrolle des Verfassungsschutzes? Mit diesen Themen befassen sich die Mitglieder der PKV im folgenden Beitrag anhand fünf konkreter Fragen.

Die Parlamentarische Kontrollkommission Verfassungsschutz des Hessischen Landtags setzt sich wie folgt zusammen:

- Nancy Faeser, MdL (SPD), Vorsitzende
- Holger Bellino, MdL (CDU), stellv. Vorsitzender
- Wolfgang Greilich, MdL (FDP)
- Jürgen Frömmrich, MdL (Bündnis 90/Die Grünen)
- Alexander Bauer, MdL (CDU)

### Fragen und Stellungnahmen der Abgeordneten

**Frage 1:**
*Für die Kontrolle des LfV Hessen besteht mit der Parlamentarischen Kontrollkommission Verfassungsschutz (PKV) ein eigenes Gremium des Landtags. Der Verfassungsschutz hat damit ein weitgehendes Alleinstellungsmerkmal unter den hessischen Behörden. Vor diesem Hintergrund stellt sich die Frage, wie Sie die Wirksamkeit dieses Gremiums einschätzen: Welche Erfahrungen haben Sie mit Blick auf die Kontrolle? Was ist Ihnen dabei besonders wichtig? Sehen Sie Optimierungsmöglichkeiten?*

*Nancy Faeser, MdL (SPD)*

Die PKV in Hessen hat sich aus meiner Sicht hinsichtlich ihrer Sonderstellung bewährt. Das regelmäßige Berichtswesen des LfV Hessen gibt den Abgeordneten des Hessischen Landtags, die der Kommission angehören, einen Überblick über die aktuelle Sicherheitslage in Hessen. Diese Abgeordneten haben ein umfangreiches Fragerecht gegenüber den Vertretern des Landesamtes, können auch eigene Themenbereiche ansprechen und bekommen dazu spätestens in der darauffolgenden Sitzung umfangreiche Informationen. Diese bisherige Praxis ist aus meiner Sicht für effiziente parlamentarische Kontrolle, aber auch für eine vertrauensvolle Zusammenarbeit und eine umfangreiche Information unverzichtbar. Sie ist allerdings sicherlich auch noch ausbaufähig. Eine Optimierungsmöglichkeit ergäbe sich insbesondere, indem man die Kontrollrechte des Parlamentes erweitern würde. Denkbar wären insoweit erweiterte Befugnisse der Abgeordneten, wie sie inzwischen in anderen Bundesländern eingeführt wurden. So wurden die parlamentarischen Rechte gegenüber dem Verfassungsschutz nach einer umfassenden Diskussion in Sachsen verstärkt.[1] In Bayern erfolgte durch das Parlamentarische Kontrollgremium-Gesetz vom 8.November 2010 ebenfalls eine Aufwertung der Rechte der Abgeordneten, indem den Mitgliedern des dortigen Kontrollgremiums ein Akteneinsichtsrecht für Schriftstücke und Dateien des LfV sowie ein direktes Befragungsrecht gegenüber den Mitarbeitern des LfV eingeräumt worden ist.[2] Schließlich wurden auch die Rechte des Parlamentarischen Kontrollgremiums des Deutschen Bundestages im Anschluss an den „BND-Untersuchungsausschuss" umfangreich verändert und gestärkt. Erstmals wurde das Parlamentarische Kontrollgremium durch das Gesetz zur Änderung des Grundgesetzes vom 17. Juli 2009 im Grundgesetz durch Art. 45d GG verankert.[3] Welche Änderungen für Hessen in Betracht kommen, wird in der Beantwortung zu Frage 5 erläutert.

*Holger Bellino, MdL (CDU)*

Die Bürgerinnen und Bürger in Deutschland haben die vergangenen 60 Jahre in Freiheit und Sicherheit verbringen können. Dass dies keine Selbstverständlichkeit ist, zeigt nicht nur der Blick in die Geschichtsbücher, sondern auch der Blick auf die Weltkarte. Hierzu haben auch die verschiedenen Einrichtungen der polizeilichen und nicht-polizeilichen Gefahrenabwehr wesentlich beigetragen. Auch das Landesamt für Verfassungsschutz in Hessen! Dafür gilt es zunächst einmal „Danke" zu sagen und die

[1] Bull: Sind die Nachrichtendienste unkontrollierbar? – Zu der Diskussion über die parlamentarische Kontrolle des Einsatzes nachrichtendienstlicher Mittel am Beispiel Sachsen –, 751, 755

[2] Vgl. Art. 5 Abs. 1 und 2 des Parlamentarischen Kontrollgremium-Gesetzes des Freistaates Bayern

[3] Huber: Die Reform der parlamentarischen Kontrolle der Nachrichtendienste und des Gesetzes nach Art. 10 GG, NVwZ 2009, 1321, 1321; Wolff: Der nachrichtendienstliche Geheimnisschutz und die parlamentarische Kontrolle, JZ 2010, 173, 180

Mitarbeiterinnen und Mitarbeiter für ihre wichtige – und häufig nicht in den Schlagzeilen stehende – Arbeit zu würdigen. Schließlich ist die Verfassung – unsere Verfassung, von den Grundrechten bis zur Verfassungsgerichtsbarkeit – die Grundlage unseres Staates: unserer Sicherheit, unseres Wohlstandes. Sie zu schützen bedeutet daher nichts Geringeres, als die Grundlage unseres Staates zu schützen. Schützt sie doch die Unabhängigkeit des Staates und die Freiheit jedes einzelnen Bürgers gleichermaßen. Die zurückliegenden Jahrzehnte waren diesbezüglich nicht immer einfache Zeiten. Dennoch ist es gelungen, Straftaten zu verhindern, Extremisten unter Kontrolle zu halten und Gefahren bereits frühzeitig zu erkennen und einzudämmen. Die Leistungen des Verfassungsschutzes konnten dabei nicht immer in spektakulärer Weise der Öffentlichkeit vermittelt werden, sondern erfolgten oft im Verborgenen. Aber nicht nur dass, was geschieht, sondern auch dass, was nicht geschieht, was verhindert werden kann, zeichnet die erfolgreiche Arbeit des Amtes aus. Und hier funktioniert der von mir häufig angesprochene Dreiklang aus Information, Prävention und Sanktion. Die Bürger werden – gerade durch die Aktivitäten des LfV Hessen – über die (teilweise verklausulierten) Ziele der Verfassungsfeinde von links und rechts sowie islamistisch Inspirierten informiert. Menschen, die sich „verirrt" haben, wird Hilfe angeboten. Informationen, Schulungen und Angebote zum Ausstieg schützen junge und ältere Menschen vor den „Rattenfängern", und wenn all dies nicht hilft, greifen die sanktionierenden Maßnahmen; immer in enger Kooperation mit anderen Bereichen der Sicherheitsarchitektur.

Grundsätzlich steht das Handeln staatlicher Organe zu Recht, insbesondere durch die Tätigkeit der Medien, unter der Beobachtung der Öffentlichkeit. Dies ist auch gut so, ist dies doch ein Eckpfeiler der demokratischen Verfasstheit unseres Staates. Der Verfassungsschutz darf und muss sich jedoch dieser Offenheit bis zu einem gewissen Grade entziehen, um wirksam tätig sein zu können. Umso wichtiger ist es meines Erachtens, dass in einer parlamentarischen Demokratie alle Organe der Exekutive eine Rückbindung an den Souverän haben. Das Parlament bildet hierzu auch im Bereich der Sicherheitsorgane ein Scharnier, das eine „Verselbstständigung" einzelner Organe verhindern kann und „überzogene Reaktionen" möglichst ausschließt. Schließlich bewegt sich die Arbeit des Verfassungsschutzes häufig im Spannungsfeld zwischen der Sicherheit des Staates und seiner Bürger und dem (punktuellen) Eingriff in die Grundrechte einzelner Bürger. Gerade hier habe ich während meiner aktiven Begleitung in der Parlamentarischen Kontrollkommission ein hohes Maß an Sensibilität gespürt. Dass in der Rückschau die Sicherheitslage in Hessen so positiv bilanziert werden kann, ist daher nicht alleine, aber doch auch in dem wirksamen Zusammenwirken von Verfassungsschutz und Parlamentarischer

Kontrollkommission begründet. Die Abgeordneten, die im Namen des Parlaments eine Kontrollfunktion übernehmen, tun dies im Bewusstsein der großen Verantwortung für die Sicherheit des Landes und den Schutz der Bürgerrechte. Die PKV wirkt als Regulativinstrument durch kritisches Hinterfragen und Platzieren von Anregungen. Dadurch wird Transparenz erzeugt und wechselseitig informiert. Dabei wird auch Einfluss auf die Arbeit des Verfassungsschutzes genommen, indem die Aufmerksamkeit auf spezifische Problemfelder gelenkt werden kann. Die Verzahnung von Verfassungsschutz und Parlament trägt somit auch zur Absicherung unserer Demokratie bei. Gerade der überparteiliche Charakter der Tätigkeit der Kommission hat sich bewährt und dazu geführt, dass alle demokratischen Parteien die Arbeit des Amtes uneingeschränkt mittragen. Selbstverständlich ist für mich, dass gerade deshalb nur Parteien und Fraktionen, die uneingeschränkt auf dem Boden unserer Verfassung stehen, in dieser wichtigen Kommission mitarbeiten können – links- und rechtsextreme Ausleger haben dort nichts zu suchen!

### *Wolfgang Greilich, MdL (FDP)*

Der Verfassungsschutz ist unverzichtbar für die Abwehr von Gefahren für unsere Sicherheit und damit letztlich auch für unsere Freiheit. Denn Freiheit ohne die Gewährleistung von Sicherheit ist eine Illusion. Der Blick auf zahlreiche totalitäre Staaten in der Welt macht uns deutlich: Wer um die persönliche Integrität fürchten muss, wer sich auf das nackte Überleben konzentrieren muss, hat keine reelle Chance, Freiheitsrechte auch wahrzunehmen. Oft müssen diese erst mühsam erkämpft werden. Umso wichtiger ist es in unserer Welt, in der die Wahrnehmung von Bürgerrechten eine Selbstverständlichkeit ist, dies nicht zu vergessen und deshalb gleichermaßen für den Schutz von Freiheit und Sicherheit einzutreten.

Realitätsfern ist aber das Streben nach absoluter Sicherheit. Der Anschlag auf die US-Soldaten am Frankfurter Flughafen am 2. März 2011 hat uns dies wieder einmal in Erinnerung gerufen. Perfektion im Bereich der Inneren Sicherheit ist nicht möglich. Und, um Benjamin Franklin sinngemäß zu zitieren: Das Streben nach dem unerreichbaren Ziel der absoluten Sicherheit führt im Zweifel dazu, Freiheit und Sicherheit zu verlieren.

Naturgemäß spielt sich die Arbeit von Nachrichtendiensten mit dem Sammeln von Informationen, teilweise unter Einsatz spezieller nachrichtendienstlicher Mittel, im Verborgenen ab. Umso wichtiger sind funktionierende Kontrollmechanismen. Zum einen beeinflusst die notwendige Geheimhaltung nämlich das Machtgefüge in der parlamentarischen Demokratie. Kontrolle der Regierung durch das Parlament ist Ausfluss des Demokratieprinzips, und dieses lebt von der Öffentlichkeit dieser Kontrolle. Diese ist im Bereich der Geheimdienste denknotwendig eingeschränkt, sodass der Arbeit der PKV besondere Bedeutung zukommt.

Aber nicht nur der Rechtsstaat per se erfordert die intensive Kontrolle durch die PKV. Auch die Nachrichtendienste selbst sind darauf angewiesen. Denn sie müssen das Vertrauen der Bevölkerung gewinnen und behalten. Voraussetzung dafür ist aber auch und gerade, dass die Menschen auf eine zuverlässige und intensive Kontrolle durch das Parlament bauen können.

Aus beiden Aspekten ergibt sich der Grund für das angesprochene „Alleinstellungsmerkmal" für den Verfassungsschutz gegenüber anderen Behörden unseres Landes: Das Gesetz normiert quasi eine Bringschuld. Die Landesregierung bzw. das LfV ist verpflichtet, der Kommission unaufgefordert zu berichten (§ 22 Abs. 1 VerfSchutzG Hessen).

Die Frage der Verbesserung der Wirksamkeit der Kontrolle und von Optimierungsmöglichkeiten stellt sich dem mit der Kontrolle des Verfassungsschutzes betrauten Parlamentarier permanent. Einige Überlegungen hierzu finden Sie unter der Frage 5.

*Jürgen Frömmrich, MdL*
*(Bündnis 90/Die Grünen)*

Die im Gesetz beschriebene Aufgabe des LfV Hessen[4] ist es, den „zuständigen Stellen zu ermöglichen, rechtzeitig die erforderlichen Maßnahmen zur Abwehr von Gefahren für die freiheitliche demokratische Grundordnung, den Bestand und die Sicherheit des Bundes oder der Länder zu treffen".[5] Diese Aufgabenstellung und die sich daraus ergebenden Eingriffsbefugnisse für den Verfassungsschutz in Grundrechte der Bürgerinnen und Bürger führen für eine Bürgerrechtspartei wie Bündnis 90/Die Grünen zwangsläufig zu einer sehr aufmerksamen Betrachtung seiner Arbeit. Denn zur Erfüllung der im Gesetz beschriebenen Aufgaben stehen dem Verfassungsschutz Befugnisse zu, die für die von entsprechenden Maßnahmen betroffenen Personen tiefe Eingriffe in ihre verfassungsmäßig garantierten Grundrechte darstellen. So kann beispielsweise das Grundrecht des Brief-, Post- und Fernmeldegeheimnisses eingeschränkt werden. Telefonüberwachung oder das Abhören von Wohnungen kann in besonderen Fällen gestattet werden. Auch das Sammeln und Speichern von personenbezogenen Daten gehört zu den Befugnissen, die dem Verfassungsschutz zur Verfügung stehen.

Wenn der Gesetzgeber einer Landesbehörde so weitreichende Befugnisse gibt, muss dies zwangsläufig einhergehen mit einer intensiven demokratischen Kontrolle. Die PKV in Hessen erfüllt daher zwei wichtige Aufgaben:

4 Im Folgenden: Verfassungsschutz.

5 § 2 (1) des Gesetzes über das Landesamt für Verfassungsschutz.

einerseits dem Parlament einen Überblick über die Aktivitäten verfassungsfeindlicher Organisationen zu vermitteln und andererseits, es dem Parlament zu ermöglichen, die Angemessenheit der Tätigkeit des Verfassungsschutzes zu hinterfragen. Bei Letzterem werden aber die Grenzen und Möglichkeiten dieser Kommission sehr schnell deutlich. Denn die Kontrollmöglichkeiten der Kommission sind abhängig vom Informationswillen und der jeweiligen Tiefe der Unterrichtung durch die Landesregierung. „Die Landesregierung unterrichtet die Parlamentarische Kontrollkommission umfassend über die allgemeine Tätigkeit des Landesamtes für Verfassungsschutz und über Vorgänge von besonderer Bedeutung"[6], und „Zeit, Art und Umfang der Unterrichtung der Parlamentarischen Kontrollkommission werden unter Beachtung des notwendigen Schutzes der Quellen durch die politische Verantwortung der Landesregierung bestimmt"[7]. Von daher kann von umfassender Kontrolle im Sinne von Überwachung einzelner Maßnahmen und Abwägung im Hinblick auf die Rechtfertigung einzelner Maßnahmen nicht die Rede sein. Die Kommission ist sehr auf „Goodwill" der Verantwortlichen im Verfassungsschutz und in der Landesregierung angewiesen. An diesem Punkt ist es auch in der Vergangenheit zu Konflikten gekommen. Wenn in den Medien über Vorgänge berichtet wird, über die die Kontrollkommission nicht unterrichtet wurde, muss man sich die Frage nach der tatsächlichen Wirksamkeit der Kontrolle durch die PKV stellen.

*Alexander Bauer, MdL (CDU)*

So lange der Zeitraum ist, auf den das Landesamt für Verfassungsschutz Hessen heute zurückblicken kann, so kurz ist doch erst der Zeitraum meiner eigenen Mitwirkung in der Parlamentarischen Kontrollkommission Verfassungsschutz des Hessischen Landtags. Ihren 60 Jahren stehen hier sechs Monate entgegen. Die Geschichte unseres Landes hat uns diese doppelte Lehre ziehen lassen, dass es einer Einrichtung bedarf, die unsere freiheitliche Grundordnung durch Beobachtung verfassungsfeindlicher Bestrebungen zu schützen hilft, gleichzeitig aber auch wegen der Sensibilität der Freiheitsrechte auch selbst einer Kontrolle unterliegt. Insofern wirkt dieses Gremium seit nunmehr sechs Jahrzehnten in unterschiedliche Richtungen. Zum einen sensibilisiert es die beteiligten Abgeordneten für das notwendige Engagement zum Schutz unserer Grundwerte, die in unserem politischen Tagesgeschäft fast zur Selbstverständlichkeit geworden sind. Meine Mitgliedschaft in diesem Kontrollgremium schärft meinen Blick auf gesellschaftspolitische Entwicklungen und die daraus resultierenden Spannungsverhältnisse. Dabei ist mir wichtig, dass

[6] § 22 (1) des Gesetzes über das Landesamt für Verfassungsschutz.
[7] § 22 (2) des Gesetzes über das Landesamt für Verfassungsschutz.

es unter den Beteiligten einen gemeinsamen Grundkonsens über die Werte und Aufgaben einer „wehrhaften Demokratie" gibt. Zum anderen gilt es auch, die Instrumente und Arbeitsweisen des Verfassungsschutzes mit der „kritischen Distanz" eines gewählten Volksvertreters zu überprüfen und Fehlentwicklungen zu verhindern.

**Frage 2:**
*Stoßen Sie bei der Anwendung der Befugnisse der PKV auf Grenzen oder Widerstände? Gibt es in der Zusammenarbeit zwischen PKV und LfV Mechanismen, die ergänzt, verändert oder anders eingesetzt werden sollten? Welchen Beitrag kann oder muss dabei der Verfassungsschutz leisten?*

*Nancy Faeser, MdL (SPD)*

Die bisherige Arbeit der PKV mit dem LfV Hessen ist sehr vertrauensvoll und kooperativ. Es gibt keinerlei Konflikte in der unmittelbaren Zusammenarbeit. Es sind mittlerweile jedoch Arbeitsgewohnheiten eingetreten, die zu einer gewissen Routine geführt haben. Das Berichtswesen des LfV ist eng an den Quartalsbericht angelehnt und erfasst darüber hinaus Einzelfälle, über die die Landesregierung und das LfV Hessen von sich aus berichten. Damit orientiert sich der Sitzungsrhythmus im Wesentlichen an den Vorlagezyklen des Quartalsberichts. Auch wenn diese Verfahrensweise grundsätzlich ausreichend erscheint, darf dies dennoch nicht zu einem starren und unflexiblen Berichtswesen führen. Es wäre daher wünschenswert, wenn die PKV auch unabhängig vom Quartalsbericht anlassbezogen tagen und das LfV dann über Fälle von besonderer Bedeutung berichten würde. Das würde nicht nur die bisherige, starr anmutende Routine durchbrechen, sondern auch das Einberufungsrecht der Mitglieder der PKV aus § 22 Abs. 3 LfVG, nach dem jedes einzelne Mitglied die Einberufung und die Unterrichtung der Parlamentarischen Kontrollkommission verlangen kann, sinnvoll ergänzen. Auch wenn von diesem Einberufungsrecht bislang nur äußerst selten Gebrauch gemacht worden ist, zeigt die Praxis doch, dass eine zeitlich flexiblere Information des Parlaments der PKV gestattet, aktuelle Vorgänge besser würdigen und beurteilen zu können.

*Holger Bellino, MdL (CDU)*

Es ist unabdingbar, dass die Parlamentarier, die in der Parlamentarischen Kontrollkommission tätig sind, das Agieren des Verfassungsschutzes nachvollziehen können und alle relevanten Informationen erhalten, um das Vorgehen des Amtes und die damit erzielten Ergebnisse richtig einordnen zu können. Sie müssen erkennen können, was aus offenen oder geheimen Quellen stammt und wie (zuverlässig) die Informationen einzuordnen und welche abgestimmten - gegebenenfalls aufeinander aufbauenden - Maßnahmen angezeigt sind.

Das LfV Hessen hat seine Tätigkeit gegenüber den Abgeordneten aus meiner Sicht immer äußerst transparent dargestellt. In den vergangenen Jahren war die Arbeit diesbezüglich sehr konstruktiv. Es wurden umfängliche Informationen bereitgestellt und Nachfragen beantwortet. Stets war auch die Bereitschaft vorhanden, vertiefende Recherchen vorzunehmen. Grenzen der Offenheit, die sich aus der jeweiligen Sache selbst ergeben konnten, wurden entsprechend erläutert, sodass selbst in diesen Fällen das Handeln des Verfassungsschutzes nachvollziehbar war. Auch konnten die Abgeordneten in der Vergangenheit durch ihre Nachfragen die Aufmerksamkeit des Verfassungsschutzes auf bestimmte Themenfelder lenken, die sie aufgrund der Arbeit in ihren Wahlkreisen und der allgemeinen gesellschaftspolitischen Debatte als relevant ansahen. Ich erwarte auch künftig vom Verfassungsschutz, dass er, wie bisher, in guter Weise die Anregungen aufnimmt und die Parlamentarier mit den notwendigen Informationen versorgt.

*Wolfgang Greilich, MdL (FDP)*

Selbstverständlich gibt es Grenzen bei der Ausübung der Kontrollrechte. In diesem Zusammenhang ist die schon erwähnte „Bringschuld" der Landesregierung noch einmal hervorzuheben. Denn Vorgänge, von denen die Mitglieder der Kommission nichts wissen, sind sonst der Kontrolle entzogen. Auch wenn ich nicht den geringsten Anlass dazu habe, an der Erfüllung dieser Bringschuld zu zweifeln, wäre es einer Überlegung wert, das ständige Bewusstsein hierfür bei dem Dienst wie auch bei der Landesregierung dadurch zu stärken, dass man im Gesetz für die Angehörigen des Verfassungsschutzes die Möglichkeit schafft, sich in Angelegenheiten, die den Aufgabenbereich der PKV betreffen, unmittelbar und nicht nur auf dem Dienstweg an die Kommission zu wenden.

Außerdem erscheint es mir sinnvoll, die Sitzungen der Kommission zu protokollieren und die Protokolle nach Genehmigung durch die Kommission beim LfV Hessen zu archivieren, sodass bei Bedarf darauf zurückgegriffen werden kann.

*Jürgen Frömmrich, MdL (Bündnis 90/Die Grünen)*

Die gesetzlichen Befugnisse der Kontrollkommission sind das eine. Das andere ist, dass die Kontrolle nur bei Sachverhalten erfolgen kann, von denen die PKV Kenntnis erlangt. Daher hat sowohl der Verfassungsschutz als auch das Innenministerium in der Zusammenarbeit eine hohe Verantwortung gegenüber den Mitgliedern der Kommission. Denn die Mitglieder der Kommission müssen gegebenenfalls gegenüber der Öffentlichkeit, aber auch gegenüber der entsendenden Fraktion erklären, warum die Kontrollaufgaben nicht oder nur unzureichend erfüllt werden konnten.

*Alexander Bauer, MdL (CDU)*

Als neues Mitglied in der PKV sind meine Erfahrungen noch nicht ausgeprägt genug, um begründete Änderungsvorschläge in der bisherigen Zusammenarbeit zwischen PKV und LfV zu unterbreiten.

Alles in allem kann man sagen, dass der Verfassungsschutz eine der bestkontrollierten Institutionen unseres Staates ist. Er tut nicht, was er will, sondern nur, was er in unser aller Interesse muss und darf. Der Verfassungsschutz beschränkt nicht die Freiheit der Bürger. Er schützt sie. Er sollte deshalb seine Arbeitsergebnisse im Rahmen des Sinnvollen und Möglichen offensiv vertreten. Eine freie Gesellschaft muss vermittelt bekommen, dass ihre Freiheit auch bedroht wird und schutzbedürftig ist.

**Frage 3:**

*Die PKV tagt nicht öffentlich und wird auch über geheimhaltungsbedürftige Erkenntnisse des Verfassungsschutzes unterrichtet. Sie als Mitglied sind gegenüber den Fraktionen und dem Landtag politisch rechenschaftspflichtig.*
*Gibt es bei der Realisierung dieser Aufgabe aus Ihrer Sicht Einschränkungen? Inwieweit sind die Grenzen der Vertraulichkeit ein Hemmnis? Wodurch unterstützt das LfV Hessen diese Arbeit?*

*Nancy Faeser, MdL (SPD)*

Das Parlament hat die Aufgabe, die Regierung zu kontrollieren.[8] Dabei gehört die parlamentarische Kontrolle zu den wesentlichen Elementen des grundgesetzlichen Demokratieprinzips.[9] Dieser Kontrolle unterliegt die gesamte Tätigkeit der Regierung und der Verwaltung, also auch die Tätigkeit der Nachrichtendienste.[10] Allerdings wird die parlamentarische Kontrolle durch den Geheimnisschutz eingeschränkt. Dabei geht es um die Grenzen des Informations- und Kontrollrechts zum Wohle eines Landes (oder des Bundes), das durch das Bekanntwerden von geheimhaltungsbedürftigen Informationen gefährdet werden kann.[11] Insoweit besteht ein echtes Spannungsverhältnis zwischen der parlamentarischen Kontrolle und somit dem Informationsinteresse und dem Geheimhaltungsinteresse.

Die politische Rechenschaft in den Fraktionen durch die einzelnen Mitglieder über den Inhalt einer Sitzung der PKV, die unter Geheimhaltungsschutz steht, ist daher sehr schwierig. Es bedarf einer genauen Abwägung, was man aus diesen Sitzungen berichten kann. Das LfV Hessen leistet bei dieser Arbeit jedoch insoweit Hilfestellung, als es bei für die Öffentlichkeit relevanten Themen Hinweise gibt, inwieweit man über solche Sachverhalte berichten kann und was der Geheimhaltung unterliegt. Dennoch

[8] Di Fabio: Der Staat, 1990, 599, 610.
[9] Gusy: Parlamentarische Kontrolle der Nachrichtendienste im demokratischen Rechtsstaat, ZRP 2008, 36, 37.
[10] Achterberg, Parlamentsrecht, 1984, 509.
[11] BVerfG, Beschluss vom 17.06.2009 - 2 BvE 3/07, Rn. 132.

besteht in diesem Bereich ein echtes Spannungsverhältnis, was im Einzelfall einer sorgfältigen Abwägung bedarf.

Eine weitere, im Einzelfall die parlamentarische Kontrolle nominell einschränkende Wirkung ergibt sich durch die Regelungen über die Zusammensetzung der PKV. Gem. § 20 Abs. 2 Satz 1 LfVG besteht die Kommission „aus fünf Mitgliedern, die zu Beginn jeder Wahlperiode vom Landtag aus seiner Mitte mit der Mehrheit seiner Mitglieder gewählt werden." Hinzu kommt in Verbindung mit der im Hessischen Landtag herausgebildeten Praxis, dass die Verteilung dieser Sitze gem. § 50 Abs. 3 Satz 2 GOHLT neben einer Beteiligung der im Landtag vertretenen Fraktionen auch die Mehrheitsverhältnisse zu berücksichtigen hat. In den Fällen, in denen sich beides angesichts der gesetzlich festgelegten Größe der Kommission nicht erreichen lässt, kann es dazu kommen, dass in der PKV nicht alle Fraktionen vertreten sind[12]. Dennoch schränkt diese bislang in Hessen erst einmal eingetretene Konstellation meines Erachtens weder die demokratische Legitimation der Kontrolle durch die PKV noch deren Effizienz ein.

*Holger Bellino, MdL (CDU)*

Eine gewisse Verschwiegenheit ist für die Arbeit des Verfassungsschutzes zwingend notwendig. Dies müssen auch Abgeordnete respektieren – und dies tun sie parteiübergreifend auch. Die Vertrauenswürdigkeit gehört aber auch dazu und stellt die andere Seite der Medaille dar. Man muss einander vertrauen und die größte „vertrauensbildende Maßnahme" ist die möglichst offene Information in der PKV. Daher geht es bei Information in der Kommission nicht um die Vermittlung oder Anreicherung von „Herrschaftswissen", sondern um den Schutz der Demokratie. Die Transparenz (nach außen) findet dort ihre Grenze, wo die Sicherheit des Staates gefährdet ist. Die Informationen, die der Verfassungsschutz erlangt, sind aber nicht selten auch solche, die aufgrund eines Grundrechtseingriffs, z. B. in das Brief-, Post- und Fernmeldegeheimnis, erlangt werden. Der Kreis derer, die diese Informationen erhalten, sollte daher nicht zu groß sein, um diese (bewusste und zum Schutze unseres Staates sanktionierte) Verletzung nicht mehr als nötig auszuweiten. Schließlich sind potenzielle Opfer zu schützen, und falschen Verdächtigungen ist vorzubeugen. Daher sind die Fraktionen gefordert, solche Persönlichkeiten zu benennen, die mit diesen Informationen auch vertraulich und verantwortungsvoll umgehen können. Dann, und nur dann, ist die Weitergabe von Informationen unproblematisch möglich. Gerade aufgrund der sensiblen Informationen und der Hintergründe ihrer Beschaffung bleibt die Kontrolle des Verfassungsschutzes ein notwendiges Korrektiv. Denn nicht nur der Staat muss gewährleisten, dass Bürgerinnen und

[12] vgl. Landtags-Drs. 18/115

Bürger die Verfassung achten, sondern auch die Bürger müssen vor Eingriffen in ihre Grundrechte durch den Staat geschützt werden. Die PKV dient daher auch dem Schutz des Einzelnen und verhindert Missbrauch und Fehlbildungen innerhalb der Behörde. Unsere Verfassung hat hierzu bewusst die Lehren aus der Geschichte gezogen und einem übermächtigen Staatsschutz vorgebeugt. Das zwingend notwendige Informationsdefizit der Legislative wird durch die Kontrollkommission kompensiert. Ihre Arbeit ist so letztlich Ergebnis des Gewaltenteilungs- und des Demokratieprinzips.

*Wolfgang Greilich, MdL (FDP)*

Die Geheimhaltungspflicht gegenüber jedermann stellt hohe Ansprüche zunächst an die entsendende Fraktion. Sie muss ihrem Vertreter in der Kommission quasi einen Blankoscheck mit absolutem Vertrauen ausstellen, da sie ihn zu keinem Zeitpunkt wegen seines Verhaltens in der Kommission zur Rechenschaft ziehen kann. Eine deutliche Verbesserung wäre hier die Einführung eines abgeschwächten Vier-Augen-Prinzips dahingehend, dass den Mitgliedern der PKV das Recht zur Unterrichtung des Fraktionsvorsitzenden eingeräumt würde. Damit wäre zweierlei gewonnen: Erstens hätte das Mitglied der Kommission die Möglichkeit, sich mit einem engen Vertrauten zu beraten. Und zweitens wäre zumindest ein Stück Transparenz gegenüber der Fraktion, vertreten durch ihren Vorsitzenden, geschaffen.

Eine weitere Einschränkung ergibt sich aus der beschränkten zur Verfügung stehenden persönlichen Arbeitszeit. So ist es oft schwierig, innerhalb weniger Tage die richtigerweise umfangreichen Verfassungsschutzberichte durchzuarbeiten, um entsprechend vorbereitet in die Sitzungen der PKV zu gehen. Hier wäre es hilfreich, auf die Unterstützung von persönlichen Mitarbeitern oder Mitarbeitern der Fraktion zurückgreifen zu können. Dies scheitert derzeit auch hier an der Geheimhaltungspflicht gegenüber jedermann.

Deshalb müssten entsprechende Mitarbeiter selbstverständlich der gleichen Geheimhaltungspflicht unterliegen wie dies § 21 VerfSchutzG Hessen für die Mitglieder der Kommission selbst bestimmt. Eventuell müsste auch eine vorherige Sicherheitsüberprüfung und/oder ein Mitspracherecht der gesamten Kommission bei der Auswahl dieser Mitarbeiter vorgesehen werden.

*Jürgen Frömmrich, MdL (Bündnis 90/Die Grünen)*

Dass die Sitzungen der PKV nicht öffentlich sind und dass es Erkenntnisse gibt, die geheimhaltungsbedürftig sind, ist logische Folge der Aufgaben, für die der Verfassungsschutz eingerichtet wurde. Der Umgang mit Geheimhaltung und Vertraulichkeit gehört zum normalen Arbeitsalltag von Abgeordneten. Gegenüber der Fraktion besteht bei der Grünen-Landtagsfraktion auch keine politische Rechenschaftspflicht. Die Basis für die Arbeit des Grünen-Mitgliedes der Kontrollkommission ist das Vertrauen der Fraktion in die gewissenhafte Erfüllung dieser Aufgabe. Ohne diesen „Vertrauensvorschuss" wäre die Arbeit in einer solchen Kommission nicht möglich. Insbesondere, weil man bei der Beurteilung der vorgetragenen Tätigkeiten auf sich allein gestellt ist, da den meisten Fraktionen nur ein Sitz in der PKV zusteht.

Um die Effektivität der PKV zu erhöhen und eine bessere Analyse und Beurteilung der Arbeit des Verfassungsschutzes zu ermöglichen, sollte überlegt werden, ob nicht analog den Regelungen im Deutschen Bundestag die Möglichkeit geschaffen werden kann, Mitarbeiter der Fraktion hinzuzuziehen. Das Gesetz über die parlamentarische Kontrolle nachrichtendienstlicher Tätigkeit des Bundes (Kontrollgremiumgesetz - PKGrG) regelt in § 11 die Unterstützung der Mitglieder durch eigene Mitarbeiter. Voraussetzung für diese Tätigkeit ist die Ermächtigung zum Umgang mit Verschlusssachen und die förmliche Verpflichtung zur Geheimhaltung.

Grundsätzlich wäre es aus unserer Sicht zu begrüßen, wenn die zuständigen Mitarbeiterinnen oder Mitarbeiter der Fraktionen einen Einblick in die Gefährdungslage bekommen würden und über Aktivitäten der beobachteten Organisationen und Einzelpersonen gleichfalls informiert würden.

*Alexander Bauer, MdL (CDU)*

In dem vertraulich tagenden Gremium herrscht gleichwohl eine offene Gesprächskultur. Diese Vertraulichkeit selbst ist für mich ein schützenswertes Gut. Natürlich muss es bei der politischen Bewertung und bei der Ausübung der Kontrollfunktion ab und an auch einmal ein offenes Wort geben. Aber selbst die politische Rechenschaft gegenüber meiner eigenen Fraktion und dem Landtag bewahrt die sensiblen Erkenntnisse im Sinne einer erfolgreichen Arbeit der Kommission und des Verfassungsschutzes. Es gibt also keine Einschränkungen bei der Ausübung der Kontrollfunktion. Im Vordergrund steht für mich die Mitwirkungspflicht für einen wirksamen Schutz der erworbenen Erkenntnisse und eine kritische Distanz zu den aufbereiteten Unterlagen und mündlichen Berichten.

Das LfV Hessen unterstützt diese Arbeit durch eine „benutzerfreundliche" Aufarbeitung seiner Erkenntnisse. Es informiert sachkundig und kann auch komplexe Gefährdungslagen sensibel und anschaulich vermitteln.

**Frage 4:**

*Im Rahmen Ihrer Kontrollaufgabe haben Sie regelmäßigen Kontakt mit dem Verfassungsschutz. Wie bewerten Sie persönlich diese Kontakte - gegebenenfalls umschrieben durch wenige Eigenschaftsworte - und die dabei erhaltenen Informationen?*

*Nancy Faeser, MdL (SPD)*

Die Kontakte zum LfV sind aus meiner Sicht sehr vertrauensvoll und informativ. Die Zusammenarbeit ist äußerst konstruktiv und die Kontakte sehr angenehm. Die Berichte im Gremium sind sehr umfangreich. Die notwendigen Auskünfte, die für das Verständnis der Sachverhalte erforderlich sind, werden erteilt und Nachfragen stets umfassend beantwortet. Dadurch wird eine Tiefe der parlamentarischen Kontrolle erreicht, die ohne ein solches Gremium wie die PKV bzw. ohne Geheimhaltung nicht erreicht werden könnte. Insoweit erfüllt die PKV eine sehr wichtige Aufgabe. Ohne sie würden geheimhaltungsbedürftige Informationen über Belange des Landes nie die Sphäre des Parlamentes erreichen.

*Holger Bellino, MdL (CDU)*

Der Verfassungsschutz hat sich in seiner Arbeit mit den Abgeordneten stets bereit gezeigt, zu informieren. Die Erläuterungen in der PKV tragen zur Transparenz bei und helfen bei der Klassifizierung von Dokumenten und der Einstufung hinsichtlich des Gebrauchs in der Öffentlichkeit. Durch die Arbeit in der Kontrollkommission bekommen die Abgeordneten ein realistisches Bild über die allgemeine Gefährdungslage vermittelt. Dabei wird die individuelle Situation beleuchtet, insbesondere auch im Hinblick auf einzelne Gruppen und Personen und deren Gefährlichkeit. Gefährliche Veränderungen und Entwicklungen in den verschiedensten Gruppen müssen so früh wie möglich erkannt, die Hauptakteure richtig eingeschätzt und die Zielpersonen ausgemacht werden. So lässt sich das Gefahrenpotenzial dieser Gruppen besser erschließen. Der Beitrag des Verfassungsschutzes zeigt sich dabei vor allem darin, rechtzeitig zu erkennen, wann Entwicklungen und Personen zu einer Bedrohung werden. Ich habe dabei den Landesverfassungsschutz im Kontrollgremium als kompetent, flexibel und vertrauensvoll erlebt. Die Tätigkeit des Verfassungsschutzes erscheint glaubhaft, da der Eingriff in die Bürgerrechte und das Bemühen, die Demokratie zu schützen, umsichtig miteinander abgewogen werden.

*Wolfgang Greilich, MdL (FDP)*

Die Kontakte mit den Vertretern des LfV bewerte ich als von gegenseitigem Vertrauen und Respekt getragen. Die Informationen erscheinen regelmäßig wertvoll in der Sache und ausreichend im Umfang.

Den persönlichen Umgang beschreibe ich als stets angenehm.

*Jürgen Frömmrich, MdL (Bündnis 90/Die Grünen)*

Die Kontakte zu den Mitarbeitern des Verfassungsschutzes sind bisher durchweg positiv. Die Berichte werden sehr kompetent gegeben und die Mitarbeiterinnen und Mitarbeiter verfügen über ein hohes Maß an Sach- und Fachkompetenz. Die Vierteljahresberichte geben einen guten Überblick über die Arbeit des Verfassungsschutzes.

*Alexander Bauer, MdL (CDU)*

Meine bisherigen Kontakte mit Vertreterinnen und Vertretern des LfV und deren vermittelte Informationen kann ich mit den Worten kompetent, wachsam, sensibel und ausgewogen umschreiben.

**Frage 5:**
*Gibt es aus Ihrer Sicht weitere Aspekte zur parlamentarischen Kontrolle, die Ihnen wichtig sind?*

*Nancy Faeser, MdL (SPD)*

Es gibt aus meiner Sicht weitere Aspekte zur parlamentarischen Kontrolle, die durch gesetzliche Änderungen zu regeln wären. Es wäre wünschenswert, wenn der Parlamentarischen Kontrollkommission mehr Befugnisse zustehen würden. Vorstellbar wäre eine Verbesserung des Zugangs der PKV zu relevanten Anlassinformationen. Im sonstigen parlamentarischen Bereich sind häufig öffentlichkeitsbezogene Informationen der Anlass für das Nachfragen des Parlamentes. Auch wenn das bereits im Rahmen der Beantwortung zu Frage 1 dargestellte Einberufungsrecht dies im Grundsatz theoretisch ermöglicht, zeigt die bisherige Praxis, dass eine solche zeitnahe Nachfrage- und Informationspraxis im nachrichtendienstlichen Bereich gerade nicht erfolgt. Dies gilt umso mehr in den Fällen, in denen akute und zu berichtende Ereignisse nicht öffentlich bekannt werden und daher auch nicht von den Parlamentariern aufgegriffen werden können. Dann ist die PKV in einem besonderen Maße darauf angewiesen, dass die Landesregierung von sich aus informiert. Insoweit müsste es darum gehen, diese strukturelle Abhängigkeit etwas abzumildern.[13] Das könnte zum Beispiel durch ein eigenständiges Initiativ- und Informationsrecht des LfV erfolgen. Des Weiteren könnte den originären Belangen des Landesamtes und seiner Mitarbeiter durch ein Eingaberecht der Bediensteten des LfV an die PKV Rechnung getragen werden. Hierdurch könnten sich Mitarbeiter mit Bitten und Beschwerden an die PKV wenden, ohne dass sie Gefahr liefen, geheimhaltungsbedürftige Vorgänge oder Abläufe in unzulässiger Weise zu veröffentlichen. Dabei ist aber sicherlich darauf zu achten, dass die Eingaben nicht anonym erfolgen dürften, weil es ansonsten schwer nachvollziehbar wäre, ob eine solche Eingabe ernst zu nehmen ist oder nicht.[14]

Zum anderen könnte man die Rechte der Mitglieder der PKV stärken. Dazu könnte ein unabhängig von der Beschlussfassung nach § 22 Abs. 4 LfVG bestehendes

[13] Baier: Die parlamentarische Kontrolle der Nachrichtendienste und deren Reform, 2009, S. 222.
[14] Baier aaO, S. 223, 224.

individuelles Einsichtsrecht in Akten und Dateien des Landesamtes sowie ein Zugangsrecht zum Landesamt und die Möglichkeit, Gespräche mit den Mitarbeitern desselben zu führen, gehören.[15] Das sind sogenannte Selbstinformationsmittel, die den Mitgliedern der PKV die Möglichkeit geben, Sachverhalte besser einzuschätzen, weil sie über umfangreichere Informationen verfügen würden.

Eine Stärkung der Mitglieder der PKV könnte auch durch die Möglichkeit der Beiziehung eines Sachverständigen in der PKV bedeuten. Auch die Heranziehung des Datenschutzbeauftragten könnte hilfreich sein.

Ein großer Schritt zu mehr Transparenz wäre es, wenn die Mitglieder der PKV bei der Haushaltsaufstellung für das LfV mitwirken könnten und ihnen ein Informationsrecht über die Haushaltsbewirtschaftung eingeräumt werden könnte. Im Deutschen Bundestag gibt es dazu eigens das Vertrauensgremium.[16]

Darüber hinaus ist zu überlegen, ob nicht Eingaben durch den Bürger, die er an den Hessischen Landtag richtet und die den Verfassungsschutz betreffen, der PKV zur Kenntnis gegeben werden sollten, wenn bei deren Befassung geheimhaltungsbedürftige Belange zu berücksichtigen sind. In allen anderen Fällen erfolgt eine inhaltliche Befassung durch den Innenausschuss.

Die Rechte der Parlamentarier im Parlamentarischen Kontrollgremium wurden, wie oben bereits aufgeführt, im Deutschen Bundestag im Nachgang zum „BND-Untersuchungsausschuss" nachhaltig aufgewertet.[17] Einige Bundesländer haben diese Änderungen zum Teil übernommen und ebenfalls die Rechte der Mitglieder in den Kontrollkommissionen gestärkt. So wurden die Rechte des Parlamentarischen Kontrollgremiums in Nordrhein-Westfalen um ein Akteneinsichtsrecht und Begehungsrechte durch das Gesetz zur Stärkung des Verfassungsschutzes und seiner Kontrollorgane vom 18. Dezember 2002 umfassend erweitert.[18] Die Rechte der Mitglieder der Parlamentarischen Kontrollkommission in Thüringen umfassen in § 19 Abs. 2 ThürVSG ebenfalls ein Akteneinsichtsrecht und ein Anhörungsrecht der Mitarbeiter des Landesamtes für Verfassungsschutz.

In Bayern gab es im Mai 2010 ein fraktionsübergreifendes Gesetz zur Stärkung der parlamentarischen Kontrolle, in dem ein umfassendes Akteneinsichtsrecht und Befragungsrecht eingeführt wurde.[19]

---

[15] Bull: Sind Nachrichtendienste unkontrollierbar?, DÖV 2008, 751, 755.
[16] Vgl. § 10a BHO.
[17] Huber: Die Reform der parlamentarischen Kontrolle der Nachrichtendienste und des Gesetzes nach Art. 10 GG, NvWZ 2009, 1321, 1322.
[18] Vgl. § 25 Abs. 2 VSG NRW.
[19] FAZ vom 20.05.2010, „Mehr Kontrolle durch den Landtag".

Die Kontrollkommission in Hessen kann zwar gemäß § 22 Abs. 2 LfVG die Landesregierung auffordern, zu einem konkreten Sachverhalt zu berichten, aber in der Regel entscheidet die Landesregierung, was sie zu welchem Zeitpunkt berichtet. Deshalb wäre es begrüßenswert, dass man die gesetzlichen Grundlagen hinsichtlich eines Akteneinsichtsrechtes und Befragungsrechtes wie in Bayern, Nordrhein-Westfalen und Thüringen ergänzt. Das würde die Kontrollrechte der Kommission in Hessen stärken. Insoweit ist der Hessische Landtag aufgefordert, das Gesetz über den Verfassungsschutz zu novellieren.

*Holger Bellino, MdL (CDU)*

Der Präsident des Landesamtes für Verfassungsschutz könnte, ähnlich dem Datenschutzbeauftragten, einen jährlichen mündlichen Bericht als Ergänzung zum Verfassungsschutzbericht im Plenum abgeben. Im Innenausschuss könnten dann Nachfragen und Erörterungen erfolgen. Dies würde noch mehr Transparenz gegenüber dem Parlament schaffen. Die persönlichen Erfahrungen zeigen, dass insbesondere die Bekämpfung von Extremismus durch Aufklärung erfolgen muss. Rechtzeitig zu informieren und auf die Gefahren hinzuweisen bleibt daher eine zentrale Aufgabe des Verfassungsschutzes. Aber präventiv zu handeln ist eine Herausforderung für alle gesellschaftlichen Akteure. Hier sind auch Eltern, Schulen und Verbände sowie die Jugendlichen untereinander gefordert. Die Zusammenarbeit des Verfassungsschutzes mit allen zivilgesellschaftlichen Gruppen zur Vorbeugung von Straftaten gegen unseren Staat ließe sich sicher noch ausbauen.

*Wolfgang Greilich, MdL (FDP)*

Ich stelle drei Punkte zur Diskussion, die meines Erachtens Gegenstand auch der Evaluation des Ende 2012 auslaufenden bzw. zur Verlängerung anstehenden Verfassungsschutzgesetzes wie auch des gleichzeitig auslaufenden Artikel-10-Gesetzes sein müssen und dann gegebenenfalls in die Gesetzgebung einfliessen sollten.

1.
Sinnvoll erscheint mir eine Klarstellung, dass die Kontrollbefugnisse sich auch auf die Tätigkeit der Polizeibehörden, insbesondere des Landeskriminalamtes, erstrecken, soweit ein Vorgang schwerpunktmäßig in den Bereich des LfV fällt oder dort seinen Ursprung hat und der deshalb einer Erörterung im Innenausschuss aus Geheimschutzgründen auch in nichtöffentlicher Sitzung entzogen ist.

2.
Es stellt sich die Frage, ob die PKV den Datenschutzbeauftragten in ihre Arbeit einbeziehen sollte, wie dies schon heute bei der G-10-Kommission möglich ist (vgl. § 4 Abs. 1 S. 4 hessisches Ausführungsgesetz zu Art. 10 GG). Ich denke dabei an die Funktion des Datenschutzbeauftragten als eine Art

der geklärt. Nach § 3 IV des Hessischen Gesetzes über das Landesamt für Verfassungsschutz (VerfSchG) vom 19.12.1990[4] stehen dem LfV Hessen polizeiliche Befugnisse oder Weisungsbefugnisse nicht zu. Das LfV Hessen darf Polizeibehörden auch nicht im Wege der Amtshilfe um Maßnahmen ersuchen, zu denen es selbst nicht befugt ist. Die polizeilichen Befugnisse orientieren sich an der Aufgabenstellung der Polizei- und sonstigen Gefahrenabwehrbehörden. Deren Aufgabe ist die historisch mit dem materiellen Polizeibegriff verknüpfte Gefahrenabwehr.[5] Die Aufgabenerfüllung ist zwangsläufig mit Rechtsbeeinträchtigungen Dritter verbunden und erfordert eine Ermächtigungsgrundlage. Die Zuweisung von Aufgaben ergibt nämlich noch nicht die Befugnis zum Einsatz von Mitteln, die zu einer rechtlichen Belastung der Bürger führen[6]. Die Befugnisnorm muss die möglichen Eingriffe nach Inhalt, Zweck und Ausmaß hinreichend bestimmen. Im Polizeirecht sind solche Eingriffe zulässig zur Abwehr konkreter Gefahren für die öffentliche Sicherheit und Ordnung. Weitere Aufgaben sind der Polizei im Rahmen der Strafverfolgung zugewiesen (§ 163 I StPO), für die die StPO zahlreiche Befugnisnormen enthält. Solche Befugnisse sind den Verfassungsschutzbehörden versagt. Aufgabe des LfV ist es demgegenüber nach § 2 Abs. 1 VerfSchG, den zuständigen Stellen zu ermöglichen, rechtzeitig die erforderlichen Maßnahmen zur Abwehr von Gefahren für die freiheitliche demokratische Grundordnung, den Bestand und die Sicherheit des Bundes und der Länder zu treffen. Das LfV dient auch dem Schutz vor organisierter Kriminalität. Zur Erfüllung dieser Aufgaben sammelt das LfV Informationen, insbesondere sach- und personenbezogene Auskünfte, Nachrichten und Unterlagen, über verfassungsfeindliche und organisierte kriminelle Bestrebungen und wertet sie aus.[7]

Nach herrschender Ansicht ist die Aufgabe des Verfassungsschutzes nicht polizeilicher Natur.[8] Danach soll es sich bei den Ämtern für Verfassungsschutz um Behörden sui generis handeln, die sich schon lange nicht mehr als Spezialpolizei verstünden.[9] Polizei und Ver-

---

4 GVBl. I S. 753, geändert am 06.09.2007 (GVBl. I S. 542) sowie zuletzt durch § 32 des Gesetzes vom 28.09.2007 (GVBl. I S. 623, 633).

5 Hierzu (mit Quellen) Ronellenfitsch: Selbstverantwortung und Deregulierung im Ordnungs- und Umweltrecht ,1994, S. 13 ff.

6 Schenke: Polizei- und Ordnungsrecht, 6. Aufl. 2009 Rdnr. 36. Anders § 89 Einl. prALR: „Wem die Gesetze ein Recht geben, dem bewilligen sie auch die Mittel, ohne welche dasselbe nicht ausgeübt werden kann."

7 Der Frage, ob dem Verfassungsschutzbericht weitergehende Funktionen zukommen (Prangerwirkung), kann hier nicht näher nachgegangen werden; vgl. aber Murswiek: Der Verfassungsschutzbericht – das scharfe Schwert der streitbaren Demokratie, NVwZ 2004, 769 ff.; hiergegen Doll: Der Verfassungsschutzbericht – ein unverzichtbares Mittel zur geistig-politischen Auseinandersetzung mit dem politisch motivierten Extremismus, NVwZ 2005, 658 ff.; ferner BVerfGE 40, 287; BVerwGE 110, 126.

8 Riegel: Die Tätigkeit der Nachrichtendienste und ihre Zusammenarbeit mit der Polizei, NJW 1979, 953; Götz: Allgemeines Polizei- und Ordnungsrecht. 14. Aufl. 2008, Rdnr. 356; Pieroth / Schlink / Kniesel: Polizei- und Ordnungsrecht, 5. Aufl, 2008, § 2 Rdnr. 18; Schenke: Rdnr. 444; Schwagerl: Die Polizei 1973, 129 ff.;

9 So zuerst Stern: Staatsrecht I, 1977, S. 188.

fassungsschutz seien in verschiedenen Aspekten ihres Tätigwerdens zwar miteinander verschränkt, der Schutz der Verfassung sei aber allen Staatsorganen übertragen und damit keine spezifisch polizeiliche Aufgabe.[10] Das Trennungsgebot soll eine Zusammenballung der Staatsmacht in einer Behörde verhindern.[11] Zu diesem Zweck werden Polizei und Verfassungsschutz voneinander abgeschottet. Die Trennung betrifft die organisatorische, funktionale und damit auch informationelle Ebene. Das schließt ein Zusammenwirken von Polizei und Verfassungsschutz auf der Basis der Unabhängigkeit indessen nicht aus. Auch Datenübermittlungen zwischen Polizei und Verfassungsschutz sind nicht generell unzulässig. Umfang und Reichweite des Datenaustauschs haben jedoch den Anforderungen des verfassungskräftig gewährleisteten Datenschutzes zu entsprechen. Nicht nur deshalb, sondern aus einer Reihe weiterer Erwägungen ist nach verbreiteter Ansicht die rigide Trennung von Polizei und Verfassungsschutz verfassungsrechtlich geboten.[12] Die Praxis ging jedoch längst über ein derartiges Trennungsgebot hinweg.[13] Die Nachrichtendienste wurden auf operativer Ebene in den Kampf gegen die organisierte Kriminalität eingebunden[14] und vor allem zur Terrorismusbekämpfung eingesetzt. Die Anti-Terrorgesetzgebung[15] führte zu einer Erosion des Trennungsgebots, welche die alten Frontstellungen wieder aufleben ließ. Während die eine Seite dem Trennungsgebot nur noch rechtshistorische Bedeutung zubilligt und dazu aufruft, diese heilige Kuh der Sicherheitsarchitektur zu schlachten[16], beharrt die andere Seite auf dem Verfassungsrang des Trennungsgebots. Dies wird historisch, staatsorganisatorisch und grundrechtsdogmatisch begründet.[17]

---

[10] Herzog, in: BMI: Verfassungsschutz , S. 8.

[11] Insofern richtig Bäumler: Datenschutz beim Verfassungsschutz, AöR 1985, 30ff. (51).

[12] Baumann: Verfassungsschutz und Polizei, in: Festschr. f. Poser, 1997, S. 299ff. (204) dagegen Brenner: Bundesnachrichtendienst im Rechtsstaat 1990, S. 50f.

[13] Roggan / Bergemann: Die „neue Sicherheitsarchitektur" der Bundesrepublik Deutschland, NJW 2007, 876ff.

[14] Vgl. Gusy: Organisierte Kriminalität zwischen Polizei und Verfassungsschutz, GA 1999, 323ff.; Seel: Der Verfassungsschutz als neue Instanz im Kampf gegen die Organisierte Kriminalität, Der Kriminalist 2006, 172 ff.

[15] Vgl. Gesetz zur Bekämpfung des internationalen Terrorismus (Terrorismusbekämpfungsgesetz) vom 09.01.2002 (BGBl. I S. 361); Terrorismusbekämpfungsergänzungsgesetz (TBEG) vom 08.01.2007 (BGBl I S. 2); Gesetz zur Errichtung gemeinsamer Dateien von Polizeibehörden und Nachrichtendiensten des Bundes und der Länder (Gemeinsame Dateien-Gesetz vom 01.12.2006 (BGBl. I S. 3409). Vgl. auch Ronellenfitsch: Das Recht auf informationelle Selbstbestimmung im Krieg gegen den Terrorismus, in: Nettesheim / Oppermann (Hrsg.): Ehrensymposium für Kossoy, 2007, S. 115ff.

[16] Albert: Das „Trennungsgebot"-ein für Polizei und Verfassungsschutz überholtes Entwicklungskonzept? ZRP 1995, 105ff.

[17] Vgl. BVerfGE 97, 198 (217): „Für die in Art 87 I 2 GG vorgesehenen sonderpolizeilichen Behörden des Bundes stellt sich allerdings die Frage eines Trennungsgebotes. Das Rechtsstaatsprinzip, das Bundesstaatsprinzip und der Schutz der Grundrechte können es verbieten, bestimmte Behörden miteinander zu verschmelzen oder sie mit Aufgaben zu befassen, die mit ihrer verfassungsrechtlichen Aufgabenstellung nicht vereinbar sind. So werden die Zentralstellen für Zwecke des Verfassungsschutzes oder des Nachrichtendienstes – angesichts deren andersartigen Aufgaben und Befugnisse nicht mit einer Vollzugspolizeibehörde zusammengelegt werden dürfen (vgl. schon ‚Polizeibrief' der westalliierten Militärgouverneure vom 14.04.1949). Diese Frage bedarf jedoch hier keiner abschließenden Entscheidung." Zu dieser Entscheidung Ronellenfitsch: Der Bundesgrenzschutz als Bahn- und Flugplatzpolizei, VerwArch. 1999, 1 39ff. (160); ferner BVerfGE 100, 313 (369f.).

## 2. Historische Argumentation

Bei *Hornmann* steht lapidar:

> „Aufgrund der Bezugnahme im Genehmigungsschreiben der Alliierten vom 12.05.1949 zum Grundgesetz hat der sog. Polizeibrief vom 14.04.1949 Verfassungsrang."[18]

In der Tat wirkte das besatzungsrechtlich verhängte zwingende Trennungsgebot auf der Verfassungsebene. Mit Inkrafttreten des Deutschlandvertrages am 5. Mai 1955, durch den das Besatzungsregime in der Bundesrepublik Deutschland beendet wurde,[19] wurde das alliierte Trennungsgebot aber gegenstandslos. Es konnte und kann nur fortgelten, wenn es in der Rechtsordnung der Bundesrepublik verankert war, etwa wenn sich insofern Verfassungsgewohnheitsrecht entwickelt hatte. Dies setzt eine dauernde und ständige, gleichmäßige und allgemeine und von den Beteiligten als verbindliche Rechtsnorm anerkannte Übung voraus.[20] Dann müsste die Entwicklung des Verfassungsschutzes auf eine bewusste und gewollte Entpolizeilichung hinauslaufen. Nun gibt es Staatsschutz, seit es Staaten gibt; denn jeder Staat muss Bestrebungen abwehren, die sich gegen seinen Bestand, seine inneren Einrichtungen oder seine Repräsentanten richten. Im späten Mittelalter, d. h. in der Zeit unmittelbar vor Entstehen der modernen Staatlichkeit, wurden Verschwörungen, Aufstände, Majestätsbeleidigung u. dgl. vor allem durch die Polizeiordnungen sanktioniert. Eine spezifische politische Polizei bildete sich im Zeitalter des Absolutismus heraus, und zwar zunächst im Frankreich Ludwigs XIV.[21] Dadurch geriet die politische Polizei von Anfang an in Misskredit; denn wie der Monarch sich mit dem Staat identifizierte, so diente die politische Polizei in erster Linie der Erhaltung der Machtstellung einer politischen Herrschaftsgruppe. Die politische Polizei war Werkzeug der Politik.[22] Daran hat sich in totalitären Systemen nichts geändert. Anders liegen die Dinge im Verfassungsstaat. Staatsschutz bedeutet hier Schutz der Verfassungsordnung selbst und nicht den Schutz einer herrschenden Clique. Der Schutz der Verfassung ist nur ein Unterfall des Schutzes der Rechtsordnung. Die Wurzeln des rechtsstaatlichen, polizeilichen Verfassungsschutzes reichen bis in die Mitte des 19. Jahrhunderts zurück.[23] 1866 errichtete Bismarck nach einem auf ihn verübten Mordanschlag ein „Zentrales Nachrichtenbüro" im Preußischen Staatsministerium, dem Vollzugskompetenzen fehlten und das seine – aus heuti-

---

[18] Hessisches Gesetz über die öffentliche Sicherheit und Ordnung (HSOG), Komm, 2. Aufl. § 1 Rdnr. 124.

[19] Vgl. Ronellenfitsch: Zum Rechtsschutz bei Baumaßnahmen der Stationierungsstreitkräfte, VerwArch,1985, 317 ff. (321 f.).

[20] BVerfGE 22, 114 (121); 28, 21 (28 f.);34, 293 (303 f.); 57, 11 (34 f.); 61,149 (203). Noch immer grundlegend Somló: Juristische Grundlehre, 1917, S. 350 ff.

[21] Weiss: Polizei und Politik, 1922, S. 30 ff.

[22] Vgl. Evers: Verfassungsschutz und Rechtsstaat, 1981, S. 72 f.

[23] Zum Folgenden Dorn: Das Trennungsgebot aus verfassungshistorischer Perspektive, 2004.

ger Sicht bescheidenen – Mittel aus dem Welfenfonds erhielt. Nach der Reichsgründung stützten sich die Reichsorgane übergangsweise auf dieses, 1873 aufgelöste Nachrichtenbüro. Danach war die politische Polizei als Abteilung I des Polizeipräsidenten von Berlin konzentriert. Weitere Attentatsversuche auf Bismarck (1874) und den Kaiser (1878) führten zu einer personellen und materiellen Verstärkung der politischen Polizei und zum Erlass des Sozialistengesetzes vom 21. Oktober 1878 (RGBl. S. 351).[24] Nach Außerkrafttreten des Sozialistengesetzes besaß die politische Polizei zwar keine Sondervollmachten mehr und musste auf das allgemeine Polizeirecht zurückgreifen. Doch gab es einige Sonderbestimmungen. Im Jahr 1889 erhielt die Abteilung I des Berliner Polizeipräsidenten („Zentralstelle zur Bekämpfung der anarchistischen Bewegung") die Zuständigkeit für das gesamte Deutsche Reich.[25] Im Zuge der Revolution von 1918 trat an die Stelle der Staatspolizei und ihrem Nachrichtendienst ein „Volkskommissar für den öffentlichen Sicherheitsdienst". Ferner wurde schon 1919 in Preußen ein Staatskommissariat für die öffentliche Ordnung eingerichtet, das freilich keine Exekutivgewalt hatte. Die Funktionen beider Einrichtungen gingen aber bald auf den Reichsminister des Inneren über.[26] In der Berliner Polizeibehörde entstand wiederum zur gefahrenabwehrenden und strafverfolgenden Bekämpfung politisch motivierter Straftaten eine Abteilung I A. Bei den nachgeordneten Polizeibehörden bestanden ebenfalls politische Abteilungen mit bestimmten Geschäftskreisen.[27] Der auf Reichsebene seit 1920 eingesetzte „Reichskommissar für die öffentliche Ordnung", dem 1929 eine „Nachrichtensammelstelle" im Reichsministerium des Inneren folgte, war organisatorisch und kompetenzrechtlich nicht in der Lage, die Gewalt auf der Straße, an der die Weimarer Republik letztlich zugrunde ging, wirksam zu bekämpfen.[28] Die NSDAP als Nutznießer des unzulänglichen Verfassungsschutzes der Weimarer Republik war sich der Bedeutung einer politischen Polizei durchaus bewusst. Sie betrieb daher rasch und konsequent den Ausbau der politischen Polizei zu einer selbstständigen Behörde. Aus der Abteilung I A des Landeskriminalamtes entstand aufgrund des preußischen Gesetzes vom 24. April 1933 (GS S. 122) das Geheime Staatspolizeiamt als höhere Zentralbehörde für ganz Preußen.[29] Noch im selben Jahr wurde die Gestapo aus der Zuständigkeit des Innenministeriums gelöst und dem Ministerpräsidenten unterstellt.[30]

---

24 Vgl. auch Kulmann: Die Socialdemokratie und deren Bekämpfung, 1890.

25 Weiss: S. 52 ff.

26 Ebd. S. 110.

27 Vgl. Medicus: Reichsverwaltung, JöR 20 (1932), 29 ff.

28 Schreiber: Gewalt auf der Straße im demokratischen Rechtsstaat, BGS-Zeitschrift Nr. 5/1985, S. 1 ff. (3).

29 Vgl. Buchheim: Die organisatorische Entwicklung der politischen Polizei in Deutschland in den Jahren 1933 und 1934, in: Gutachten des Instituts für Zeitgeschichte in München, 1958, S. 294 ff.

30 Gesetz vom 30.11.1933 (GS S. 413).

1934 ging die Polizeihoheit auf das Reich über. Durch Führererlass vom 17. Juni 1936 wurde im Reichsministerium des Inneren der „Reichsführer SS und Chef der Polizei" eingesetzt.[31] Dadurch trat eine personelle Verklammerung des parteiinternen Nachrichtendienstes, des seit 1931 in dieser Funktion bestehenden Sicherheitsdienstes (SD), mit der politischen Polizei ein, die sich in den unteren Instanzen faktisch fortsetzte.[32] Den Schlussstrich unter diese Entwicklung zog 1939 die Zusammenfassung der zentralen Ämter der Gestapo, der Sicherheitspolizei und des SD im Reichssicherheitshauptamt. Nach Kriegsende trat ein „staatsschutzrechtliches Interregnum"[33] ein. Die Besatzungsmächte verboten ausdrücklich „alle deutschen Polizeibüros und -agenturen, die die Überwachung oder Kontrolle der politischen Betätigung von Personen zum Zwecke haben", und übernahmen selbst die Aufgaben der politischen Polizei.[34] Das Verbot der politisch-polizeilichen Betätigung deutscher Instanzen, namentlich des Bundes, wurde erst gelockert durch den sogenannten Polizeibrief vom 14. April 1949[35], den die Militärgouverneure an den Parlamentarischen Rat richteten. Darin heißt es u. a.:

„The Federal Government will also be permitted to establish an agency to collect and disseminate information concerning subversive activities directed against the Federal Government. This agency shall have no police authority." = „Der Bundesregierung wird es ebenfalls gestattet, eine Stelle zur Sammlung und Verbreitung von Auskünften über umstürzlerische, gegen die Bundesregierung gerichtete Tätigkeiten einzurichten. Diese Stelle soll keine Polizeibefugnisse haben."

In ihrem Genehmigungsschreiben zum Grundgesetz vom 12. Mai 1949[36] wiesen die Militärgouverneure noch einmal auf den Polizeibrief hin. Auch in der Folgezeit nahmen die Besatzungsmächte starken Einfluss auf den Ausbau des deutschen Verfassungsschutzes. Am 9. Mai 1950 brachte die Bundesregierung den Entwurf eines Gesetzes über die Zusammenarbeit des Bundes und der Länder in Angelegenheiten des Verfassungsschutzes im Deutschen Bundestag ein.[37] Das weitere Verfahren wurde in großer Eile betrieben, um eine Sonderrechtsentwicklung in den Ländern – und damit im jeweiligen Einflussbereich der Besatzungsmächte – zu verhindern. Den Besatzungsmächten ging es um massive

[31] RGBl. I S.487. Vgl. auch Friedrichs: Staatspolizei, in: Handwörterbuch der Kriminologie, Bd. 2, 1936, S. 646 ff.
[32] Maunz: Gestalt und Recht der Polizei, 1943, S. 29.
[33] Schatzschneider: S. 12.
[34] Evers: S. 80.
[35] Abgedruckt bei Roewer: Nachrichtendienstrecht der Bundesrepublik Deutschland, 1987, § 3 BVerfSchG Rdnr.189. Deutscher Text bei v. Mangoldt: Das Bonner Grundgesetz, Komm. 1953, S.669; Originalwortlaut bei Ruhm v. Oppen: Documents of Germany under the occupation 1945-1955, 1955, S. 385 f.
[36] VOBl. Brit. Zone S. 416.
[37] BT-Drs. I/924.

Eigeninteressen und nicht darum, das deutsche Volk vor einem ohnehin utopischen Wiederaufleben der Gestapo zu bewahren. Im Übrigen kann über die Gründe für die Auferlegung des Trennungsgebots nur spekuliert werden.[38] Auch auf deutscher Seite diente die Separierung des Verfassungsschutzes weniger der Vergangenheitsbewältigung. Allein ein Abgeordneter der KPD erwähnte im Bundestag die Gestapo.[39] Die KPD lehnte das BVerfSchG indessen vor allem deshalb ab, weil sie das Grundgesetz „keines besonderen Schutzes wert" erachtete.[40] Alle übrigen Parlamentarier stimmten dem Gesetz zu, das am 28. September 1950 verkündet wurde[41]. Zur Klarstellung, dass die Spionageabwehr zum Aufgabengebiet der Verfassungsschutzbehörden zählt und um die Beobachtung der extremistischen Betätigung von Ausländern, die gegen fremde Staaten gerichtet ist, zu ermöglichen, erging 1972 nach der hierfür erforderlichen Verfassungsänderung[42] ein Verfassungsschutzänderungsgesetz.[43] Auch in diesem Zusammenhang spielte die Festschreibung des Trennungsgebots keine Rolle. Eine Novellierungslawine der Verfassungsschutzgesetze in Bund und Ländern wurde vielmehr erst durch das Volkszählungsurteil des BVerfG[44] losgetreten. Der Datenschutz beruhte indessen auf einer eigenständigen Entwicklungslinie, die mit dem Polizeibrief keinerlei Berührung hat. Von einer bewussten ständigen Beachtung des Polizeibriefs durch die Organe der Bundesrepublik kann somit keine Rede sein.[45] Bei der Novellierung der Verfassungsschutzgesetze war die Vorgabe der Westalliierten ebenfalls kein Thema. Allenfalls kommt eine fortdauernde Wirkung des alliierten Trennungsgebots insofern in Betracht, als in dessen Vollzug der Verfassungstext ursprünglich formuliert und später nicht verändert worden ist. Dass die auf deutsche Initiative zurückgehende[46] Ersetzung des negativ besetzen Ausdrucks „Geheimdienst" durch „Verfassungsschutz" als Bekenntnis zur Entpolizeilichung verstanden werden sollte,[47] lässt sich den Materialien nicht entnehmen[48]. Das Trennungsgebot ist indessen an keiner Stelle des Grundgesetzes ausdrücklich ausgesprochen. Manche glau-

[38] Nehm: Das nachrichtendienstliche Trennungsgebots und die neue Sicherheitsarchitektur, NJW 2004, 3289 ff. (3290).
[39] BT-Pl.Pr. I/65 v. 01.06.1950, S. 2390.
[40] BT-Pl.Pr. I/81 v. 28.07.1950, S. 3080.
[41] Gesetz über die Zusammenarbeit des Bundes und der Länder in Angelegenheiten des Verfassungsschutzes vom 27.09.1950 (BGBl. S. 682).
[42] 31. Gesetz zur Änderung des Grundgesetzes v. 28.07.1972 (BGBl. I S.1305).
[43] Gesetz zur Änderung des Gesetzes über die Zusammenarbeit des Bundes und der Länder in Angelegenheiten des Verfassungsschutzes (VerfSchÄndG) v. 07.08.1972 (BGBl. I S.1382).
[44] Hierzu unten V 1.
[45] Anders wohl Baldus: Präventive Wohnraumüberwachung durch Verfassungsschutzbehörden, NVwZ 2003, 1289 ff. (1293 f.).
[46] Imle: Zwischen Vorbehalt und Erfordernis. Eine historische Studie zur Entstehung des nachrichtendienstlichen Verfassungsschutzes nach 1945, 1984, S. 154.
[47] So Schäfer: Strafverfolgung und Verfassungsschutz, NJW 1999, 2572 f.
[48] Singer: Das Trennungsgebot – Teil 2 –, Die Kriminalpolizei 2006, 1 ff. (2).

ben, der Formulierung des Artikel 87 Abs. 1 S.2 GG die materielle Aussage entnehmen zu können, dass der Bund verpflichtet sei, nur Zentralstellen mit beschränkten Aufgaben und Befugnissen einzurichten.[49] Die genannte Bestimmung legitimiert sie indessen lediglich, gebietet sie jedoch nicht[50]. Es erfordert schon dogmatische Kühnheit, aus einer Berechtigung ein Gebot abzuleiten. Das alles kann aber dahinstehen, da Artikel 87 Abs. 1 S.2 GG für die Organisation der Landesverwaltung irrelevant ist, somit allenfalls ein Trennungsgebot im Bund-Länder-Verhältnis stützt. Der föderale Aspekt leitet über zur staatsorganisationsrechtlichen Argumentation.

### 3. Staatsorganisatorische Argumentation

#### 3.1 Bundesstaat

Die Bundesrepublik Deutschland ist nach eigenem Selbstverständnis ein Bundesstaat (Artikel 20 Abs. 1 GG). Jede Auslegung des Grundgesetzes muss damit die allgemeinen Strukturelemente des Bundesstaats („Wesen des Bundesstaats")[51] beachten. Im Bundesstaat ist der Bund Völkerrechtssubjekt und damit souverän[52]. Die Mitglieder sind staatsrechtlich ebenfalls souverän. Souveränität bedeutet suprema potestas, also oberste Staatsgewalt. Eine zweifache Souveränität auf dem gleichen Territorium kann es an sich nicht geben. Trotzdem geht man im deutschen Bundesstaatsrecht von einer Teilbarkeit der Staatsgewalt aus. Beim existenziellen Konflikt bricht diese Konstruktion zusammen.[53] Existenzieller Konflikt ist im Bundesstaat die Situation der Sezession eines Mitgliedsstaats. Ein Bundesstaat ist nur existenzfähig, wenn diese existenzielle Situation organisationsrechtlich in der Schwebe gehalten bleibt. Dem dient eine Kompetenzverteilung, die einerseits die Möglichkeit des existenziellen Konflikts offenhält, andererseits eben diesen Konflikt ausschließt. Danach müssen die Kompetenzen klar, eindeutig und ausgewogen verteilt werden. Durch Verteilung darf zugleich die bundesstaatliche Harmonie nicht beeinträchtigt werden. Daraus entsteht ein kompliziertes Geflecht von getrennten Zuständigkeiten und Modalitäten des Zusammenwirkens. Ein rigides Trennungsgebot würde dieser komplexen Rechtslage nicht gerecht. Artikel 87 Abs. 1 Satz 2 GG ist ein Element der ausgewogenen Verteilung der Verwaltungsauf-

---

[49] Gusy: Das verfassungsrechtliche Gebot der Trennung von Polizei und Nachrichtendiensten, ZRP 1987, 45 ff. (47 f.); Roggan / Bergemann, NJW 2007, 876 ff., Schafranek: Die Kompetenzverteilung zwischen Polizei- und Verfassungsschutzbehörden in der Bundesrepublik Deutschland, 2000, S.170 ff.; Lerche, in: Maunz / Dürig GG, Artikel 87 Rdnr. 142; Weßlau: Vorfeldermittlungen,1989, S. 221 ff.; Zöller: Informationssysteme und Vorfeldmaßnahmen von Polizei Staatsanwaltschaft und Nachrichtendiensten, 2002, S. 315 ff.

[50] Albert: Das „Trennungsgebot" – eine für Polizei und Verfassungsschutz überholte Entwicklung?, ZRP 1995, 105 ff. (108); K. Baumann: Vernetzte Terrorismusbekämpfung oder Trennungsgebot, DVBl. 2005, 798 ff. (802); Würtenberger / Heckmann / Riggert: Polizeirecht in Baden-Württemberg, 5. Aufl. 2002, C II Rdnr. 101; Heintzen, in: von Mangoldt / Klein, GG, Artikel 73 Abs.1 Nr.10, Rdnr. 116.

[51] Vgl, Ronellenfitsch: Die Mischverwaltung im Bundesstaat, 1975, S. 94 ff.

[52] Doehring: Allgemeine Staatslehre, 3. Aufl. 2004, Rdnr. 155.

[53] Carl Schmitt: Verfassungslehre, 1928, S. 363 ff.

gaben, -kompetenzen und -zuständigkeiten zwischen Bund und Ländern. Er beschränkt die Kompetenzen des Bundes, schließt aber ein Zusammenwirken der Bundes-und Landesexekutive nicht aus.[54] Erst recht rechtfertigt er kein Trennungsgebot auf Landesebene.

### 3.2 Demokratie

Gelegentlich wird das Trennungsgebot aus dem Demokratieprinzip abgeleitet. Die demokratische Struktur Deutschlands wird durch Artikel 20 Abs. 2 GG konkretisiert. Ihr prägendes Merkmal ist die Volkssouveränität. Diese erstreckt sich auf das gesamte Staatsgebiet. Das spricht gegen eine Trennung von Zuständigkeiten. Wenn man sich dennoch auf das Demokratieprinzip beruft, so liegt dem offenbar die Vorstellung zugrunde, dass sich der Verbund von Nachrichtendiensten und Polizei schlechter kontrollieren ließe als isolierte Organisationseinheiten. Wenn Nachrichtendienste aber wirklich kontrollresistent im Verborgenen operieren, so gilt dies auch, wenn sie nicht im Verbund mit der Polizei handeln. Im Übrigen ist die Bundesrepublik Deutschland eine streitbare, wehrhafte und wehrfähige Demokratie. Ein effektiver Verfassungsschutz ist Tragpfeiler der streitbaren Demokratie.[55] Die Trennung von Polizei und Nachrichtendiensten verstößt gegen die Ratio des Verfassungsstaates, wenn sie sich effektivitätsmindernd auswirkt.[56]

### 3.3 Rechtsstaat

Schließlich muss das Rechtsstaatsprinzip zur Begründung des Trennungsgebots herhalten.[57] Der Rechtsstaatsbegriff entstand als politisches Programm und spezifisch deutsche Wortprägung an der Wende vom 18. zum 19. Jahrhundert. Er diente der Eingrenzung und Bestimmbarkeit der Staatsgewalt. Der Ausdruck „Rechtsstaat" wurde von Robert von Mohl in das Staatsrecht eingebracht[58]. Die klassische Definition stammt von Friedrich Julius Stahl[59]: „Der Staat soll Rechtsstaat sein, das ist die Losung und auch in Wahrheit der Entwicklungstrieb der neueren Zeit. Er soll die Bahnen und Grenzen seiner Wirksamkeit wie die freie Sphäre seiner Bürger in der Weise des Rechts genau bestimmen und unverbrüchlich sichern, und soll die sittlichen Ideen von Staats wegen, als direct, nicht weiter verwirklichen (erzwingen), als es der Rechtssphäre angehört." Der Rechtsstaatsbegriff war danach formal zu sehen. Otto Mayer charakterisierte ihn als Staat des „wohlgeordneten Verwaltungsrechts".[60] Der formelle Rechtsstaat hatte bestimmte Elemente aufzuweisen, nämlich die Ge-

---

[54] Vgl. auch König: Trennung und Zusammenarbeit von Polizei und Nachrichtendiensten, 2005, S. 151 ff.

[55] Werthebach / Droste-Lehnen: Der Verfassungsschutz – ein unverzichtbares Instrument der streitbaren Demokratie, DÖV 1992, S. 514 ff.

[56] H. Krüger: Allgemeine Staatslehre, 2. Aufl.,1966, S. 547.

[57] Hornmann: HSOG, § 1 Rdnr. 128; Lisken, in: Lisken / Denninger: Handbuch des Polizeirechts, 4. Aufl., 2007, IV. Rdnr. 15.

[58] Das Staatsrecht des Königsreichs Württemberg, 1829, Bd. 1, S. 8.

[59] Rechts- und Staatslehre, 3. Aufl., 1856, Bd. II, S. 137.

[60] Verwaltungsrecht I, 3. Aufl., 1921, S. 93.

waltenteilung, die Unabhängigkeit der Gerichte, die Gesetzmäßigkeit der Verwaltung und die Verpflichtung des Staates, Eigentumseingriffe auszugleichen. Er hatte keine gerechte Rechtsordnung zum Ziel, sondern setzte sie als bestehend voraus. Er wurde von allen, die sich mit den sozialen Verhältnissen nicht zufriedengeben wollten, als „bürgerlicher" oder „liberaler Rechtsstaat" abgetan, degenerierte nach der Machtergreifung 1933 zum reinen Gesetzesstaat und konnte gesetzliches Unrecht nicht verhindern. Bei der Schaffung des Grundgesetzes wollte man den Rechtsstaat zur scharfen Waffe gegen die Wiederkehr eines Unrechtsstaats machen. Das Rechtsstaatsprinzip wurde „eines der elementaren Prinzipien des Grundgesetzes".[61] Nach ständiger Rechtsprechung des BVerfG ist die Idee der Gerechtigkeit wesentlicher Bestandteil des Grundsatzes der Rechtsstaatlichkeit.[62] Das bedeutet jedoch nicht, dass beliebige überpositive Gerechtigkeitsvorstellungen über das Rechtsstaatsprinzip ein verfassungsrechtliches Einfallstor finden können. Vielmehr müssen die inhaltlichen Elemente des Rechtsstaats aus der Verfassung selbst abgeleitet werden. Wieso dann eine organisatorische und funktionelle Verschränkung von Polizei und Verfassungsschutz nicht „wohlgeordnet" sein sollte, ist nicht einzusehen. Rechtsstaatsprinzip und Trennungsgebot stehen zudem in keinem notwendigen Sachzusammenhang, weil in anderen Verfassungsstaaten, die das Trennungsgebot nicht kennen, sehr wohl die „rule of law" gilt. Mangels anderer Rechtfertigungsmöglichkeiten des Trennungsgebots aus dem Grundgesetz bleibt nur die Grundrechteordnung.

### 4. Grundrechtsdogmatisches Argument

Ideengeschichtlich sind Grundrechte Abwehrrechte gegen den Staat, der in eine vorgegebene näher konkretisierte Freiheitsposition eingreift[63] („negative Kompetenznormen"[64]). Seit langem hat sich jedoch ein weiter greifendes Grundrechtsverständnis durchgesetzt. Aus der Freiheit vom wurde die Freiheit durch den Staat. Als Grundrechtsfunktion, die über die Eingriffsabwehr hinausgeht, sind heute allgemein Schutzpflichten anerkannt.[65] Diese Schutzpflichten richten

---

[61] BVerfGE 20, 323, (331).

[62] BVerfGE 70, 297 (308).

[63] BVerfGE 7, 198 (204f.): „Ohne einen Zweifel sind die Grundrechte in erster Linie dazu bestimmt, die Freiheitssphäre des einzelnen vor Eingriffen der öffentlichen Gewalt zu sichern; sie sind Abwehrrechte des Bürgers gegen den Staat"; ferner BVerfGE 50, 290 (337); 68, 193 (205); Carl Schmitt: Verfassungslehre, 1928, S. 157ff., 163; Hufen: Staatsrecht II, 2. Aufl. 2009, § 5 II 1; Lübbe-Wolff: Die Grundrechte als Eingriffsabwehrrechte, 1988; Poscher: Grundrechte als Abwehrrechte, 2003; kritisch Stern: Das Staatsrecht der Bundesrepublik Deutschland, III/1, 1988, S. 559 ff.

[64] Böckenförde: Grundrechtstheorie und Grundrechtsinterpretation, NJW 1974, 1529 ff. (1530).

[65] BVerfG 39, 1; 88, 203; Pieroth /Schlink: Grundrechte, 26. Aufl. 2010, Rdnr. 11 ff.; Cremer: Die Verhältnismäßigkeitsprüfung bei den grundrechtlichen Schutzpflichten, 2. Aufl. 2005; Dietlein: Die Lehre von den grundrechtlichen Schutzpflichten, 1992; Szczekalla: Die sogenannten grundrechtlichen Schutzpflichten im deutschen und europäischen Recht, 2002; Unruh: Zur Dogmatik der grundrechtlichen Schutzpflichten 1996.

sich ebenfalls gegen den Staat und dürfen mit der Drittwirkung der Grundrechte nicht verwechselt werden, auch wenn sie die Staatsorgane zum Einschreiten gegen private Dritte zwingen. Grundlage solcher Schutzpflichten ist zumeist ein objektives Grundrechtsverständnis[66]. Daraus resultieren generelle Schutzberechtigungen, aber keine Ansprüche auf einen bestimmten Schutz.[67] Häufig genügt ein Grundrechtsschutz durch Organisation oder Verfahrensgestaltung,[68] der als querliegende Grundrechtsdimension bei allen Grundrechtsfunktionen anwendbar sein kann. Was für die Schutzpflicht gegenüber Gefährdungen gilt, die nicht vom Staat ausgehen, ist erst recht auf sekundäre Maßnahmen im Zusammenhang mit staatlichen Eingriffen übertragbar, bei denen die primäre Abwehrfunktion nicht greift. Wenn und so weit es die objektive Schutzpflicht erfordert, kann hier ein Eingriff durch organisatorische und funktionelle Vorkehrungen abgemildert werden. Zu klären ist somit, ob ein grundrechtlich verbürgtes Schutzgut besteht, das die Trennung von Polizei und Verfassungsschutz zu einem Verfassungspostulat macht.

## 5. Datenschutz

### 5.1 Grundrechtliches Schutzgut

Das Zusammenwirken von Polizei und Verfassungsschutz berührt den Datenschutz in all seinen verfassungsrechtlichen Ausprägungen. Eine grundrechtliche Schutzpflicht erforderte ein Datenschutzgrundrecht, das bekanntlich im Grundgesetz und der Verfassung des Landes Hessen nicht expressis verbis geregelt ist. Der Datenschutz hat gleichwohl Grundrechtscharakter. Der grundrechtliche Datenschutz ist Ausprägung des in der Verfassung verankerten Persönlichkeitsrechts, das neben besonders geregelten Garantien (Artikel 10 Abs. 1, Artikel 13 Abs. 1 GG) im Grundrecht auf informationelle Selbstbestimmung sowie im Grundrecht auf Gewährleistung der Vertraulichkeit und Integrität informationstechnischer Systeme Ausdruck fand. Dem Recht auf informationelle Selbstbestimmung verlieh das BVerfG beginnend mit dem Urteil vom 15. Dezember 1983[69] Konturen.[70] Gemeint ist die Befugnis des Einzelnen, grundsätzlich selbst über die Preisgabe und Verwendung seiner persönlichen Daten zu bestimmen. Schon vorher hatte das BVerfG ein Grundrecht auf Privatheit anerkannt und auf Artikel 1 in Verbin-

---

[66] Dolderer: Objektive Grundrechtsgehalte, 2000.

[67] BVerfGE 96, 56 (64): „Die primär aus den Grundrechten folgenden subjektiven Abwehrrechte gegen staatliche Eingriffe einerseits und die sich aus der objektiven Bedeutung der Grundrechte ergebenden Schutzpflichten andererseits unterscheiden sich aber insofern grundlegend, als das Abwehrrecht in Zielsetzung und Inhalt ein bestimmtes staatliches Verhalten fordert, während die Schutzpflicht grundsätzlich unbestimmt ist."

[68] Huber: Grundrechtsschutz durch Organisation und Verfahren als Kompetenzproblem der Gewaltenteilung und im Bundesstaat, 1988; Schmidt-Aßmann: Grundrechte als Organisations- und Verfahrensgarantien, in Merten / Papier (Hrsg.): Handbuch der Grundrechte Bd. II, 2006, § 45.

[69] BVerfGE 65,1 (43).

[70] BVerfGE 78, 77 (84); 84, 192 (194); 113, 29 (46); 115, 166 (188); 115, 320 (341 f.); 117, 202; 120, 274 (312).

dung mit Artikel 2 Abs. 1 GG gestützt.[71] Auf dieses Recht gründete es auch die informationelle Selbstbestimmung, die nicht auf einen bestimmten Standort zwischen den beiden Fixpunkten festgeschrieben ist, sondern sich zwischen ihnen bewegt. Das allgemeine Persönlichkeitsrecht aus Artikel 1 Abs. 1 i. V. m. Artikel 2 Abs. 1 erfuhr in der Entscheidung des BVerfG vom 27. Februar 2008[72] eine weitere besondere Ausprägung als Grundrecht auf Gewährleistung der Vertraulichkeit und Integrität informationstechnischer Systeme. Dieses Grundrecht schützt vor Eingriffen in informationstechnische Systeme, soweit der Schutz nicht durch andere Grundrechte, wie insbesondere Artikel 10 oder 13 GG sowie durch das Recht auf informationelle Selbstbestimmung gewährleistet ist. Artikel 10 GG schützt die Fernkommunikation Privater,[73] Artikel 13 GG setzt etwa der akustischen Wohnraumüberwachung Grenzen.[74] Jede Datenverarbeitung ist in diesen Zusammenhängen ein Eingriff in Grundrechtspositionen. Der Grundrechtsschutz hat hier primär Abwehrcharakter. Mit dieser Stoßrichtung wurde das Volkszählungsurteil vom BVerfG weiterentwickelt.[75] Besonderes Gewicht misst das BVerfG aber auch dem objektiven Schutzgehalt der Grundrechte zu. Im Beschluss vom 12. April 2005 weist das Gericht auf den hohen Stellenwert der Verfahrensgarantien bei Eingriffen in die informationelle Selbstbestimmung hin.[76] Auf die Schutzkomponente des Datenschutzes wurde im 36. TB näher eingegangen.[77]

### 5.2 Schranken

Das allgemeine Persönlichkeitsrecht auch in seinen Ausprägungen als Recht auf informationelle Selbstbestimmung und als Recht auf Vertraulichkeit und Integrität informationstechnischer Systeme ist der Einschränkung im überwiegenden Allgemeininteresse zugänglich. Die Einschränkung kann dann aber nur auf einer gesetzlichen Grundlage erfolgen, die dem Gebot der Normenklarheit entspricht und verhältnismäßig ist. Die Belange des Datenschutzes sind im jeweiligen Sachzusammenhang mit konträren Belangen Einzelner oder der Allgemeinheit abzuwägen.[78] Zur Orientierung hat der Gesetzgeber Datenschutzgrundsätze normiert, die immer zu beachten sind und konkretisiertes Verfassungsrecht darstellen.[79] Es handelt sich um eine In-

---

71 BVerfGE 27, 1 (6).
72 BVerfGE 120, 274.
73 BVerfGE 100, 313; 115,166 (182).
74 BVerfGE 109, 279 (323).
75 Vgl. 35. TB Ziff. 1.2; 36. TB Ziff. 1.2.1; 37.TB Ziff. 1.2.1.
76 BVerfG 113, 29 (57 f.).
77 Ziff.1.2.3; ferner 38.TB Ziff. 1.2.2.
78 vgl. Ronellenfitsch: Freiheit, Sicherheit und Datenschutz im Rechtsstaat, in: Festschrift für Seok, 2009, S. 95 ff.; BGH, NJW 2009, 2888 (2890).
79 Vgl. Ronellenfitsch: Datenschutz in der Planfeststellung, in: Festschrift für Bartlsperger, 2006, S. 373 ff. (395): i. S. v. Fritz Werner: Verwaltungsrecht als konkretisiertes Verfassungsrecht, DVBl. 1959, 527 ff.

haltsbestimmung des Schutzbereichs des Datenschutzgrundrechts auf einfach gesetzlicher Ebene mit Ausstrahlungswirkung auf die Tätigkeit der Verfassungsschutzbehörden.

### 5.3 Datenschutzgrundsätze

Datenschutzgrundsätze stellen schon nach der europäischen Datenschutzrichtlinie[80] die Anforderungen an die Datenqualität[81], an die Datenverarbeitung[82] sowie an die Informationserfordernisse[83] dar. Diese Grundsätze werden durch das nationale besondere und allgemeine Datenschutzrecht des Bundes und der Länder umgesetzt.

- Auszugehen ist vom Verbot der Erhebung, Verarbeitung und Übermittlung personenbezogener Daten, das nur durch eine gesetzliche Ermächtigung oder durch die Zustimmung der Betroffenen aufgehoben werden kann[84] (repressives Verbot mit Zulassungsvorbehalt). Die Einwilligung muss freiwillig gegeben werden[85], spezifisch sein (sich auf einen bestimmten Zweck beziehen), den tatsächlichen Willen des Betroffenen ausdrücken und in voller Kenntnis der Sachlage ohne jeden Zweifel gegeben werden.
- Der Zweckbindungsgrundsatz besagt, dass personenbezogene Daten nur für eindeutig festgelegte rechtmäßige Zwecke erhoben und vor allem nur diesem Zweck entsprechend weiterverarbeitet werden dürfen[86]. Der Grundsatz der Zweckbestimmung setzt sich fort im Grundsatz der zweckgebundenen Aufbewahrung. Länger als es für die Realisierung der legitimierenden Zwecke geboten ist, dürfen personenbezogene Daten nicht aufbewahrt oder verarbeitet werden. Diese Grundsätze gelten auch im privaten Bereich.
- Der Transparenzgrundsatz ist in Erwägungsgrund 38 RL 95/46/EG ausformuliert: „Datenverarbeitung nach Treu und Glauben setzt voraus, dass die betroffenen Personen in der Lage sind, das Vorhandensein einer Verarbeitung zu erfahren und ordnungsgemäß und umfassend über die Bedingungen der Erhebung informiert zu werden, wenn Daten bei ihnen erhoben werden." Für mobile personenbezogene Speicher- und Verarbeitungsmedien präzisiert § 6c Abs. 3 BDSG den Transparenzgrundsatz. Danach müssen Kommunikationsvorgänge, die auf dem Medium eine Datenverarbeitung auslösen, für den Betrof-

---

80 Richtlinie 95/46/EG des Europäischen Parlaments und des Rates vom 24.10.1995 zum Schutz natürlicher Personen bei der Verarbeitung personenbezogener Daten und zum freien Datenverkehr (ABl. EG Nr. L 281/31 vom 25.11.1995).
81 Artikel 5 RL 95/46/EG.
82 Artikel 7 f. RL 95/46/EG.
83 Artikel. 10 ff. RL 95/46/EG.
84 § 4 BDSG.
85 Zu den Anforderungen an die Freiwilligkeit BGH vom 16.07.2008 - VIII ZR 348/06, NJW 2008, 3055 (3056).
86 So bereits Artikel 6 Abs. 1 Buchst. b RL 95/46/EG.

fenen eindeutig erkennbar sein[87].

- Spezifische Bedeutung als Datenschutzgrundsatz hat der Grundsatz der Erforderlichkeit. Die Erforderlichkeit ist im Datenschutzrecht noch rigider als das allgemeine Übermaßverbot. Die Erhebung, Verarbeitung und Übermittlung personenbezogener Daten ist nur zulässig, wenn sie zur rechtmäßigen Erfüllung der Aufgaben der datenverarbeitenden Stelle für den jeweils damit verbundenen Zweck erforderlich ist; hinzu kommt, dass bei der automatisierten Verarbeitung personenbezogener Daten das Verfahren auszuwählen oder zu entwickeln ist, das die zur Zweckerreichung nötige Menge personenbezogener Daten so gering wie möglich hält. Unzulässig ist vor allem die (zweckfreie) Vorratsdatenspeicherung.
- Ein weiterer Datenschutzgrundsatz ist somit der Grundsatz der Datenverminderung und Datensparsamkeit, der letztlich eine Konkretisierung des Erforderlichkeitsgrundsatzes darstellt und für alle datenverarbeitenden Stellen gilt.

### 5.4 Folgerungen

Das Verbot der Erhebung, Verarbeitung und Übermittlung personenbezogener Daten ohne gesetzliche Ermächtigungsgrundlage hindert den Gesetzgeber nicht daran, Verfassungsschutzbehörden mit allgemein polizeilichen Befugnissen auszustatten und umgekehrt. Dagegen kollidiert eine Aufhebung der Trennung von Polizei und Verfassungsschutz mit dem Zweckbindungsgrundsatz. Das Gleiche gilt hinsichtlich der mit Hilfe des Einsatzes nachrichtendienstlicher Mittel erworbenen Informationen durch den Verfassungsschutz für das Transparenzgebot. Tätigkeiten der Verfassungsschutzbehörden im originären Kompetenzbereich der allgemeinen Gefahrenabwehrbehörden sind auch nicht erforderlich. Ob die Datensparsamkeit besser durch eine stärkere Verbindung oder Trennung von Verfassungsschutz und Polizei gewährt ist, lässt sich generell nicht sagen. Es bleibt aber der Befund, dass zentrale Datenschutzgrundsätze die Trennung von Polizei und Verfassungsschutz verlangen. Dies ist indessen kein Plädoyer für die Beibehaltung eines strikten Trennungsgebots.

## 6. Trennungsprinzip

### 6.1 Prinzip und Norm

In Wikipedia heißt es zu dem Stichwort „Trennungsgebot zwischen Nachrichtendiensten und Polizei":

> „Das Trennungsgebot zwischen Nachrichtendiensten und Polizei ist ein Grundsatz des bundesdeutschen Rechts, nach dem Aufgaben der allgemeinen Polizei und der Aufklärung extremistischer Bestrebungen durch verschiedene, voneinander organisatorisch getrennte Behörden wahrgenommen werden sollen."

[87] Vgl. auch § 8 Abs. 2 HDSG.

Zwischen einem Gebot und einem Grundsatz, d. h. einem Rechtsprinzip, besteht jedoch ein elementarer Unterschied: Ein Gebot ist zwingend, ein Grundsatz gestattet Ausnahmen. Als Rechtsprinzipien werden Rechtsnormen bezeichnet, die im Gegensatz zu Rechtsregeln nicht unmittelbar subsumtionsfähig sind, sondern „gebieten, dass etwas in einem relativ auf die rechtlichen und tatsächlichen Möglichkeiten möglichst hohem Maße realisiert wird."[88] So verhält es sich mit der Trennung von Verfassungsschutz und Polizei. Begründen allein die Datenschutzgrundsätze die organisatorische und funktionelle Trennung, dann muss die Qualität der Grundsätze auf die Intensität der Trennung durchschlagen. Grundsätze, die Ausnahmen zulassen, können keine zwingende Trennung bewirken. Hinzu kommt, dass der Grundrechtsschutz durch Organisation und Verfahren dem Gesetzgeber einen weiten Gestaltungsspielraum belässt. Die Bandbreite der Gestaltungsmöglichkeiten umfasst auch eine Durchbrechung der Trennung, soweit eine Schnittmenge von Aufgaben der Polizei und des Verfassungsschutzes besteht.

### 6.2 Entpolizeilichung des Verfassungsschutzes

Eine derartige Schnittmenge war ursprünglich durch Besatzungsrecht ausgeschlossen. Nach dem Polizeibrief war die Trennung von Vollzugspolizei und Geheimdiensten aller Art zwingend geboten. Das ist aber schon lange „Schnee von gestern". Gegen eine Übertragung einzelner polizeilicher Aufgaben auf die Verfassungsschutzämter spräche allenfalls, wenn bereits auf der klassifikatorischen Ebene eine Entpolizeilichung des Verfassungsschutzes erfolgen müsste. Dem lässt sich durch den Hinweis auf die partielle Identität der zu schützenden Rechtsgüter begegnen. Von der Aufgabenstellung her ist der Verfassungsschutz Sonderpolizei. Historisch gesehen dürfte unstreitig sein, dass der Staatsschutz jedenfalls früher immer als polizeiliche Aufgabe wahrgenommen und angesehen wurde.[89] Folglich müsste sich in jüngster Zeit seine Aufgabenstellung gewandelt haben. Das ist jedoch nicht der Fall. Unter dem Druck der Besatzungsmächte blieben dem Verfassungsschutz der Bundesrepublik zwar polizeiliche Befugnisse versagt; an der polizeilichen Aufgabenstellung änderte sich aber nichts. Der Schutz der öffentlichen Sicherheit ist nun einmal eine originär polizeiliche Aufgabe, und zum Schutz der öffentlichen Sicherheit zählt in erster Linie der Schutz des Staates und seiner Einrichtungen, eben der Verfassung.[90] Beim Verfassungsschutz ist per definitionem die polizeiliche Aufgabe des Schutzes der Verfas-

[88] Vgl. Alexy: Theorie der Grundrechte, 3. Aufl. 1996, S. 75; ferner Schwarzenberger: The Principles and Standards of International economic Law, RdC 117 (1966), 1 ff. (6 ff.) .

[89] Den Wurzeln im ius supremae inspectionis kann hier nicht näher nachgegangen werden; hierzu Ronellenfitsch: Selbstverantwortung, S. 15 ff.

[90] Drews / Wacke / Vogel / Martens: Gefahrenabwehr, 9. Aufl. 1986, S. 233 ff.; BVerfGE 69, 315 (352).

sung keine Annexaufgabe, sondern Primärzweck. Die Art und Weise des Schutzes der Verfassung durch allgemeine Polizei- und Ordnungsbehörden und Verfassungsschutzbehörden mag verschieden sein und eine organisatorische Trennung rechtfertigen. Die Zielsetzung ist dagegen identisch. Ein effizienter Verfassungsschutz führt nicht in den Polizeistaat, sondern hilft, diesen zu verhindern. Damit sind von vornherein alle Versuche verfehlt, die darauf hinauslaufen, Polizei und Verfassungsschutz auch funktionell voneinander abzuschotten oder gar einem strikten Trennungsgebot Verfassungsrang einzuräumen.

Das Trennungsgebot muss nach alledem durch ein Trennungsprinzip ersetzt werden.

Danach sind die Verwaltungsaufgaben und Befugnisse entsprechend der Kompetenzordnung grundsätzlich zu trennen,[91] Kooperationen werden dadurch aber nicht ausgeschlossen. Sie bedürfen als Ausnahme der Rechtfertigung. Bei Eingriffen in datenschutzrechtlich relevante Rechtspositionen müssen die Eingriffe zweckgerichtet erforderlich sein.

### 6.3 Trennung

Sollen die Aufgaben des Verfassungsschutzes wirksam umgesetzt werden, führt das per se zu einer Trennung von den polizeilichen Aufgaben, die organisatorisch-bundesstaatlich im GG verankert ist.[92] Verschieden sind Bestimmtheit und Nähe der Gefahren und regelmäßig auch die Reaktionen auf diese Gefahren.[93] Die Vorverlagerung der polizeilichen Gefahrenabwehr in den Vorbeugebereich ändert nichts daran, dass es sich immer noch um zielgerichtete Gefahrenabwehr handelt. Der Informationsauftrag der Verfassungsschutzämter geht über die Gefahrenabwehr hinaus und hat nicht das Ziel, polizeilich-präventiv oder strafrechtlich repressiv Maßnahmen zu ergreifen.

### 6.4 Kooperation

Nach Lisken ist die „rechtstatsächliche Entwicklung von der Trennung, über die zum Teil unerlaubte Zusammenarbeit zur Informationsverschränkung und Aufgabenüberschneidung verlaufen, ohne dass sich an der verfassungsrechtlichen Lage etwas geändert hätte".[94] In der Tat: An der verfassungsrechtlichen Lage hat sich nichts geändert. Obwohl im Zuge der Terrorismusbekämpfung von einem Paradigmenwechsel bei den Bekämpfungsstrategien gesprochen wird,[95] der insbesondere im Informationsaustausch[96] der für die Terrorismusabwehr zuständi-

---

91 Vgl. auch Schoch, in: Schmidt-Aßmann/ders.: Besonderes Verwaltungsrecht 14. Aufl., 2008, Kapitel 2 Rdnr. 43.
92 Vgl. Fußn. 17.
93 Pieroth / Schlink / Kniesel, Rdnr. 16.
94 Handbuch. Teil C Rdnr. 12.
95 Weisser: Das Gemeinsame Terrorismusabwehrzentrum (GTAZ) – Rechtsprobleme, Rechtsform und Rechtsgrundlage, NVwZ 2011, 142 ff.
96 Hierzu ausführlich Riegel, in: Roßnagel: Handbuch Datenschutzrecht, 2003, Kapitel 8.

gen Behörden seinen Ausdruck findet, blieb das Trennungsprinzip dank der Vorabstimmung der Verfassungsschutz- und Gefahrenabwehrbehörden mit den Datenschutzbehörden unangetastet. Die Wirksamkeit der Interaktion wird aus den Tätigkeitsberichten des Hessischen Datenschutzbeauftragten (HDSB) deutlich.[97] Das LfV hat verinnerlicht, dass der Datenschutz unverzichtbares Element der freiheitlichen demokratischen Grundordnung ist. Dies wird auch so bleiben. Dafür steht nicht zuletzt der Hessische Datenschutzbeauftragte.

---

[97] Vgl. 34.TB Ziff.5.3; 35. TB Ziff. 5.3; 38. TB Ziff. 4.3; 39. TB Ziff. 4.3.

# Ein spannendes Verhältnis: Verfassungsschutz und Öffentlichkeit

*Holger Stark*

Im Winter 2006 bekam ich die ersten Hinweise auf eine Gruppe deutscher Afghanistan-Rückkehrer. Die Hinweise basierten auf abgefangenen E-Mails zwischen Pakistan und Süddeutschland und stammten von der National Security Agency (NSA), dem mächtigen amerikanischen Geheimdienst für technische Aufklärung. Sie klangen beunruhigend. Die Islamisten waren offensichtlich entschlossen, einen Anschlag in Deutschland vorzubereiten. Im Zentrum stand ein Konvertit namens Fritz Gelowicz, auch einige seiner Freunde wurden beobachtet, unter anderem von einem Observationstrupp des Bundesamtes für Verfassungsschutz (BfV).

Im Sommer 2007, ein halbes Jahr später, spitzte sich die Situation zu. Gelowicz hatte inzwischen Wasserstoffperoxid in großen Mengen eingekauft, das nach einer chemischen Anreicherung bombenfähig präpariert werden sollte. Beinahe live verfolgte ich, wie das Bundeskriminalamt in einer konspirativen Aktion in einer Garage im Schwarzwald das höher konzentrierte Wasserstoffperoxid gegen eine harmlose Substanz austauschte. In keinem Fall sollte eine Bombe explodieren können.

Im April 2007, ein knappes halbes Jahr vor der Festnahme von Gelowicz und Co., hatte ich eine kurze Meldung formuliert, weil die amerikanische Regierung eine Warnung für ihre Staatsbürger für Deutschland herausgegeben hatte.[1] Darin tauchte erstmals der Name der Islamischen Jihad Union auf, der sich Gelowicz und seine Freunde zugehörig fühlten; die Besorgnis in den Sicherheitsbehörden, dass die Überwachung der Gruppe publik werden könnte, war groß.

„Deutsche Islamisten planen Massenmord am Frankfurter Flughafen – Sprengstoff bereits beschafft": Das wäre eine Geschichte gewesen, die um die Welt gegangen wäre und jedem Medium viel Aufmerksamkeit beschert hätte. Im „Spiegel" war freilich weder über die Observationen noch über den Austausch der Chemikalien vorab etwas zu lesen.

Nachdem bald klar war, welche Dimension der Fall hatte, hatten wir entschieden, auf weitere Berichterstattung zu verzichten. In dieser Situation, inmitten einer akuten Gefahr für Leib und Leben

[1] Stark, Holger: Suche nach Islamisten, „Der Spiegel" vom 23.04.2007.

von Menschen, überwog trotz des exklusiven Wissens das Geheimhaltungsinteresse. Das öffentliche Interesse hatte zurückzustehen. Die erste Geschichte über den Fall und die Hintergründe erschien erst am 10. September, ein paar Tage nach der Festnahme von Gelowicz und Co. im Sauerland, die von den Medien seitdem die „Sauerland-Gruppe" genannt wurden.[2] Allerdings enthüllte die Geschichte diverse Interna, die Geheimdienste normalerweise gerne verbergen, unter anderem den Operationsnamen „Alberich", den Austausch mit CIA und NSA und die politische Dimension: Selbst der damalige US-Präsident George W. Bush und die deutsche Bundeskanzlerin Angela Merkel waren in Operation „Alberich" eingeweiht.

Nicht immer ist die Abwägung so klar wie im Fall der Sauerland-Gruppe. Verfassungsschutz und Öffentlichkeit, das ist ein Verhältnis voller Spannung und Gegensätze. Die Verfassungsschutzbehörden wie auch die Medien fühlen sich beide demokratietheoretisch legitimiert. Beide berufen sich auf ihren demokratischen Auftrag, der ihnen die Rechtfertigung für ihr Handeln verschafft. Die Legitimation des Verfassungsschutzes ist im Bundesverfassungsschutzgesetz und in den entsprechenden Landesgesetzen festgeschrieben. Danach soll der Verfassungsschutz als ein „Frühwarnsystem gegen extremistische Bestrebungen" dienen und wird dazu mit diversen Möglichkeiten ausgestattet. Dazu gehört die Geheimhaltung und die Camouflage, die Alltag von Observanten, Quellenführern und Beschaffern ist. Über viele Jahrzehnte machte es das Wesen der Arbeit des Verfassungsschutzes aus, dass Öffentlichkeit eher als unerwünschte Begleiterscheinung betrachtet wurde. Adressat der Arbeitsergebnisse des Geheimdienstes waren andere Sicherheitsbehörden und die jeweilige Landes- und Bundesregierung. Geschichten über die Arbeit des Verfassungsschutzes wurden tendenziell als Störung empfunden, das Verhältnis zur Öffentlichkeit war eher ein taktisches, getragen von dem Wunsch nach Geheimhaltung.

Die Medien beziehen ihre Legitimation aus ihrer in diversen Entscheidungen des Bundesverfassungsgerichts festgeschriebenen Rolle als vierte Säule des demokratischen Systems, in der die Öffentlichkeit eine Kontrollfunktion über die anderen drei Säulen Legislative, Exekutive und Judikative ausüben soll. In einem System der Checks-and-Balances soll die kritische Öffentlichkeit verfolgen, wie die mit einem Mandat ausgestatteten Politiker, Minister und Staatsbeamte ihre Rolle ausfüllen. Schon in diesem Grundauftrag ist eine natürliche Portion Misstrauen enthalten, und kein demokratisches System dieser Welt hat bislang so fehlerfrei funktioniert, dass diese Kontrollfunktion obsolet geworden wäre. Es gehört zum Wesen kritischer Öffentlich-

[2] Kaiser, Simone/Rosenbach, Marcel/Stark, Holger: „Operation Alberich", „Der Spiegel" vom 10.09.2007.

keit, die Frage zu stellen, was die Repräsentanten des Staates womöglich falsch gemacht haben. Das gilt ganz besonders dort, wo die Arbeit wenig transparent und überprüfbar ist. Gerade bei Nachrichtendiensten sind die Medien besonders gefordert, weil sie beinahe die einzige kritische Kontrollinstanz sind.

Beinahe? Und was ist mit den Parlamenten?

In der bundesdeutschen Demokratie ist als primäre Kontrollinstanz das Parlamentarische Kontrollgremium vorgesehen. Man tritt diesem Gremium nicht zu nahe, wenn man die These wagt, dass diese Form der parlamentarischen Kontrolle in den vergangenen Jahrzehnten leidlich gefehlt, mitunter regelrecht versagt hat. Es sind im Übrigen die Kontrolleure selbst, die diesen Eindruck haben. Aufgrund der Geheimhaltungsvorschriften dürfen die Parlamentarier ihre Arbeit nicht auf wissenschaftliche Mitarbeiter stützen, und wegen der hohen Fluktuation in dem Gremium schaffen es die Kontrolleure nur selten, ausreichend fachliche Expertise aufzubauen, um die richtigen Fragen zu stellen. Dazu kommt, dass die vorgeschriebene Schweigepflicht es Politikern fast unmöglich macht, sich öffentlich zu profilieren, weshalb die Attraktivität dieser Art der parlamentarischen Arbeit nicht sonderlich hoch ist.

Die im Aufspüren politischer Spielräume erfahrenen Dienste, haben diesen faktischen Ausfall schnell identifiziert. Sie interpretieren die Formulierung im Gesetz, dass sie die Gremien über Vorgänge von „erheblicher Bedeutung" zu unterrichten haben, häufig ganz einfach so, dass ein Vorgang dann „erhebliche Bedeutung" erlangt hat, wenn er in der Zeitung steht. Über viele Jahrzehnte ist deshalb die Praxis entstanden, dass in den Kontrollgremien Vorgänge erst dann besprochen werden, wenn sie zuvor Schlagzeilen gemacht haben – und nicht andersherum, wie es eigentlich sein sollte. Volker Neumann, für die SPD langjähriges Mitglied des Parlamentarischen Kontrollgremiums im Bundestag, hat es auf eine simple Formel gebracht: „Wir sind auf die starke Rolle der Presse angewiesen."[3] So sieht es auch der grüne Abgeordnete Hans-Christian Ströbele, einer der wenigen Parlamentarier, der über viele Legislaturperioden einen hohen Sachverstand aufgebaut hat: „Von vielen Fehlentwicklungen erfahren wir erst aus den Medien."[4] Insofern trifft es einen empfindlichen Punkt, wenn der Vorsitzende der Journalistenvereinigung „Netzwerk Recherche", Thomas Leif, urteilt: „Eine effektive parlamentarische Kontrolle der Geheimdienste gibt es nicht."[5]

Ob sich die Kontrolle durch die politischen Gremien positiv verändert, wird sich zeigen; nach den diversen Affären um die Bespitzelung von Journalisten durch den für das Ausland zuständigen Bundesnachrichtendienst ist ein

---

[3] Czieche, Dominik: BND: Wie die Kontrolleure im Parlament aufs Kreuz gelegt werden, „Der Spiegel" vom 28.11.2005.
[4] ebenda.
[5] ebenda.

Reformprozess in Bewegung gekommen, der immerhin zu einem neuen Gesetz mit besseren Möglichkeiten für die Mandatsträger geführt hat.

Verfassungsschutz und Öffentlichkeit, zwei demokratische Aufträge, ein Widerspruch: Das eine passt mit dem anderen nicht immer zusammen, es muss aber, irgendwie, so sieht es die Demokratie vor. Aus diesem Spannungsverhältnis gewinnt das Verhältnis von Geheimdiensten und Öffentlichkeit seinen Reiz, und in den vergangenen Jahren hat sich daran einiges geändert.

In den vergangenen 20 Jahren hat die Verfassungsschutzbehörden mehr als ein Hauch von Perestroika durchzogen. Journalistinnen und Journalisten werden nicht mehr per se als feindliches Gegenüber betrachtet, sondern, immer öfter zumindest, als legitime Akteure, deren Arbeit den Verfassungsschutzbehörden nicht nur schaden (wenn Interna der geheimdienstlichen Arbeit decouvriert werden), sondern auch nützen kann. Sei es als ein Transportmittel, um vor möglichen Gefahren, neuen extremistischen Parteien, Großveranstaltungen etc. zu warnen; sei es, um in der Öffentlichkeit für die eigene Arbeit zu werben und dadurch den politischen Spielraum zu erhöhen und mehr finanzielle Mittel zu erhalten.

Heute gibt es fast kein Landesamt mehr, das nicht eine Pressestelle unterhielte, die in der Regel nahe am Präsidenten angebunden ist, was die Bedeutung der Öffentlichkeitsarbeit unterstreicht. Selbst der Bundesnachrichtendienst (BND), der Journalisten lange Zeit nur in die Kategorien „Quelle" oder „Zielobjekt" eingestuft hatte, hat Mitte der 1990er Jahre eine Pressestelle eingerichtet, mit einem Pressesprecher, der, wie revolutionär, nach einiger Zeit sogar unter seinem Klarnamen auftrat. Zu dieser Öffnung hin zu einer mal mehr, mal weniger kritischen Öffentlichkeit gehören auch die jährlichen Tagungen des Bundesamtes für Verfassungsschutz und des BND, die sich immer mehr nicht nur an ein Fachpublikum, sondern auch an Journalistinnen und Journalisten wenden. Auch symbolisch hat der BND diese Grenze aufgehoben, der Pressevertreter bei seinem Jahressymposium lange Zeit auf einer separaten Tribüne auf Abstand hielt, ohne Möglichkeit, mit den Teilnehmerinnen und Teilnehmern der Tagung zu reden. Seit kurzem gibt es diese Aufteilung nicht mehr.

Deutschland ist mit dieser Öffnung hin zur geheimdienstlichen Öffentlichkeitsarbeit im internationalen Vergleich ein Vorreiter, und in diversen europäischen Ländern wird der deutsche Weg mit Interesse beobachtet. Manche Staaten, Holland beispielsweise, verfolgen eine ähnliche Praxis. In anderen Ländern unterhält der Inlandsgeheimdienst bis heute nicht einmal eine Pressestelle. Vor einiger Zeit hatte ich die Gelegenheit, mit Vertretern von zwei Dutzend ausländischen Geheimdiensten zu debattieren. Dabei wurde deutlich, wie schwer sich viele Staaten, besonders solche, in denen die Pressefreiheit nicht besonders groß und die Rolle der Medien nicht sonderlich stark ausgeprägt ist, damit tun. Die These ist nicht sehr gewagt, dass es nur eine Frage der Zeit ist, bis sich diese Entwicklung auch in anderen Ländern wiederholt, auch wenn es spürbar ist, wie groß das Misstrauen gegenüber Vertretern einer demokratischen Öffentlichkeit bis heute ist.

Auf der anderen Seite hat sich auch bei Journalistinnen und Journalisten einiges verändert. Der Verfassungsschutz galt lange Zeit als Relikt des Kalten Krieges. Affären wie die Überwachung des kritischen Wissenschaftlers Klaus Traube oder das Debakel um das „Celler Loch" haben über Jahrzehnte ein Misstrauen gegenüber den „Schlapphüten" genährt, das sich zäh hielt. Schillernde Beamte wie der Überläufer Klaus Kuron, Hansjoachim Tiedge oder der ehemalige Präsident des BfV, Holger Pfahls, der jahrelang untertauchte wie ein Terrorist, haben das ihre dafür getan, dass das Bild der Nachrichtendienstler eines war, das von keinem sonderlich hohen Respekt gekennzeichnet war. „Geheim-gefährlich" lautete 1990 der Titel eines Buchs des Journalisten Gero Gemballa, das eine weit verbreitete Sicht auf die Geheimdienste wiedergab.[6] Das negative Image setzte den Beamten zu. Von den „geächteten Verfassungsschützern" sprach der ehemalige Verfassungsschützer Hans Josef Horchem in einem Artikel für die „Zeit"[7] Die Versuche, „unberechtigte Kritik mit verstärkter Öffentlichkeitsarbeit zu konterkarieren, schlugen fehl", klagte Horchem und lieferte eine Erklärung gleich mit: Das BfV sei vom Bundesinnenministerium publizistisch „an die Kette" gelegt worden.

Dazu beigetragen hatte sicher auch, dass die politische Prognosefähigkeit der Nachrichtendienste nicht immer auf der Höhe der Zeit schien. Nur wenige epochale Entwicklungen haben die Dienste richtig vorhergesehen. Legendär ist Helmut Kohls erkennbare Geringschätzung seiner eigenen Aufklärungsbehörden, an die sich sein Sohn Walter Kohl erinnert: „Da geben wir Milliarden für die Geheimdienste aus, und wenn es darauf ankommt, wissen sie fast nichts."[8] Wie sollte eine kritische Öffentlichkeit die Arbeit der Geheimdienste schätzen, wenn es selbst der Regierungschef nicht tat? Und wenn es den Nachrichtendiensten gelang, effektiv und erfolgreich zu operieren, dann verdeckte der Mantel des Schweigens diese Erfolge. Die Öffentlichkeit nahm davon keine Notiz, wie sollte sie auch? Es galt ja die Geheimhaltungspflicht.

Mittlerweile hat es einen zumindest partiellen Paradigmenwechsel gegeben,

---

[6] Gemballa, Gero: Geheim-gefährlich, Köln 1990.

[7] Horchem, Hans Josef: „Die geächteten Verfassungsschützer", DIE ZEIT vom 26.10.1979, zitiert nach: van Bergh, Hendrik: Köln 4713, Köln/Würzburg 1981.

[8] Zitiert nach Kohl, Walter: Leben oder gelebt werden, München 2011.

und das hat mit zwei Daten zu tun: dem 9. November 1989 und dem 11. September 2001.

Der Fall der Mauer und das damit verbundene Ende des Kalten Krieges haben die politische Agenda auch für die Verfassungsschutzbehörden verändert. Die Behörden sind befreit von der Notwendigkeit, den Blick vor allem Richtung DDR und möglicher westdeutscher Satelliten zu wenden, der Hauptfeind steht nicht mehr notwendigerweise links. Dadurch entfallen innerdeutsche politische Grabenkämpfe zumindest zu einem Teil.

Hinzu kommt, dass die Anschläge der Todespiloten am 11. September 2001 in Amerika eine neue Bedrohung in den Blickpunkt der Öffentlichkeit katapultiert haben: den islamistischen Terrorismus, der, so empfindet es zumindest die deutsche Öffentlichkeit, von außen an die bundesrepublikanische Gesellschaft herangetragen worden ist. Die Aufklärung islamistischer Milieus, auch unter Einsatz nachrichtendienstlicher Mittel, ist gesellschaftlich weit akzeptierter als etwa der Einsatz von V-Leuten in akademischen Zirkeln, wie ihn manch Landesamt noch immer vereinzelt betreibt.[9] Der Aufstieg von al-Qaida hat, so ironisch das klingen mag, der Arbeit der Verfassungsschutzbehörden mehr Renommée verschafft, als diverse Charmeoffensiven der Innenminister es je vermocht haben.

Heute sind es nicht mehr so sehr Grüne und linke Sozialdemokraten, die die Arbeit des Verfassungsschutzes öffentlich kritisieren, sondern eher muslimische Verbände, die indes in den bundesdeutschen Redaktionen wenig repräsentiert werden und deren Kritik nur selten ihren Weg in die Öffentlichkeit findet. Das mediale Bild des Verfassungsschutzes hat sich entsprechend gewandelt.

Es gibt also eine Bewegung der gegenseitigen Annäherung, die in den vergangenen Jahren spürbar geworden ist und die von beiden Seiten ausgeht. Die Vorstellung allzu großer, fast grenzenloser Nähe wäre indes eine Illusion, weil sie die unterschiedlichen Rollen verwischen würde. Die Frage ist, wie weit die immer wieder geforderte Öffnung für Nachrichtendienste denkbar ist.

Es ist eine interessante Vorstellung, dass die Verfassungsschutzbehörden sich zu einer Art moderner Landeszentrale für politische Bildung wandeln, die als demokratisches Frühwarnsystem im politischen Sinn handelte, entkernt von operativem nachrichtendienstlichem Tagesgeschäft. In einem solchen Szenario wäre auch das Verhältnis von Öffentlichkeit und Behörde ein anderes, wesentlich engeres, eher eines von Experten, etwa wie es ein Think Tank wie die Stiftung Wissenschaft und Politik zu Medien unterhält. Der Realität entspräche

9 Vergleiche den umstrittenen Einsatz gleich mehrerer V-Leute im Berliner Sozialforum durch die Abteilung Verfassungsschutz des Berliner Innensenats und das Bundesamt für Verfassungsschutz.

das allerdings nicht und es wäre wohl auch im Zeitalter des islamistischen Terrorismus kein realistischer Weg. Die Verfassungsschutzämter sind in ihrer heutigen Form in erster Linie Sicherheitsbehörden, mit der Regierung als primärer Adressatin. „Ausstellungen und Aussteigerprogramme sind die Kür, nicht das Kerngeschäft der Verfassungsschutzbehörden, wenn auch eine geliebte Kür", so hat es neulich Heinz Fromm gesagt, der seit rund elf Jahren an der Spitze des Bundesamtes für Verfassungsschutz steht und damit zu den dienstältesten BfV-Präsidenten überhaupt zählt. Es ist eine ebenso nüchterne wie zutreffende Beschreibung der Lage.

Insofern bleiben die Grenzen zwischen den Verfassungsschutzbehörden auf der einen und der Öffentlichkeit auf der anderen Seite bestehen. Die beidseitige Annäherung ist dennoch eine irreversible Entwicklung.

Im November 2007 hat der „Spiegel" dann doch die Observationsprotokolle des Bundesamtes für Verfassungsschutz der Sauerland-Gruppe veröffentlicht, die viel über die frühe Phase der Möchtegern-Terroristen verraten.[10] Sie waren unter Verschluss, eingestuft als „geheim", und die Empörung innerhalb des Verfassungsschutzes war groß, wie derartige Protokolle ihren Weg an die Öffentlichkeit finden konnten. In dieser Situation, nach Abschluss der Ermittlungen, nach Festnahme der Verdächtigen und nachdem die Protokolle bereits gerichtlich verwertet waren, überwog dagegen aus unserer Sicht das öffentliche Interesse. Die Veröffentlichung verhinderte keine Verhaftung und ließ keine geheime Operation auffliegen. Das Geheimhaltungsinteresse konnte und musste zurückstehen. Der Verfassungsschutz hat es ganz gut ertragen.

---

[10] Stark, Holger: Der innerste Ring, „Der Spiegel" vom 12.11.2007.

Gestern - Heute - Morgen -

Ein spannendes Verhältnis: Verfassung

Jihad im Sauerland

RECHTSEXTREMISMUS Antisemitisch motivierte Straftat

e Jungen Nationaldemokraten

LINKSEXTREM

hon sicher? Die Durchführung von Sicherheitsüberprüfungen

*) Jahre Landesamt für Verfassungsschutz Hessen*

Verfassungsschutz im 21. Jahrhundert

Verfas

60 Jahre Lande

Die Verfassungsschutzberichte des Landes Hes

Abschied vom Trennungsgebot

ngsschutz und Öffentlichkeit

Radikalisieren verboten?

*n von Beleidigungen bis zu Gewalttaten*

Gescheiterte Revolutionsträume:

Wer ist schon sicher?

*hutz in der freiheitlichen Demokratie*

/erfassungsschutz im 21. Jahrhundert

Verfassungs

GESCHICHTLICHER RÜCKBLICK 60 Jahre Land

*Die Verfassungsschutzberichte des*

JNGEN UND PERSPEKTIVEN DES VERFASSUNGSSCHUTZES

Abschied vom Trennungsgebot

ISLAMISMUS / ISLAMISTISCHER TERRORISMUS

RECHTSEXTREMISMUS Antisemitisch

Die Jungen Nationalde

nsträume: Die Enttarnung der geheimen „Militärorganisation" de

:her? Die Durchführung von Sicherheitsüberprüfungen

*ndesamt für Verfassungsschutz Hessen*

VERFASSUNGSSC

Verfassungssc

60 Jahre Landesamt für

Die Verfassungsschutzbericht

# ISLAMISMUS / ISLAMISTISCHER TERRORISMUS

# Jihad im Sauerland

## Zur Entstehung der islamistischen Terrorszene in Deutschland

*Guido Steinberg*

Am 17. November 2010 warnte Innenminister Thomas de Maizière in ungewohnt dramatischer Weise vor einem vielleicht schon für denselben Monat geplanten Anschlag jihadistischer Terroristen in Deutschland[1]. Er verkündete zudem, dass er die Bundespolizei angewiesen habe, ihre Präsenz an Flughäfen, Bahnhöfen und anderen möglichen Anschlagszielen deutlich auszuweiten. In den dann folgenden vier Monaten wurden bewaffnete Polizeibeamte und -beamtinnen zu einem normalen Anblick an diesen Orten. Besonderes Aufsehen erregte die Absperrung des Reichstags in Berlin.

Die Warnung basierte auf verschiedenen Hinweisen vom Sommer 2010, die im Laufe der Zeit immer konkreter wurden. Der Erste, der über den sogenannten Euro-Plot gesprochen hatte, scheint der Deutsch-Afghane Ahmad Sidiqi gewesen zu sein, der sich in Pakistan al-Qaida angeschlossen hatte, im Juli 2010 in Kabul verhaftet worden war und im Verhör auf der amerikanischen Basis Bagram nahe der afghanischen Hauptstadt über den Plan berichtete. Sidiqi sagte aus, dass er während seines Aufenthalts in den pakistanischen Stammesgebieten im Frühsommer 2010 den al-Qaida-Kommandeur Yunus al-Muritani („der Mauretanier") getroffen habe. Dieser habe gegenüber Sidiqi über geplante Anschläge in Großbritannien, Frankreich und Deutschland gesprochen. Sidiqis Aussagen sollen anschließend von einem zweiten deutschen Terrorverdächtigen, dem in Pakistan verhafteten Deutsch-Syrer Rami Makanesi aus Frankfurt, bestätigt worden sein.

In einem zweiten Informationsstrang berichteten US-Sicherheitsbehörden ihren deutschen Kollegen über eine Gruppe von Terroristen, die das afghanisch-pakistanische Grenzgebiet angeblich schon Richtung Europa verlassen hatten. In einer sehr unwahrscheinlich anmutenden Darstellung heißt es, eine schiitische indische Gruppierung namens „Saif" (arabisch für Schwert) habe sich mit al-Qaida verbündet und Aktivisten nach Deutschland geschickt. Sie habe einen Anschlag nach dem Muster von Mumbai geplant, wo im November 2008 eine Gruppe schwer bewaffneter pakistanischer Terroristen durch das Zentrum

[1] Pressemeldung des Bundesministeriums des Innern v. 17.11.2010, www.bmi.bund.de.

der Stadt gezogen war, viele Unbeteiligte tötete, Geiseln nahm und dabei auch den eigenen Tod in Kauf nahm.[2]

Diese Informationen wurden von einer weiteren Quelle bestätigt. Im Oktober 2010 meldete sich ein deutscher Jihadist aus Pakistan telefonisch bei den deutschen Sicherheitsbehörden und warnte vor einer ähnlichen Attacke, die für den Februar oder März 2011 geplant gewesen sein soll. Laut den Angaben dieses Informanten sollten zwei Personen damals bereits nach Deutschland eingereist und untergetaucht sein. Vier weitere würden in Pakistan noch auf ihren Marschbefehl warten.

Zwar war von Beginn an umstritten, inwieweit den Warnungen tatsächlich zu glauben sei. Doch zeigten sie, dass Deutschland im Visier von al-Qaida steht und seit 2005 eine deutsche terroristische Szene entstanden ist, deren Angehörige Anschläge in Deutschland verüben wollen und von jihadistischen Organisationen in Pakistan zu diesem Zweck trainiert werden. Die Terrorwarnung vom November 2010 war der vorläufige Höhepunkt einer Entwicklung, die etwa Mitte des letzten Jahrzehnts einsetzte. Damals reisten deutsche Rekruten erstmals in Gruppenstärke nach Pakistan, um sich in terroristischen Taktiken ausbilden zu lassen. Es handelte sich um die Sauerland-Gruppe, deren Mitglieder im September 2007 verhaftet wurden, als sie im Begriff waren, Anschläge mit Autobomben durchzuführen. Parallel zu diesen Vorbereitungen rekrutierten sie gleichgesinnte Freunde für den Kampf in Pakistan und Afghanistan. Damit öffneten sie weiteren Rekruten das Tor in die Trainingscamps in Pakistan und wurden zu Pionieren des Jihadismus in Deutschland. In den nächsten Jahren zogen Dutzende deutscher[3] Freiwilliger nach Pakistan, bis sie die größte Gruppe europäischer Herkunft in den Lagern von al-Qaida, Islamischer Jihad Union und Islamischer Bewegung Usbekistans stellten.[4]

## 1. Die Reise in den Jihad

Die Sauerland-Gruppe hatte sich unabhängig von einer größeren jihadistischen Organisation gebildet, und es scheint so, als sei sie im Frühjahr 2006 eher zufällig in dem pakistanischen Stammesgebiet Nord-Waziristan angekommen. So sagten die beiden Führungsfiguren der Gruppe, Fritz Gelowicz (geboren 1979) und Adem Yilmaz (geboren 1978) aus, dass sie ursprünglich nach Tschetschenien oder in den Irak reisen wollten, um dort am bewaffneten Kampf teilzunehmen.

Als es den jungen Männern nicht gelang, über die Türkei in den Nordkaukasus zu reisen beschlossen sie, zunächst einmal in Syrien Arabisch zu studieren.

---

[2] Matthias Bartsch (u. a.): Vorbild Mumbai, in: Der Spiegel 47/2010, S. 21-23.

[3] Der Begriff „deutscher" Freiwilliger umfasst in diesem Kontext sowohl deutsche Konvertiten als auch eingebürgerte Personen ausländischer Herkunft, aber auch Personen ausländischer Staatsangehörigkeit, die bis zu ihrer Ausreise viele Jahre in Deutschland gelebt hatten.

[4] Die Zahl der Türken vor Ort scheint noch größer zu sein. Sie werden hier jedoch nicht als Europäer kategorisiert.

Sie änderten ihre Pläne dort, als Yilmaz Kontakt zu einer Gruppe aserbaidschanischer Jihadisten aufnahm, die ihm versprachen, ihn und seine deutschen Freunde nach Tschetschenien zu schicken, wenn sie vorher ein Training in Pakistan absolvieren. Tatsächlich gelang es den Deutschen, im April und Juni 2006 über die Türkei und Iran nach Pakistan einzureisen. Dort wurden sie in das Lager einer usbekischen Organisation namens Islamische Jihad Union (IJU) in Nord-Waziristan geschickt, wo sie im Gebrauch der ortsüblichen Waffen und Sprengstoffe ausgebildet wurden.

Die IJU-Führung erkannte sehr schnell das Potenzial ihrer deutschen Rekruten und forderte sie auf, einen Anschlag in Deutschland zu verüben. Ziel der Usbeken war es, einen Abzug deutscher Truppen aus Afghanistan zu erzwingen. Zu diesem Zweck sollten die Anschläge möglichst zeitgleich mit der Debatte über die Verlängerung der Mandate für die deutsche Beteiligung am Afghanistan-Einsatz stattfinden. Da die Verlängerung der Mandate für die International Security Assistance Force (ISAF) und Operation Enduring Freedom (OEF) im Oktober und November erfolgen sollte, forderte die IJU Angriffe im September, um die Abstimmungen im Bundestag möglicherweise zu beeinflussen.[5]

Zwar war es Ziel der Sauerland-Gruppe, am Aufstand in Afghanistan teilzunehmen. Doch scheinen sie keine ernsthaften Einwände erhoben zu haben, als IJU-Führer Najmiddin Jalalov sie aufforderte, nach Deutschland zurückzukehren. Bei den eigentlichen Tatvorbereitungen scheint die Sauerland-Zelle einen breiten Ermessensspielraum gehabt zu haben. Die IJU hatte lediglich vorgegeben, dass amerikanische Ziele angegriffen werden sollten und vorgeschlagen, auch usbekische Einrichtungen als mögliche Anschlagsziele zu prüfen.

Als die Sauerland-Gruppe verhaftet wurde, hatte sie noch nicht entschieden, wo genau sie zuschlagen wollte. Es sollte wohl Nachtclubs und ähnliche Einrichtungen treffen, die von US-Militärpersonal frequentiert werden. Auch die Luftwaffenbasis Ramstein, der größte amerikanische Stützpunkt in Deutschland, war im Gespräch. Gelowicz und seine Komplizen planten, drei Autobomben per Fernzündung detonieren zu lassen. Sie selbst wollten sofort anschließend über die Türkei zurück nach Nord-Waziristan reisen, um sich dort erneut der IJU anzuschließen.

## 2. Die IJU und ihre deutschen Rekruten

Als die Sauerland-Gruppe zur IJU stieß, hatten nur wenige Spezialisten von dieser gehört. Dies lag vor allem daran, dass es sich um eine Abspaltung der älteren und sehr viel stärkeren Islamischen Bewegung Usbekistans (IBU) handelte, die ohnehin im medialen Schatten der sehr viel bekannteren al-Qaida stand. Der IJU-Führer Jalalov hatte sich erst 2002 mit rund einem Dutzend Gefolgsleuten

[5] Die Abstimmungen über die beiden Mandate fanden damals getrennt statt.

von der Mutterorganisation gelöst und anschließend seine eigene Gruppierung begründet. Der Grund für die Abspaltung waren vor allem ideologische Meinungsverschiedenheiten. Die IBU versuchte, sich auf die Wiederaufnahme des bewaffneten Kampfes in Zentralasien vorzubereiten. Aus diesem Grund weigerte sie sich, am Kampf der Aufständischen in Afghanistan teilzunehmen. Die IJU hingegen vertrat eine internationalistischere Agenda und unterstützte die Aufständischen und al-Qaida in Afghanistan. Ihr wichtigster Verbündeter ist das Haqqani-Netzwerk, das von dem afghanischen Kriegsfürsten Jalaluddin Haqqani angeführt wird und von Nord-Waziristan aus operiert.

Der Kontakt zu den Sauerländern wurde durch die engen Beziehungen der IJU-Führung zu Gleichgesinnten im Kaukasus ermöglicht. Jalalov und mehrere seiner Mitstreiter hatten sich Ende der 1990er Jahre in Tschetschenien ausbilden lassen und dürften damals erste Kontakte zu Türken und Aserbaidschanern aufgebaut haben, die später dafür sorgten, dass Fritz Gelowicz und seine Freunde den Weg nach Pakistan fanden. Die Anbindung an eine usbekische Gruppe mit einem turksprachigen Unterstützernetzwerk hatte für die Sauerland-Gruppe den Vorteil, dass zumindest zwei ihrer vier Mitglieder sich ohne weiteres mit ihren neuen Kollegen verständigen konnten. Atilla Selek (geboren 1985) und Adem Yilmaz sind türkische Muttersprachler und profitierten davon, dass Türkeitürkisch, Aseri und Usbekisch miteinander verwandt sind und die Verständigung untereinander unproblematisch ist. Damit wurde ein wichtiges Problem der deutschen Jihadisten gelöst, die sich vor 2006/2007 nur dann al-Qaida anschließen konnten, wenn sie Arabisch sprachen. Die Sauerland-Gruppe fand nun den Weg in ein turksprachiges Netzwerk, in dem auch die türkischstämmigen Deutschen ohne weiteres Sprachtraining Aufnahme finden konnten. Sofort stieg die Zahl der deutschen Jihadisten, die den Weg nach Pakistan suchten und fanden, um ein Vielfaches an.

Diese Entwicklung wurde von der Sauerland-Gruppe selbst angeschoben. Während sie ihre Anschlagsvorbereitungen in Deutschland im Jahr 2007 vorantrieben, rekrutierten Gelowicz und Co. mehrere Freunde und Bekannte für die IJU und schickten sie über die Türkei und Iran nach Nord-Waziristan. Adem Yilmaz entsandte mindestens ein halbes Dutzend junger Männer nach Pakistan. Der prominenteste von ihnen war Cüneyt Çiftçi (geboren 1980), ein in Deutschland geborener Türke und enger Freund von Yilmaz. Am 3. März 2008 verübte er einen Aufsehen erregenden Selbstmordanschlag auf eine amerikanisch-afghanische Militärbasis in der afghanischen Provinz Khost. Zwei amerikanische und zwei afghanische Soldaten starben. Die IJU veröffentlichte daraufhin ein Video, das Çiftçi bei den Anschlagsvorbereitungen und die Detonation der Autobombe zeigte. Die mediale Aufarbeitung des Anschlags stellte einen ersten Höhepunkt in einer Öffentlichkeitskampagne dar, die die IJU im Jahr 2007 begonnen hatte. Sie nutzte die deutschen Rekruten zielgerichtet, um sich auf der Weltkarte des islamistischen Terrorismus zu etablieren. Trotz ihrer geringen Stärke von zwischen 100 und 200 Kämpfern stellte sie sich als gefährliche transnationale Organisation dar.

### 3. Die Deutschen Taliban Mujahidin

Das wichtigste Gesicht der IJU-Medienkampagne wurde der deutsche Konvertit Eric Breininger, der seit Frühjahr 2008 häufig auf den Videos der Organisation auftauchte. Breininger (geboren 1985) war ein enger Freund von Daniel Schneider, dem vierten Mitglied der Sauerland-Gruppe und hatte Deutschland auf dessen Rat Anfang September 2007 verlassen. Über Kairo und Iran reiste er nach Pakistan, wo er sich der IJU anschloss. In seinen Videos rief er mehrfach deutsche Sympathisanten auf, nach Pakistan zu kommen und sich den Jihadisten dort anzuschließen oder aber deren Aktivitäten anderweitig zu unterstützen.

Wie es scheint, hatten seine Aufrufe durchaus einigen Erfolg. Laut Angaben der deutschen Sicherheitsbehörden absolvierten in den letzten Jahren 220 Freiwillige aus Deutschland eine Ausbildung in einem Trainingslager der al-Qaida, IJU oder der IBU oder waren auf dem Weg dorthin.[6] Ihre Zahl stieg vor allem ab 2006 an, sodass bis zu 40 von ihnen allein im Jahr 2009 Richtung Pakistan reisten. Dies führte dazu, dass sich in Pakistan eine eigenständige deutsche Szene herausbildete. Spätestens seit 2009 bildeten Deutsche die größte europäische Landsmannschaft in den Lagern des afghanisch-pakistanischen Grenzgebietes. Im September 2009 bildeten sie sogar eine eigene Organisation, die Deutschen Taliban Mujahidin (DTM). Es handelte sich um die erste europäische jihadistische Organisation überhaupt, und obwohl sie nur wenige Monate bestand und sich vorwiegend der Öffentlichkeitsarbeit widmete, zeigte allein die Gründung den großen Ehrgeiz ihrer Gründer und das Potenzial der deutschen Szene.

Die Geschichte dieser Gruppierung war eng verbunden mit ihrem „Emir", dem Deutsch-Türken Ahmet Manavbaşı. Manavbaşı wuchs in Salzgitter auf und wurde im Jahr 2000 wegen seiner zahlreichen kriminellen Aktivitäten von den saarländischen Behörden in die Türkei abgeschoben. In den folgenden Jahren schloss er sich einer türkischen jihadistischen Gruppe an, reiste nach Pakistan und scheint ab 2007 unter dem Aliasnamen Salahuddin Turki (= der Türke) die treibende Kraft hinter der Öffentlichkeitskampagne der IJU gewesen zu sein. Er unterhielt enge Beziehungen zu einer Gruppe von Propagandisten und Schleusern in Istanbul, die eine türkischsprachige Webseite namens „Zeit für den Märtyrertod" betrieben, die auch von der IJU für ihre Propaganda genutzt wurde.

---

[6] Die Zahlen entstammen einem Vortrag von Wolfgang Würz (BKA) auf dem Europäischen Polizeikongress Berlin, 16.02.2011.

Ab 2007 baute Manavbaşı seine Rekrutierungsbemühungen zielgerichtet aus. Über das Internet nahm er Kontakt zu deutschen Sympathisanten und Unterstützern auf. Im Laufe des Jahres 2009 stießen vor allem junge Freiwillige aus Berlin zur IJU. Parallel zu den deutschen Neuankömmlingen konnte die usbekische Organisation auch einen vermehrten Zulauf von Türken und Aserbaidschanern verzeichnen. Diese hatten vorher im Nordkaukasus gekämpft, ab 2007 aber zunehmende Probleme gehabt, erneut nach Tschetschenien zu gelangen. Deshalb entschieden sie, sich in Pakistan der IJU anzuschließen. Die große Zahl der Neuankömmlinge scheint die IJU bewogen zu haben, eine Art internationale Brigade zu begründen und die Deutschen, Türken und Aserbaidschaner organisatorisch auszulagern. Zu diesem Zwecke bildeten die Deutschen die DTM, ihre türkischen und aserbaidschanischen Kollegen hingegen eine Gruppe namens „Taifetül Mansura" (deutsch „Die siegreiche Gruppe"). Wie die IJU hielten sich diese Gruppen hauptsächlich in der Gegend von Mir Ali in Nord-Waziristan auf. Ihre Kämpfer nahmen am Aufstand in Afghanistan teil und produzierten eine Reihe von Propagandavideos. In der Öffentlichkeitsarbeit scheint denn auch die wichtigste Funktion der DTM bestanden zu haben.

## 4. Eine Öffentlichkeitskampagne

Die DTM erblickte das Licht der Öffentlichkeit im September 2009 mit einem Video mit dem Titel „Der Ruf zur Wahrheit", in dem ein Sprecher namens Ayyub Almani mit Anschlägen in Deutschland droht und sagt:

> „Erst durch Euren Einsatz hier [in Afghanistan, GS] gegen den Islam wird ein Angriff auf Deutschland für uns Mudschahidin verlockend. Damit auch Ihr etwas von dem Leid kostet, welches das unschuldige afghanische Volk Tag für Tag ertragen muss. [...] Es ist nur eine Frage der Zeit, bis der Jihad die deutschen Mauern einreißt." [7]

Zeitgleich mit diesen Aussagen werden in dem Video Bilder des Brandenburger Tors in Berlin, der Skyline von Frankfurt am Main, des Oktoberfestes in München, des Hamburger Hauptbahnhofs und des Kölner Doms gezeigt. Ablauf und Wortlaut lassen nur die Interpretation zu, dass die DTM hier mit Anschlägen in Deutschland drohte.

Das Video der DTM war Teil einer breiter angelegten Öffentlichkeitskampagne, die in erster Linie darauf abzielte, den Ausgang der Bundestagswahlen am 27. September 2009 zu beeinflussen und einen Abzug der deutschen Truppen aus Afghanistan zu erzwingen. Es war jedoch nicht die DTM, sondern al-Qaida, die die deutlichste Drohung formulierte.

---

[7] „Der Ruf zur Wahrheit" hrsg. von Elif Medya, 24.09.2009. Der Name DTM taucht zum ersten Mal im Untertitel zu den Trainingssequenzen auf: „Das Schießtraining der Deutschen Taliban Mujahidin".

Ebenfalls kurz vor den Wahlen im September veröffentlichte die Organisation ein Video, in dem der Deutsch-Marokkaner Bekkay Harrach Terroranschläge binnen zwei Wochen nach der Wahl ankündigte, sollten die Deutschen Parteien wählen, die die Präsenz deutscher Truppen in Afghanistan unterstützten. Da Harrach als al-Qaida-Mann bekannt war, wuchs die Sorge, dass tatsächlich Anschläge unmittelbar bevorstehen würden. Dass die Organisation nicht auf den Wahlsieg der christlich-liberalen Koalition unter der Führung Angela Merkels reagieren konnte, ließ sie in Deutschland stark an Glaubwürdigkeit einbüßen.

Die Öffentlichkeitskampagne der IJU und ihrer Verbündeten erwies sich als zweischneidiges Schwert für die Organisation und die deutschen Freiwilligen. Zum einen erleichterte die öffentliche Aufmerksamkeit die Rekrutierung neuer Freiwilliger und ließ die Zahl der deutschen und türkischen Kämpfer anwachsen. Die IJU wuchs nach 2006, sodass sie immer mehr zu einer gefährlichen Konkurrenz für ihre Mutterorganisation IBU wurde. Gleichzeitig zogen die IJU und die deutschen Rekruten auch die Aufmerksamkeit der US-Regierung auf sich, die sich ab Oktober 2007 gezielt bemühte, ihre Führung und möglichst viele Kämpfer auszuschalten. Im September 2009 starb der IJU-Führer Jalalov infolge eines amerikanischen Drohnenangriffs. Zwischen 2007 und 2011 starben viele IJU- und DTM-Mitglieder und Deutsche, die sich anderen jihadistischen Organisationen angeschlossen hatten, infolge von Drohnenangriffen und bei Gefechten in Pakistan und Afghanistan.

Die DTM wurde schon im April 2010 zumindest vorübergehend zerschlagen. Ihr Emir Manavbaşı und ihr öffentliches Aushängeschild Breininger wurden bei einem Feuergefecht mit pakistanischen Soldaten getötet.[8] Seitdem gibt es keinen glaubwürdigen Beleg für den Fortbestand der Gruppierung, deren verbliebenen Mitglieder sich anderen Gruppen anschlossen, ebenfalls getötet oder verhaftet wurden oder nach Deutschland zurückkehrten. Auch Bekkay Harrach wurde in Afghanistan getötet. Trotzdem blieb das Problem bestehen. Von den 220 Freiwilligen aus Deutschland, die laut BKA mit Stand Februar 2011 eine Ausbildung in Pakistan absolviert hatten oder auf dem Weg dorthin waren, sollen 110 schon wieder nach Deutschland zurückgekehrt und von denen nur zehn in Haft sein.[9] Die Schwächung der deutschen Jihadisten in Pakistan konnte also kein Anlass für eine Entwarnung in Deutschland sein.

### 5. Neue Strukturen

Die frühen Rekruten für die IJU waren allesamt Freunde oder Bekannte der Sauerland-Gruppe, sodass die Rekru-

[8] Damals kam auch der Berliner niederländische Staatsbürger Danny Reinders um.

[9] Die Zahlen entstammen einem Vortrag von Wolfgang Würz (BKA) auf dem Europäischen Polizeikongress Berlin, 16.02.2011.

tierungszentren der ersten Generation der Pakistan-Reisenden 2006 und 2007 in Ulm und Neu-Ulm (von wo Gelowicz und Selek stammten), im Rhein-Main-Gebiet (Yilmaz) und im Saarland (Schneider) lagen. Das Multikulturhaus in Neu-Ulm, wo bis zum Jahr 2005 der salafistische Prediger Yahia Yusuf jihadistisches Gedankengut verbreitet hatte, bildete den Nukleus des Ulm-Sauerländer Netzwerks.

In den nächsten Jahren nahm die Zahl der Rekrutierungszentren in Deutschland zu. Kleine Gruppen von Freiwilligen reisten 2008 und 2009 aus Bonn, Hamburg und Berlin nach Pakistan. Die Bonner und Hamburger Jihadisten schlossen sich vor allem der al-Qaida und der IBU an, während es die Berliner Kämpfer zur IJU und DTM zog. Die Herkunft der Ausreisefälle verweist auf die Wurzeln der jihadistischen Radikalisierung in Deutschland. Mit nur wenigen Ausnahmen waren die späteren Jihadisten eifrige Besucher salafistischer Moscheen und Kulturzentren. In Neu-Ulm war es bis zu seiner Schließung 2005 das Multikulturhaus, in Bonn die Muhsinin, in Hamburg die al-Quds und in Berlin die an-Nur-Moschee, aus denen die Freiwilligen rekrutiert wurden. „Talentspotter" scheinen an diesen Orten unterwegs zu sein, um mögliche Rekruten zu finden und anschließend jihadistischen Unterricht in Privaträumen anzubieten. Da die salafistische Szene in den letzten Jahren in Deutschland enorm gewachsen ist, dürfte auch das Problem jihadistischer Radikalisierung nicht an Relevanz abnehmen.

Besonders bemerkenswert ist am deutschen Fall, dass es kein Profil des deutschen Jihadisten mehr gibt. Die Sauerland-Gruppe und das sie umgebende Netzwerk bestanden mehrheitlich aus Türken und Deutschen türkischer Abstammung. Dies war insofern eine Neuigkeit, weil Araber bis 2005 in den deutschen jihadistischen Zellen und Gruppen dominiert hatten. Das Ulm-Sauerland-Netzwerk war deshalb das erste Beispiel für eine Gruppe, die alte nationale und ethnische Trennlinien überwand, die auch die Geschichte des islamistischen Terrorismus lange bestimmt hatten. Ausgangspunkt war wiederum das Multikulturhaus, wo Yahia Yusuf den ersten großen Treffpunkt für Türken, Kurden, Araber und deutsche Konvertiten aufgebaut hatte.

Der sich hier abzeichnende Trend setzt sich fort. In einigen der 2009 nach Pakistan ausgereisten Gruppen zeigte sich kein nationales oder ethnisches Profil mehr. Das wichtigste Beispiel war die sogenannte Hamburger Ausreisegruppe, von der einige Mitglieder Deutschland im März 2009 Richtung Pakistan verließen, andere von den Sicherheitsbehörden an der Ausreise gehindert wurden. Sie bestand aus jungen Muslimen unterschiedlichster Herkunft, darunter zwei Iranern, zwei deutschen Konvertiten, einem Franzosen algerischer Abstammung, drei Afghanen und einem Syrer. Einer der Iraner soll sogar ein Konvertit von der Schia zum Sunnitentum gewesen sein.

### 6. Internationalisierung

Die sich hier abzeichnenden Veränderungen im deutschen Jihadismus spiegeln die Internationalisierung des gesamten jihadistischen Spektrums, seiner Ideologien, Strategien und auch der sozialen Basis wider. In der jihadistischen Bewegung hat es immer wieder heftige Debatten darüber gegeben, ob der Kampf eher gegen den „nahen" oder den „fernen" Feind, also gegen die Regime der Heimatländer der Jihadisten in Ägypten oder Saudi-Arabien oder aber gegen die USA, Israel und den Westen insgesamt geführt werden soll.[10] Dominierten 2001 noch die Islamo-Nationalisten, die den Kampf vor allem in ihrem jeweiligen Heimatland führten oder zumindest führen wollten, hat sich dies 2011 geändert. Gleichzeitig hat sich die Struktur der jihadistischen Bewegung verändert. Dominierten 2001 die Araber, so haben andere Nationalitäten und Ethnien an Bedeutung gewonnen. Pakistanis, Zentralasiaten, Türken, Kurden und westliche Konvertiten nehmen eine immer wichtigere Rolle in der Bewegung ein. Dies lässt sich besonders an der Entwicklung der deutschen Szene in aller Deutlichkeit studieren.

[10] Guido Steinberg: Der nahe und der ferne Feind. Die Netzwerke des islamistischen Terrorismus, München, Beck 2005, passim.

# Radikalisieren verboten?

## Praktische Überlegungen zum Verbot islamistischer Missionierungsnetzwerke

*Michael Fischer, Catrin Rieband*

Am 2. März 2011 gab ein 21-jähriger Mann vor dem Flughafen Frankfurt am Main mehrere Schüsse aus einer Handfeuerwaffe auf US-amerikanische Soldaten ab und verletzte vier Truppenangehörige, zwei von ihnen tödlich.

Nach Sichtung seines Profils im sozialen Internetnetzwerk „Facebook" konnte eine sogenannte Freundschaftsbeziehung zum Facebook-Auftritt eines islamistischen Missionierungsnetzwerks festgestellt werden. Zudem ließ sich dort ein Beitrag des Mannes auffinden, der darauf hindeutet, dass er sich mit den Vorträgen eines der Protagonisten dieses Netzwerks auseinandergesetzt hat.

Bedenkt man, dass es sich bei den Geschehnissen vom 2. März 2011 um den ersten „erfolgreich" durchgeführten Anschlag mit islamistischem Hintergrund in Deutschland handelt, stellt sich die Frage nach der Reaktion der Sicherheitsbehörden.

Lassen sich Vorgänge wie die am Frankfurter Flughafen im Vorfeld verhindern? Und wenn ja, wie?

Um derartige Fragen sachgerecht beantworten zu können, ist die Auseinandersetzung mit Funktion und Wirkweisen islamistischer Missionierungsnetzwerke unumgänglich.

Leider ist der Begriff des islamistischen Missionierungsnetzwerks in der sicherheitsbehördlichen Praxis noch nicht hinreichend geklärt, so dass auf Arbeitsdefinitionen zurückgegriffen werden muss.

Das Landesamt für Verfassungsschutz Hessen bedient sich insoweit der folgenden Definition:

Bei einem islamistischen Missionierungsnetzwerk handelt es sich um eine Personenmehrheit, deren gemeinsamer Zweck darin besteht, eine islamistische Ideologie mittels Missionierungsarbeit (arabisch: dawa) zu verbreiten.

Die Vorgänge am Frankfurter Flughafen sprechen jedenfalls dafür, dass die Tätigkeit islamistischer Missionierungsnetzwerke grundsätzlich geeignet ist, Menschen nicht bloß zu missionieren, sondern auch im Sinne einer islamistischen Ideologie zu radikalisieren – und sei es über das Internet.

Damit können solche Missionierungsnetzwerke auch den Grundstein für eine „Extremismuskarriere" legen, die schlimmstenfalls in der Bejahung oder Ausübung von körperlicher Gewalt zur Durchsetzung extremistischer Ziele mündet.

**1. Das Vereinsverbot als Mittel zur Deradikalisierung**

Ein möglicher Ansatz zur Verhinderung extremistischer Karrieren ist der, die Arbeit islamistischer Missionierungsnetzwerke zu erschweren, wenn nicht sogar unmöglich zu machen. Damit besteht immerhin die Chance, extremistischen Predigern den „Nährboden" zu entziehen.

Als ein mögliches Mittel hierzu kommen die Verbotstatbestände des Gesetzes zur Regelung des öffentlichen Vereinsrechts (Vereinsgesetz), das in Ausführung der Regelungen des Art. 9 Grundgesetz ergangen ist,[1] in Betracht.

Das in Art. 9 Grundgesetz statuierte Grundrecht der allgemeinen Vereinigungsfreiheit gewährt in Abs. 1 allen Deutschen das „Recht, Vereine und Gesellschaften zu bilden". Art. 9 Abs. 3 Grundgesetz garantiert mit Blick auf die Arbeitswelt jedem Berufsangehörigen[2] das „Recht, zur Wahrung und Förderung der Arbeits- und Wirtschaftsbedingungen Vereinigungen zu bilden".

Aus Sicht einer Verfassungsschutzbehörde ist Art 9 Abs. 2 Grundgesetz von Bedeutung.

Die Vorschrift lautet:

> „Vereinigungen, deren Zwecke oder deren Tätigkeit den Strafgesetzen zuwiderlaufen oder sich gegen die verfassungsmäßige Ordnung oder den Gedanken der Völkerverständigung richten, sind verboten."

Nun legt die Norm nahe, dass eine Vereinigung, die gegen Strafgesetze verstößt oder sich gegen die verfassungsmäßige Ordnung oder den Gedanken der Völkerverständigung richtet, ohne weiteren Rechtsakt, kraft Verfassung, verboten wäre. Dem ist nach allgemeiner Auffassung nicht so.

Es bedarf vielmehr einer Feststellungsverfügung der zuständigen Verbotsbehörde.[3]

Dies stellt § 3 Abs. 1 Satz 1, 1. Halbsatz Vereinsgesetz klar, der im Übrigen die Verbotstatbestände des Art. 9 Abs. 2 Grundgesetz aufgreift.

Des Weiteren muss ein Verbot dem Grundsatz der Verhältnismäßigkeit entsprechen,[4] insbesondere darf kein milderes Mittel zur Abwehr der verfassungswidrigen Tätigkeit zur Verfügung stehen. So darf der Schutz der betroffenen Rechtsgüter nicht etwa nur durch ein Betätigungsverbot erreicht werden können.[5]

Mit dem Ersten Gesetz zur Änderung des Vereinsgesetzes vom 1. Dezember

---

[1] Reichert: Vereins- und Verbandsrecht, 12. Aufl., Köln, 2010, Rn. 6512. Droste: Handbuch des Verfassungsschutzrechts, Stuttgart, 2007, S. 391.

[2] Cornils in Epping/Hillgruber, GG, München, 2009, Art. 9, Rn. 41.

[3] BVerwG, Urteil I C 37.54 vom 06.12.1956, Rn. 5; BVerwG, Urteil I A 3.76 vom 25.01.1978, Rn. 38; Reichert: a.a.O., Rn. 6544 - sämtliche Entscheidungen werden - soweit nicht anders angegeben - nach dem Internet-„Rechtsportal" juris zitiert.

[4] Cornils: a.a.O., Rn. 35.

[5] Reichert: a.a.O., Rn. 6546; für den Fall des Verbots eines Ausländervereins: BVerwG, Urteil I A 3.76 vom 25.01.1978, Rn. 48.

2001 entfiel das sogenannte Religionsprivileg, sodass nach der Rechtsprechung nun auch Religionsgemeinschaften auf der Grundlage des Vereinsgesetzes verboten werden können, wenn sie die gesetzlichen Voraussetzungen erfüllen.[6]

Damit können in jedem Fall auch islamistische Missionierungsnetzwerke grundsätzlich Gegenstand eines vereinsrechtlichen Verbots werden, wenn sie

a) den Strafgesetzen zuwiderlaufen oder
b) sich gegen die verfassungsmäßige Ordnung oder
c) gegen den Gedanken der Völkerverständigung richten und
d) ein Verbot dem Grundsatz der Verhältnismäßigkeit entspricht.

**2. Strafbares Verhalten als Eingriffsvoraussetzung?**

Der Nachweis einer strafwürdigen Tätigkeit oder eines strafwürdigen Vereinszwecks gelingt erfahrungsgemäß bei der Beurteilung islamistischer Missionierungsnetzwerke nicht. Ihrer Anlage nach präsentieren sie sich in der Öffentlichkeit regelmäßig als Vereinigungen von Personen, die lediglich ihrem Glauben nachgehen wollen und die Gesetze achten. Straftaten können den Verantwortlichen bei deren Handlungen für die Vereinigung in der Regel genauso wenig nachgewiesen werden wie strafbare Vereinszwecke.

Vielmehr werden der Zweck und die Tätigkeiten von islamistischen Missionierungsnetzwerken daraufhin zu prüfen sein, ob sie sich gegen die verfassungsmäßige Ordnung oder den Gedanken der Völkerverständigung richten.

**3. Ausrichtung gegen die verfassungsmäßige Ordnung**

Der Begriff der verfassungsmäßigen Ordnung ist in diesem Sinne eng zu verstehen und gleichbedeutend mit dem der freiheitlichen demokratischen Grundordnung.[7] Diese umfasst mindestens die folgenden Schutzgüter: die im Grundgesetz konkretisierten Menschenrechte, die Volkssouveränität, die Gewaltenteilung, die Verantwortlichkeit der Regierung, die Gesetzmäßigkeit der Verwaltung, die Unabhängigkeit der Gerichte, das Mehrparteienprinzip und die Chancengleichheit der Parteien sowie das Recht auf verfassungsmäßige Bildung und Ausübung einer Opposition.[8]

Stellt etwa ein für ein islamistisches Missionierungsnetzwerk tätiger Prediger die in einem islamischen Staat für bestimmte Delikte vorgesehene „Peitschenhiebstrafe" als positiv dar oder befürwortet er sie gar für hiesige Verhältnisse, kann dies für eine Ausrichtung der Vereinigung gegen das Prinzip der Menschenwürde des Art. 1 Abs. 1 Grundgesetz sprechen.

---

6 BayVGH, Urteil 4 A 06.52 vom 24.01.2007, Rn. 35.

7 BVerwG, Urteil 6 A 4/09 vom 1.9.2010, Rn. 13; BVerwG Urteil 1 A 3/80 vom 2.12.1980, Rn. 61; BayVGH Urteil 4 A 04.532 vom 29.6.2006, Rn. 22; Cornils: a.a.O., Rn. 26; Reichert: a.a.O., Rn. 6557.

8 BVerwG, Urteil 6 A 4/09 vom 1.9.2010, Rn. 13; BVerwG, Urteil 6 A 3/08 vom 5.8.2009, Rn. 44; BVerwG, Urteil 1 A 3/80 vom 2.12.1980, Rn. 61; Cornils: a.a.O., Rn. 26; Reichert, a.a.O., Rn. 6557.

Denn das Auspeitschen von Delinquenten stellt eine grausame, unmenschliche und erniedrigende Form der Bestrafung dar.[9] Der Täter darf nicht zum bloßen Objekt der Verbrechensbekämpfung unter Verletzung seines verfassungsrechtlich geschützten sozialen Wert- und Achtungsanspruchs gemacht werden.[10]

Hieraus folgt, dass Bestrafungen, bei denen nicht nur die körperliche Integrität des Bestraften, sondern – durch den Akt des Schlagens – auch sein Wert als Mensch vermindert wird, nicht mit dem Prinzip der Menschenwürde vereinbar sind. Nach Feststellung des Verwaltungsgerichts Saarland werden Auspeitschungen mit äußerst qualvollen Lederpeitschen und noch dazu von Personen verabreicht, die das gelernt haben. Die Delinquenten werden üblicherweise nach einigen Schlägen ohnmächtig, weil ihnen die Haut buchstäblich vom Leib geschlagen wird.[11]

Befürwortet der Prediger daneben das Recht des Ehemannes, seiner Frau zu verbieten, die Wohnung zu verlassen oder einer Erwerbstätigkeit nachzugehen, kann darin ebenfalls eine Ausrichtung des Missionierungsnetzwerks gegen das Prinzip der Menschenwürde gesehen werden.

Denn Art. 1 Abs. 1 Grundgesetz gewährleistet den Schutz des Menschen als selbstständiger Person. Dem liegt die Vorstellung vom Menschen als geistig-sittlichem Wesen zugrunde, das darauf angelegt ist, in Freiheit sich selbst zu bestimmen und sich zu entfalten.[12] Der Mensch ist nicht verfügbare Sache, er gehört niemandem als sich selbst und muss deshalb stets „Zweck an sich selbst" bleiben.[13]

Indem Frauen das Recht abgesprochen wird, zur Arbeit zu gehen oder die Wohnung zu verlassen, wird ihnen die Eigenschaft einer selbstverantwortlichen Persönlichkeit abgesprochen. Denn hierzu gehört es auch, unabhängig von der Entscheidung eines Ehemannes oder einer anderen (religiösen) Instanz selbstständig über Entfaltungsmöglichkeiten der eigenen Persönlichkeit frei zu entscheiden, zu denen unzweifelhaft die Wahl des Aufenthaltsorts oder die Entscheidung über die Annahme einer Erwerbstätigkeit zählen. Anderenfalls würde die Ehefrau zu einem bloßen „Objekt" ihres Ehegatten herabgewürdigt, der mit ihr nach Belieben umgehen könnte.

#### 4. Zurechnung von Predigten

Die Zurechnung von Äußerungen einzelner Verantwortlicher zum Missionierungsnetzwerk erfolgt im Zweifel nach Maßgabe von § 3 Abs. 5 Vereinsgesetz, nach dem die Verbotsbehörde das Verbot auch auf Handlungen von Mitgliedern des Vereins stützen kann, wenn ein

---

[9] VG Saarland, Urteil 5 K 17/05.A vom 8.11.2005, Rn. 32; vgl. OVG Berlin-Brandenburg, Urteil OVG 3 B 12.07 vom 16.9.2009, Rn. 46; vgl. VGH Baden-Württemberg, Urteil A 13 S 2943/92 vom 10.5.1995, Rn. 42.
[10] BVerfG, Urteil 2 BvR 2029/01 vom 5.2.2004, Rn. 67.
[11] VG Saarland, Urteil 5 K 17/05.A vom 8.11.2005, Rn. 32.
[12] BVerfG, Urteil 1 BvL 14/76 vom 21.6.1977, Rn. 144.
[13] BVerfG, Urteil 1 BvL 14/76 vom 21.6.1977, Rn. 144; Hillgruber in Epping/Hillgruber, GG, München, 2009, Art. 1, Rn. 12.

Zusammenhang zur Tätigkeit im Verein oder zu seiner Zielsetzung besteht, die Handlungen auf einer organisierten Willensbildung beruhen und nach den Umständen anzunehmen ist, dass sie vom Verein geduldet werden.

**5. Ausrichtung gegen den Gedanken der Völkerverständigung**

In diesem Sinne können auch Ausführungen von für die Vereinigung auftretenden Personen zugerechnet werden, wenn sich daraus ergibt, dass sich der Zweck oder die Tätigkeit des Missionierungsnetzwerks auch gegen den Gedanken der Völkerverständigung richtet.

Dies ist dann gegeben, wenn der Zweck oder die Tätigkeit der Vereinigung der friedlichen Überwindung von Interessensgegensätzen von Völkern zuwiderläuft. Davon muss vor allem dann ausgegangen werden, wenn Gewalt in das Verhältnis von Völkern hineingetragen und zur Tötung von Menschen aufgefordert wird. In einem solchen Fall ist es nicht erforderlich, dass die Vereinigung selbst Gewalt ausübt. Der objektive Tatbestand kann auch erfüllt sein, wenn eine Vereinigung eine Gruppierung unterstützt, die ihrerseits durch Anwendung von Gewalt das friedliche Miteinander der Völker beeinträchtigt. Dabei ist auch der Frieden zwischen fremden Völkern vom Verbotsgrund des Art. 9 Abs. 2 GG umfasst. Der Verbotstatbestand ist jedoch nur erfüllt, wenn der Zweck oder die Tätigkeit der Vereinigung geeignet ist, den Gedanken der Völkerverständigung schwerwiegend, ernst und nachhaltig zu beeinträchtigen.[14]

Wird etwa in Veröffentlichungen oder Vorträgen von Missionierungsnetzwerken das Existenzrecht Israels bestritten oder zum bewaffneten Kampf gegen „die Juden", „die Ungläubigen" oder die „amerikanischen Besatzer im Irak" aufgerufen, spricht dies für eine Ausrichtung der Vereinigung gegen den Gedanken der Völkerverständigung.

Diese Äußerungen müssen vor dem Hintergrund des eigentlichen Zwecks der Vereinigung, der Missionierungsarbeit, gedeutet werden. Denn es geht der Vereinigung gerade darum, möglichst viele Menschen dauerhaft für ihre Ideologie zu gewinnen.

Indem der bewaffnete Kampf „zur Verteidigung des Islam" als wesentliches Element dieses Ideologieverständnisses dargestellt wird, werden Lösungsansätze zur friedlichen Überwindung von Interessensgegensätzen von Völkern in den Hintergrund gedrängt. So wird auf lange Sicht eine kämpferische Ideologie vermittelt, die gerade im Hinblick auf Konflikte mit muslimischer Beteiligung nicht an friedlichen Lösungsstrategien orientiert ist.

In subjektiver Hinsicht muss das objektiv gegen den Gedanken der Völkerverständigung gerichtete Verhalten von einem Willen der Vereinigung getragen

[14] BVerwG, EuGH-Vorlagebeschluss 6 A 7/08 vom 24.2.2010, Rn. 44; vgl. Reichert: a.a.O., Rn. 6562.

sein und insbesondere eine Identifizierung mit Gewalttaten bestehen.[15]

Der subjektive Tatbestand mag Probleme bereiten, weil insbesondere das „Getragensein" des Verhaltens von einem Willen der Vereinigung im Detail schwer nachzuweisen sein dürfte.

Wenn jedoch „unter der Flagge" eines islamistischen Missionierungsnetzwerks wiederholt Äußerungen getätigt werden, die sich objektiv gegen den Gedanken der Völkerverständigung richten, müssen die anderen Beteiligten am Netzwerk dafür sorgen, dass dies unterbleibt und sich von früheren Aussagen dieser Art distanzieren. Geschieht dies nicht, so ist zunächst einmal die Schlussfolgerung erlaubt, dass die Vereinigung als solche mit gegen den Gedanken der Völkerverständigung gerichteten Aussagen einverstanden ist und sie mitträgt.

### 6. Aggressiv-kämpferisches Ablehnungsverhalten

Die Rechtsprechung verlangt schließlich eine kämpferisch-aggressive Ablehnungshaltung gegenüber den herrschenden politischen Verhältnissen oder dem geltenden Verfassungsrecht.[16] Insoweit muss die Vereinigung den Verbotstatbestand dadurch erfüllen, dass sie die verfassungsmäßige Ordnung fortlaufend untergraben will.[17] Dafür ist sowohl die Zielsetzung der Vereinigung als auch ihre tatsächliche Betätigung maßgebend. Ihre wahren Ziele lassen sich dabei regelmäßig weniger aus der Satzung oder einem Programm als vielmehr aus dem tatsächlichen Verhalten der Vereinigung, aus ihrem Auftreten in der Öffentlichkeit, ihren Publikationen sowie aus den Äußerungen und der Grundeinstellung ihrer Funktionsträger entnehmen.[18] Einer unmittelbaren oder konkreten Gefährdung der verfassungsmäßigen Ordnung bedarf es hingegen nicht.[19]

### 7. Formelle Probleme

Vielfach wird im Vorfeld vereinsrechtlicher Verbotsmaßnahmen besonders viel, wenn nicht ausschließlich, Wert darauf gelegt, Material zusammenzutragen, mit dem der jeweiligen Vereinigung eine Ausrichtung gegen die verfassungsmäßige Ordnung oder den Gedanken der Völkerverständigung nachgewiesen werden kann. Das ist selbstverständlich wichtig und richtig, sofern darüber hinaus nicht die formellen Voraussetzungen vereinsrechtlicher Maßnahmen vernachlässigt werden. Das ist in den Fällen unbedenklich, in denen es sich um einen (eingetragenen) Missionierungs*verein* handelt. In allen anderen Fällen können sich hier erhebliche Problemstellungen ergeben:

Handelt es sich überhaupt um einen Verein im Sinne des Vereinsgesetzes? Oder bloß um einen Personenzusam-

---

15 BVerwG, EuGH-Vorlagebeschluss 6 A 7/08 vom 24.2.2010, Rn. 44.

16 Vgl. BVerfG, Urteil 1 BvB 2/51 vom 17.8.1956, KPD-Urteil, Rn. 220; Cornils: a.a.O., Rn. 27.

17 BVerwG, Urteil 6 A 4/09 vom 1.9.2010, Rn. 13; BVerwG, Urteil 6 A 3/08 vom 5.8.2009, Rn. 44; BVerwG, Urteil 1 A 3/80 vom 2.12.1980, Rn. 48; Reichert: a.a.O., Rn. 6558.

18 BVerwG Urteil 6 A 4/09 vom 1.9.2010, Rn. 14; BVerwG, Urteil 6 A 3/08 vom 5.8.2009, Rn. 45; Nieders. OVG, Urteil 11 K 854/98 vom 29.3.2000, Rn. 50; vgl. Reichert: a.a.O., Rn. 6558.

19 BVerwG, Urteil 1 A 3/80 vom 2.12.1980, Rn. 48; Cornils: a.a.O., Rn. 27.

menschluss, dessen innere Struktur so schwach ausgeprägt ist, dass er von den Regelungen des Vereinsgesetzes unberührt bleibt?

Schon der Begriff des islamistischen Missionierungs*netzwerks* legt nahe, das diese Fragen unter Umständen viel Raum fordern. Insoweit bietet es sich an, bereits in der Phase der Informationserhebung darauf zu achten, dass auch zur Beurteilung formeller Aspekte aussagekräftiges Material zur Verfügung steht.

### 8. Verbotsfähigkeit islamistischer Missionierungsnetzwerke

Vereinsrechtliche Verbotsüberlegungen setzen voraus, dass es sich bei der zu prüfenden Personenstruktur überhaupt um einen Verein im Sinne des Vereinsgesetzes handelt.

Gemäß § 2 Abs. 1 Vereinsgesetz ist ein Verein jede Vereinigung, zu der sich eine Mehrheit von Personen für längere Zeit zu einem gemeinsamen Zweck freiwillig zusammengeschlossen hat und die einer organisierten Willensbildung unterliegt.

Lässt sich der gemeinsame (Vereins-)Zweck im Fall von islamistischen Missionierungsnetzwerken regelmäßig mit der oben verwendeten Arbeitsdefinition noch vergleichsweise leicht begründen und mit Tatsachen belegen, erfordert der Nachweis einer organisierten Willensbildung zumeist einen erheblichen Ermittlungs- und Begründungsaufwand.

### 9. Gründungsakt

Ein Zusammenschluss im Sinne des Vereinsbegriffes setzt ein gewolltes Handeln in Bezug auf die Vereinsgründung voraus. Die Verbindung der in Betracht kommenden Personen muss durch einen konstitutiven Akt zustande gekommen sein, der unter den Mitgliedern ein rechtliches Band schafft. Ein solcher konstitutiver Akt setzt aber keinen Vertrag oder Ähnliches voraus, vielmehr ist jeder rechtserhebliche Akt zur Vereinsgründung ausreichend. Auch ein stillschweigendes Übereinkommen genügt zur Vereinsbildung, wenn aus den Umständen des Einzelfalles der Wille zur Vereinsgründung hervorgeht.[20]

Bei den meisten heute bekannten Missionierungsnetzwerken wird man eine konstituierende Mitgliederversammlung vergeblich suchen. Dennoch verfügen viele über einen Internetauftritt, in dem sich Informationen zu den handelnden Personen sowie zu Ausrichtung und Motivation des Netzwerks als solchem finden lassen. Diese Internetseiten enthalten gelegentlich Hinweise auf einen Gründungsakt, auch wenn dieser nicht immer mit einem genauen Datum angegeben ist. Manchmal geben die Handelnden aber auch das Jahr an, von dem sie selbst sagen, dass sie mit ihrer Missionierungsarbeit begonnen haben.

Findet man derartige Anhaltspunkte nicht, muss auf den Zeitpunkt zurückgegriffen werden, an dem das Netzwerk nach dem Kenntnisstand der Sicherheits-

[20] BT-Drs. IV/430, S. 10; OVG Sachsen-Anhalt, Urteil 3 K 380/10, vom 20.10.2010, Rn. 27; Reichert: a.a.O., Rn. 6518.

behörden erstmals tätig wurde. Denn dadurch, dass mehrere Personen mit der gemeinsamen Missionierungsarbeit beginnen und dies nicht nur ein einmaliges Ereignis bleibt, wird zumindest deutlich, dass sie sich - wenngleich stillschweigend - willentlich zu diesem Zweck zusammengeschlossen haben.

**10. Organisierte Willensbildung**

Ein weiteres Problem stellt der Nachweis einer organisierten Willensbildung in der Vereinigung dar.

Eine organisierte Willensbildung, durch die sich die Vereinigung von bloßen Versammlungen oder ähnlich lockeren Zusammenschlüssen unterscheidet, liegt immer dann vor, wenn der Verein eine vom Willen des einzelnen Mitglieds losgelöste Gesamtwillensbildung besitzt und das Einzelmitglied kraft der Verbandsdisziplin dieser Gesamtwillensbildung unterworfen ist.[21]

Zur näheren Konkretisierung des Erfordernisses einer hinreichend festgefügten Organisationsstruktur hat sich die Rechtsprechung in jüngerer Zeit an den in der strafgerichtlichen Praxis zu § 129 Strafgesetzbuch (Mitgliedschaft in einer kriminellen Vereinigung) entwickelten Kriterien orientiert, und zwar obwohl die Rechtsprechung der Strafgerichte „nicht in vollem Umfang auf die Auslegung des Vereinigungsbegriffes im Sinne des Art. 9 Abs. 1 Grundgesetz und § 2 Abs. 1 Vereinsgesetz übertragbar ist".[22] Dies ist indessen keine völlig neue Erkenntnis:

Bereits 1963 hat das Bundesverfassungsgericht Art. 9 Abs. 2 Grundgesetz als „Gegenstück"[23] des § 129 Strafgesetzbuch bezeichnet und damit auf die „teilweise übereinstimmende Zweckbestimmung" beider Normen abgestellt.[24]

Der Vereinigungsbegriff des § 129 Strafgesetzbuch setzt nach ständiger Rechtsprechung des Bundesgerichtshofs in Strafsachen einen auf eine gewisse Dauer angelegten organisatorischen Zusammenschluss (von mindestens drei Personen) voraus, die bei Unterordnung des Willens der Einzelnen unter den Willen der Gesamtheit gemeinsame Zwecke verfolgen und unter sich derart in Beziehung stehen, dass sie sich untereinander als einheitlicher Verband fühlen. In organisatorischer Hinsicht ist eine interne Verbandsstruktur dergestalt erforderlich, dass sich die arbeitsteilig koordinierte Durchsetzung der Vereinigungsziele nach bestimmten Gruppenregeln vollzieht. Hinzukommen muss die subjektive Einbindung der Beteiligten in den internen Willensbildungsprozess der Vereinigung.[25]

In seiner neueren Rechtsprechung verlangt der Bundesgerichtshof in organisatorischer Hinsicht dazu „mehr als nur rudimentäre Organisationsformen".

---

21 BT-Drs. IV/430, S. 10; OVG Sachsen-Anhalt, Urteil 3 K 380/10, vom 20.10.2010, Rn. 27; Reichert: a.a.O., Rn. 6518.

22 OVG Sachsen-Anhalt, Urteil 3 K 380/10, vom 20.10.2010, Rn. 29.

23 BVerfG, Entscheidung 2 BvL 7/61, 2 BvL 2/63, 2 BvL 9/63 vom 30.10.1963, Rn. 37.

24 Vgl. OVG Sachsen-Anhalt, Urteil 3 K 380/10, vom 20.10.2010, Rn. 29.

25 OVG Sachsen-Anhalt, Urteil 3 K 380/10, vom 20.10.2010, Rn. 28; BGH, vgl. Beschluss StB 12/07, StB 13/07, StB 47/07 vom 20.12.2007, Rn. 31, 41; von Heintschel-Heinegg in von Heintschel-Heinegg, StGB, München, 2010, § 129, Rn. 4, 4a.

Vielmehr ist eine „ausgeprägte Organisationsstruktur" erforderlich.[26]

Andererseits ist der Vereinigungsbegriff im Sinne von Art 9 Abs. 1 Grundgesetz und § 2 Abs. 1 Vereinsgesetz vor dem Hintergrund eines effektiven Grundrechtsschutzes weit auszulegen. So genügen hier bereits zwei Personen zur Bildung eines Vereins. Vor allem sind aber an die zeitliche Dauer und die organisierte Willensbildung keine hohen Anforderungen zu richten.[27]

Was aber für die Eröffnung des Schutzbereichs des Art. 9 Abs. 1 Grundgesetz gilt, muss auch für die Verbotstatbestände des Art. 9 Abs. 2 Grundgesetz i.V.m. § 3 Abs. 1 Vereinsgesetz gelten. Wenn für den Grundrechtsschutz von Vereinigungen niedrige Hürden bestehen, ist derselbe Maßstab auch bei vereinsrechtlichen Verbotsmaßnahmen anzulegen.

In diesem Sinne bleiben die in der strafgerichtlichen Praxis entwickelten Kriterien lediglich Orientierungshilfen, die insbesondere hinsichtlich des Erfordernisses einer festgefügten Organisationsstruktur keinen konstitutiven Charakter haben können.

Soweit sich also Hinweise auf ein arbeitsteiliges Vorgehen der für das Missionierungsnetzwerk Handelnden ergeben, soweit Absprachen mit Blick auf die Missionierungsarbeit stattfinden oder sogar Leitungs- und andere Funktionen zugewiesen werden, vermag dies für eine organisierte Willensbildung innerhalb eines islamistischen Missionierungsnetzwerks zu sprechen.

**11. Inländer- oder Ausländerverein?**

Auch die Frage, ob es sich um einen Inländerverein (auch als „Deutschen"-Verein bezeichnet) oder einen Ausländerverein handelt, kann im Einzelfall schwierig werden.

Die Frage ist keineswegs akademisch. So gelten für den Inländerverein die Verbotstatbestände des § 3 Abs. 1 Vereinsgesetz. Ausländervereine können nach den Vorschriften des § 14 Abs. 2 Vereinsgesetz verboten werden.

Gemäß § 14 Abs. 1 Vereinsgesetz sind Vereine mit Sitz im Inland dann als Ausländervereine zu betrachten, wenn deren Mitglieder oder Leiter sämtlich oder überwiegend Ausländer sind.

Zur Beantwortung der Frage, um welche Art von Verein es sich handelt, kommt es auf die tatsächliche Verteilung der Funktionen und Entscheidungsbefugnisse zwischen Deutschen und Ausländern innerhalb der Vereinigung an.[28]

Insoweit empfiehlt es sich auch hier, in der Phase der Informationserhebung wenigstens die Staatsangehörigkeit der einzelnen Funktionsträger islamistischer Missionierungsnetzwerke zu ermitteln.

Die Ermittlung der Staatsangehörigkeit aller Mitglieder dürfte hingegen nicht in allen Fällen möglich sein. Gerade bei Missionierungsnetzwerken, die nicht die Form des „klassischen" eingetragenen

[26] BGH, Beschluss StB 12/07, StB 13/07, StB 47/07 vom 20.12.2007, Rn. 41.
[27] Cornils: a.a.O., Rn. 5.
[28] BVerwG, Beschluss 1 VR 2/95 vom 06.09.1995, Rn. 22; Reichert: a.a.O., Rn. 6749.

Vereins angenommen haben, ist das oft problematisch. Bei Personen, die keine Funktionsträger sind, fällt eine eindeutige Abgrenzung zwischen „echtem" Mitglied und „einfachem" Anhänger oder Sympathisanten schwer: Es fehlen häufig Erkenntnisse, die einen Willen, Mitglied zu sein, im Einzelfall belegen können.

In solchen Fällen kann die Mitgliedseigenschaft oft nur denjenigen gerichtsfest zugewiesen werden, die eine Funktion im Netzwerk übernommen haben. Denn ein von einer Funktion innerhalb der Vereinigung getragenes Engagement spricht deutlich dafür, dass mehr als nur die reine Bereitschaft dazu besteht, sich als Teil der Vereinigung zu fühlen und sich in das jeweilige Vereinsgefüge einzuordnen.

### 12. Zuständigkeit des Landes oder des Bundes?

Auch die Frage der Zuständigkeit kann gelegentlich problematisch sein.

Nach § 3 Abs. 2 Vereinsgesetz gilt: Erstrecken sich Organisation und Tätigkeit einer Vereinigung erkennbar auf das Gebiet eines Bundeslandes, ist regelmäßig die oberste Landesinnenbehörde für die Durchführung eines Verbotsverfahrens zuständig. Sofern allerdings die Vereinigung über das Gebiet eines Bundeslandes hinaus durch nicht ganz unbedeutende Tätigkeiten in Erscheinung tritt, fällt ein Verbot in die Zuständigkeit des Bundesministeriums des Innern. Dies gilt auch dann, wenn diese Tätigkeiten für sich genommen nicht den Verbotstatbestand des Art. 9 Abs. 2 GG erfüllen.[29]

Nach Auffassung des Bundesverwaltungsgerichts besteht der Sinn der Zuständigkeitsregelung des § 3 Abs. 2 Vereinsgesetz darin, die Zuständigkeitsfrage anhand klarer Maßstäbe rasch und eindeutig zu beantworten.[30]

Was sich so eindeutig und klar anhört, kann in der Praxis allerdings kompliziert sein.

So musste das OVG Niedersachsen in einem Urteil vom 29. März 2000 die Frage klären, ob das Land Niedersachsen für das Verbot eines in Hamburg eingetragenen und in Niedersachsen tätigen Vereins zuständig ist.[31]

Hierzu griff das Gericht auf den Regelungsgehalt von Art. 84 Abs. 1 Grundgesetz zurück. Danach soll die Verbotszuständigkeit grundsätzlich dann weiterhin beim Land verbleiben, wenn der *Tätigkeitsschwerpunkt* der Vereinigung sich auf den Bereich eines Bundeslandes beschränkt.[32]

Insoweit ist es in vielen Fällen Wertungsfrage, ob die Zuständigkeit beim Bund oder beim Land verbleibt.

Dies lässt sich gut am Beispiel der Schulungen verdeutlichen, in denen die islamistische Ideologie an Interessierte

---

[29] BVerwG, Urteil 1 A 89/83 vom 18.10.1988, Rn. 23; Nieders. OVG, Urteil 11 K 854/98 vom 29.3.2000, Rn. 40; Reichert, a.a.O., Rn. 6565.

[30] BVerwG, Urteil 1 A 89/83 vom 18.10.1988, Rn. 23.

[31] Nieders. OVG, Urteil 11 K 854/98 vom 29.3.2000, Rn. 8.

[32] Nieders. OVG, Urteil 11 K 854/98 vom 29.3.2000, Rn. 40.

vermittelt wird. Derartige Unterrichte finden häufig mehrtägig statt und haben Seminarcharakter. Daher verwenden die Sicherheitsbehörden hierfür auch den Begriff „Islamseminar".

Seit einiger Zeit zeigt sich, dass der Ruf eines Missionierungsnetzwerks und seiner Prediger auch von deren Fähigkeit abhängt, überregional beachtete Islamseminare zu veranstalten.

Hierzu können Interessierte aus ganz Deutschland anreisen. Wird dann eine ideologisch „dichte" Atmosphäre erzeugt und empfinden die Teilnehmer die Schulung als gut und weiterführend, spricht sich dies in islamistischen Kreisen herum. In der Folge kann es vorkommen, dass die Verantwortlichen eines Missionierungsnetzwerks um weitere Vorträge gebeten werden, zum Teil sogar um Auftritte in anderen Bundesländern. So erschließen sich die Netzwerke nach und nach ein größeres Personenpotenzial für ihre Missionierungsarbeit.

Für die Prüfung der Zuständigkeit ergibt sich daraus Folgendes:

Verhältnismäßig klar ist die Zuständigkeit dann, wenn ein islamistisches Missionierungsnetzwerk Schulungsveranstaltungen in verschiedenen Bundesländern veranstaltet. Dann ist in jedem Fall der Bund für ein Verbot zuständig.

Veranstaltet ein Netzwerk jedoch im Jahr z.B. nur vier Schulungen in anderen Bundesländern, bietet dafür aber an seinem Sitz wöchentlich mehrere kleinere Unterrichtseinheiten an, stellt sich die Frage nach dem Tätigkeitsschwerpunkt.

In diesem Beispiel ist die Zahl der Schulungen in anderen Bundesländern geringer als die Zahl der Unterrichte am Sitz des Netzwerks. Insoweit könnte man auf den Gedanken verfallen, dass der Tätigkeitsschwerpunkt in dem Land liegt, in dessen Zuständigkeitsbereich das Missionierungsnetzwerk seinen Sitz hat.

Diese Auffassung würde jedoch die grundsätzliche Entscheidung des Vereinsgesetzgebers für eine Zuständigkeit des Bundes im Falle von länderübergreifenden Tätigkeiten von Vereinen verkennen. Legt man diese Entscheidung zugrunde, so müssen die in anderen Bundesländern ausgeübten Tätigkeiten so unwesentlich sein, dass sich ein eindeutig zuzuweisender Tätigkeitsschwerpunkt in einem bestimmten Land ergibt.

Begründet aber bereits die zahlenmäßig weniger ausgeprägte Tätigkeit des Netzwerks für sich genommen eine Zuständigkeit des Bundes, können weitere Tätigkeiten der Vereinigung daran nichts mehr ändern.

Veranstaltet ein islamistisches Missionierungsnetzwerk z.B. im Jahr vier Schulungen in anderen Bundesländern, ergibt sich hieraus bereits eine Zuständigkeit des Bundes. Denn gemessen am Vereinszweck, der Missionierungsarbeit, kann die Vermittlung des eigenen Ideologieverständnisses an einen größeren als üblicherweise erreichbaren Personenkreis nicht als unwesentlich betrachtet werden.

Denn Missionierungsarbeit ist ihrem Wesen nach gerade darauf ausgerichtet, möglichst viele Interessierte zu erreichen.

**13. Sinnhaftigkeit von Vereinsverboten?**
Angesichts der oben beschriebenen hohen rechtlichen Hürden und der praktischen Schwierigkeiten, ein Verbot religiöser Vereine gerichtsfest zu begründen, muss die Frage erlaubt sein: Sind derartige Verbote nachhaltig nützlich und sinnvoll, oder sind sie nicht eher kontraproduktiv?

Für ein Verbot sprechen insbesondere folgende Aspekte: Die Strukturen der entsprechenden extremistischen Bestrebung werden geschwächt oder zerstört. Ein eventuell vorhandenes Vereinsvermögen wird gemäß § 3 Abs. 1 Satz 2 i.V.m. § 10 Vereinsgesetz „in der Regel" beschlagnahmt und eingezogen. Damit werden Finanzierungswege und -möglichkeiten für die zukünftige Missionierungsarbeit erschwert, wenn nicht unterbunden. Durch den Wegfall der bisherigen Organisationsstrukturen wird es der Vereinigung erschwert, weiterhin öffentlich zu agieren und offen für ihre verfassungsfeindlichen Ziele zu werben. Zumindest ein Teil der Anhänger und Sympathisanten der Organisation wird sich durch ein Verbot von der weiteren Betätigung für die Vereinigung abschrecken lassen.

Darüber hinaus setzt der Staat mit einem Verbot ein klares politisches Signal. Er macht unmissverständlich deutlich, dass die Aktivitäten islamistischer Missionierungsnetzwerke in einem demokratischen Rechtsstaat nicht geduldet werden. Diejenigen, die Vereinsverbote in ihrer Wirksamkeit kritisch betrachten, führen insbesondere folgende Aspekte an: Vereinsverbote seien letztlich kontraproduktiv, da sie zu einer höheren Konspiration nicht nur der verbotenen Vereinigung, sondern auch anderer Gruppen führen würden. Die Verfassungsschutzbehörden befürchten regelmäßig, dass durch Vereinsverbote ihre Nachrichtenzugänge verschüttet, Quellen gefährdet oder verunsichert und unter Umständen sogar „Märtyrer" geschaffen würden. Auch die Gefahr einer möglichen Aufwertung der Organisation durch ein Verbot sei zu bedenken.[33]

Generell ungeeignet sind Vereinsverbote allerdings in den Fällen, in denen eine Organisation nur lose strukturiert ist und vorwiegend im Untergrund mit konspirativen Mitteln agiert. In diesen Fällen sind in der Regel weder die Organisationsstrukturen noch die materiellen Verbotstatbestände hinreichend nachweisbar. Auch bleiben wegen des ohnehin bereits vorhandenen hohen Konspirationsgrades in diesen Fällen die positiven Effekte einer Zerschlagung von Organisationsstrukturen weitgehend aus, weil die Mitglieder derartiger Organisationen in der Regel problemlos auf andere Organisationsstrukturen ausweichen, um ihre Aktivitäten fortzusetzen.

Alle oben genannten für und gegen ein Vereinsverbot sprechenden Aspekte

[33] Vgl. dazu eine Zusammenfassung bei Cornelia Grundmann: Das Vereinsverbot – ein überholtes Instrument der streitbaren Demokratie?, in Verfassungsschutz: Bestandsaufnahme und Perspektiven – Beiträge aus Wissenschaft und Praxis, Hrsg.: Bundesministerium des Innern, Bonn 1998, S. 120ff.

sind auch bei der Prüfung eines Verbots islamistischer Missionierungsnetzwerke zu beachten. Insoweit ist jeweils eine sorgfältige Einzelfallprüfung vorzunehmen, um die Sinnhaftigkeit eines konkreten Verbotsvorhabens abzuwägen.

## 14. Fazit

Vereinsverbote sind grundsätzlich ein geeignetes Mittel zur Bekämpfung islamistischer Missionierungsnetzwerke. Verbote sind aber immer nur die Ultima Ratio. Sie sind erst dann einzusetzen, wenn andere, mildere Mittel nicht den gewünschten Erfolg bringen. Vorrang hat insbesondere die geistig-politische Auseinandersetzung, mit der der Verfassungsstaat letztlich die Stärke beweisen muss, sich im Rahmen der politischen Meinungsvielfalt auch mit extremistischen Positionen auseinanderzusetzen.
Wird ein islamistisches Missionierungsnetzwerk verboten, muss allerdings in der Folge auch konsequent mit der Frage der Verfolgung von Nachfolge- und Ersatzorganisationen umgegangen werden. Deren Verbot bedarf gemäß § 8 Abs. 2 Vereinsgesetz einer besonderen Feststellungsverfügung. Da sich die entsprechenden Nachfolgeaktivitäten sowohl länderübergreifend als auch regional begrenzt abspielen können,[34] ist zwischen Bund und Ländern unbedingt ein Grundkonsens hinsichtlich des Umgangs mit solchen Nachfolge- und Ersatzstrukturen herbeizuführen. Ansonsten besteht die Gefahr, dass ein Verbot letztlich in Leere läuft, wenn die Mitglieder des verbotenen Missionierungsnetzwerkes ungehindert auf Nachfolge- und Ersatzstrukturen ausweichen können.

So müssen vor allem der strafrechtliche Rahmen des § 20 Vereinsgesetz sowie der §§ 85, 86 und 86a Strafgesetzbuch konsequent angewendet werden.

In jedem Fall muss gerade auch bei islamistischen Missionierungsnetzwerken als religiösen Vereinigungen das Vorliegen der Verbotsvoraussetzungen und deren Beweisbarkeit sorgfältig und mit hoher Professionalität geprüft werden. Denn ein Verbot, das später gerichtlich aufgehoben wird, schadet mehr, als es nutzt, da es dem Betreffenden die Möglichkeit gibt, das gerichtliche Obsiegen propagandistisch auszunutzen und letztlich sogar weitere Mitglieder und Anhänger zu gewinnen. Ebenso ist jeweils kritisch zu überprüfen, ob das zu verbietende Missionierungsnetzwerk tatsächlich so bedeutsam und einflussreich für die islamistische Szene und die Radikalisierung junger Muslime ist, dass ein Verbot gerechtfertigt erscheint. Denn nichts wäre fataler, als dass durch ein Verbot das Netzwerk und dessen handelnde Personen in einer Art und Weise aufgewertet würden, die ihnen für mögliche Nachfolgestrukturen und -aktivitäten gerade noch zusätzliche Anhänger und Unterstützer zuführt.

[34] Dies ist für die Frage der Zuständigkeit für den Erlass der Feststellungsverfügung von Bedeutung. Für länderübergreifend aktive Nachfolge- und Ersatzorganisationen wird die Verfugung vom Bundesinnenministerium erlassen, für regionale Nachfolge- und Ersatzorganisationen von den jeweiligen Landesinnenbehörden.

Gestern - Heute - Morgen -

GESCHICHTLICHER R

Ein spannendes Verhältnis: Verfassungs

Jihad im Sauerland

RECHTSEXTREMISMUS Antisemitisch motivierte Straftat

ie Jungen Nationaldemokraten

chon sicher? Die Durchführung von Sicherheitsüberprüfungen

0 Jahre Landesamt für Verfassungsschutz Hessen

Verfassungsschutz im 21. Jahrhundert Verfas

60 Jahre

Die Verfassungsschutzberichte des Landes He

Abschied vom Trennungsgebot

ungsschutz und Öffentlichkeit

Radikalisieren verboten?

n von Beleidigungen bis zu Gewalttaten

Gescheiterte Revolutionsträume:

Wer ist schon sicher?

hutz in der freiheitlichen Demokratie

Verfassungsschutz im 21. Jahrhundert Verfassungs

GESCHICHTLICHER RÜCKBLICK 60 Jahre Land

Die Verfassungsschutzberichte des

PERSPEKTIVEN DES VERFASSUNGSSCHUTZES

Abschied vom Trennungsgebot

RECHTSEXTREMISMUS

Die Jungen Nationalde

Die Enttarnung der geheimen „Militärorganisation"

cher? Die Durchführung von Sicherheitsüberprüfungen

ndesamt für Verfassungsschutz Hessen

Verfassungssc

60 Jahre Landesamt fü

Die Verfassungsschutzbericht

# RECHTSEXTREMISMUS

# Antisemitisch motivierte Straftaten von Beleidigungen bis zu Gewalttaten

## Eine Analyse zu Ausmaß, Deliktarten, Entwicklung und Tätern

*Armin Pfahl-Traughber*

### 1. Einleitung und Fragestellung

Antisemitismus artikuliert sich nicht nur in Auffassungen und Propaganda, die etwa in Einstellungen in der Bevölkerung oder Publikationen von Extremisten zum Ausdruck kommen. Immer wieder berichten Medien auch von antisemitisch motivierten Straftaten: Dazu gehören Brandanschläge auf Synagogen, Pöbeleien gegen Juden, Schändungen von Friedhöfen, Schmierereien an Gedenkstätten oder Zerstörungen von Stolpersteinen. Zwar kann – nimmt man eine vergleichende Betrachtung mit anderen politisch motivierten Delikten vor – nicht von einem besonders hohen Ausmaß antisemitisch motivierter Straftaten gesprochen werden. Gleichwohl stehen solche Taten auch für ein kontinuierlich präsentes Alltagsphänomen in einem Deutschland, das sich als Lehre aus der Geschichte über einen öffentlichen anti-antisemitischen Grundkonsens definiert. Angesichts dieses Hintergrundes verdienen auch Ausmaß, Formen und Täter antisemitisch motivierter Straftaten von Beleidigungen bis zu Gewalttaten kritische Aufmerksamkeit.

Die vorliegende Abhandlung will dazu eine Analyse bezüglich der Erscheinungsformen und Hintergründe vornehmen. Hierbei gilt es zunächst zu berücksichtigen, dass mit der Bezeichnung „Straftaten" die unterschiedlichsten Verstöße gegen geltende Gesetze verbunden sein können. Dazu zählt ebenso die Beleidigung in einem Alltagsgespräch wie die Gewalttat bis zur Tötung. Eine differenzierte Betrachtung und Einschätzung muss demnach nicht nur das quantitative Ausmaß, sondern auch die qualitativen Dimensionen der Straftaten in den Blick nehmen. Hierbei kommt der Gewalt-dimension aufgrund ihrer konkreten Folgen nicht nur für Menschen große Bedeutung zu. Darüber hinaus gibt es im Bereich antisemitisch motivierter Straftaten auch Delikte, die bei kriminellen Handlungen gegenüber Angehörigen anderer ethnischer oder religiöser Gruppen kaum oder nicht ausgemacht werden können. Insbesondere in den Schändungen jüdischer Friedhöfe durch Schmierereien oder Zerstörungen lassen sich solche Besonderheiten antisemitisch motivierter Straftaten sehen.

Um hier Einschätzungen über Ausmaß, Delikte, Entwicklung und Täter formulieren zu können, soll wie folgt vorgegangen werden: Zunächst bedarf es einer Basisinformation über die Erhebung von Daten zu antisemitisch motivierten Straftaten (2.), und deren Entwicklung und Typen (3.). Danach soll anhand von konkreten Beispielen aufgezeigt werden, welche Formen von antisemitisch motivierten Straftaten es gibt. Hierbei erfolgt eine Aufteilung nach Straftaten mit (4.) und ohne Gewaltbezug (5.). Sodann stellt sich die Frage nach den Besonderheiten der Täter, etwa hinsichtlich Alter, Geschlecht und Motivation. Polizeiliche (6.) und wissenschaftliche Erkenntnisse (7.) liefern hier zwar nur begrenzte, aber doch interessante Informationen. Dem folgend gilt die Aufmerksamkeit den Schändungen jüdischer Friedhöfe sowohl in der „alten" Bundesrepublik (8.) und der DDR (9.) wie in der Zeit nach der Wiedervereinigung (10.). Und schließlich soll noch der Blick auf aktuelle Fälle antisemitisch motivierter Straftaten geworfen (11.) werden.

## 2. Die Erhebung von Daten zu antisemitisch motivierten Straftaten

Die folgenden Aussagen über die Entwicklung antisemitisch motivierter Straftaten stützen sich auf die Statistiken der Polizeibehörden. Zwar legen auch einzelne Fachjournalisten oder Nichtregierungsorganisationen Berichte über antisemitische Straftaten vor, wobei die Erhebung aber nicht über einheitliche und systematische Kriterien erfolgt. Bei der polizeilichen Statistik bedarf es gleichwohl der Aufmerksamkeit für zwei Gesichtspunkte: Erstens erfasst man nur Straftaten, die auch angezeigt wurden. Aussagen über darüber hinausgehende „Dunkelziffern" lassen sich demnach nicht machen. Zweitens hängt die Einordnung und Wahrnehmung nicht nur der antisemitisch motivierten Straftaten von den jeweils genutzten Kriterien ab. Demnach kann es auch zu unterschiedlichen Einschätzungen über die Intensität und Quantität solcher Straftaten kommen. Mit dieser Feststellung soll kein Misstrauen gegenüber den Polizeibehörden artikuliert werden. Ebendort änderte man im Bewusstsein hiermit zusammenhängender Probleme auch die Erhebungsmethoden.

Dies geschah etwa 2001 durch die Einführung des Definitionssystems „Politisch motivierte Kriminalität" (PMK)[1], worunter ebenso die antisemitisch motivierten Straftaten fallen. Bereits zuvor hatte man diese seit 1993 gesondert erfasst, wobei aber keine Mehrfachnennungen möglich waren. Demnach mussten Taten, die etwa sowohl einen antisemitischen wie fremdenfeindlichen Hintergrund aufwiesen, nach dem vermuteten Schwerpunkt der Motivation zugeordnet werden. Nach dem Definitionssystem PMK konnten fortan auch Mehrfachnennungen bei der Motivation einer Straftat erfolgen. Hierbei handelt es sich nur um einen im Kontext der Daten zu antisemitischen Delikten bedeutsamen Unterschied. Allein dadurch zeigt sich, dass die Angaben für den Zeitraum vor und nach 2001 nicht miteinander verglichen

[1] Vgl. Bundesministerium des Innern (Hrsg.): Verfassungsschutzbericht 2009, Berlin 2010, S. 35 f.

werden können. Die unterschiedliche Erhebungsmethode ermöglicht demnach auch keine Analyse der quantitativen Entwicklung antisemitischer Straftaten in einem längeren historischen Kontext der Geschichte der Bundesrepublik Deutschland.

Für die Einschätzung einer Tat als antisemitisch gilt entsprechend diesem Erhebungsverfahren allein die Motivation des Täters als entscheidend, womit auch Taten aus dieser Einstellung heraus gegen nicht-jüdische Einrichtungen oder Personen als antisemitisch bewertet werden können. Als Delikttypen lassen sich hier Gewaltdelikte, Propagandadelikte und Volksverhetzungsdelikte unterscheiden. Aufgrund der besonderen Bedeutung der Gewalttaten konzentriert sich die vorliegende Analyse aber nur auf Straftaten mit und ohne Gewaltbezug. Für die folgende Auswertung der polizeilichen Statistik antisemitischer Straftaten verdient darüber hinaus noch die Einteilung der Taten in Richtung der politischen Motivation Beachtung. Das Definitionssystem PMK unterscheidet zwischen „PMK-rechts", „PMK-links", „PMK-Ausländer" und „PMK-sonstige". Demnach schreibt man den Tätern nur noch eine allgemeine politische Orientierung zu und nicht mehr eine dezidierte Absicht zur Beseitigung der freiheitlichen demokratischen Grundordnung.[2]

## 3. Entwicklung und Typen antisemitischer Straftaten

Nach der Betrachtung der Daten zu antisemitisch motivierten Straftaten für den Zeitraum von 2000 bis 2008 lässt sich zur Einschätzung dieser Entwicklung konstatieren: Die Angaben für die Gesamtzahl bewegten sich zwischen dem niedrigsten Wert mit 1.348 Straftaten 2003 und dem höchsten Wert mit 1.748 Straftaten 2005. Bei der Analyse der Statistik fällt jeweils auf, dass die Jahre mit den niedrigeren Zahlen mit 2003 1.348 und 2004 mit 1.449 Straftaten und den höheren Zahlen mit 2005 1.748 und 2006 1.709 beieinanderliegen. Demnach kam es auch von 2004 auf 2005 zu einem relativ starken Anstieg der antisemitischen Straftaten, wofür aber keine Gründe genannt werden können. Betrachtet man nur die Angaben zu antisemitisch motivierten Gewalttaten, so lässt sich für 2001 mit 28 der niedrigste und für 2007 mit 64 Vorfällen der höchste Wert konstatieren. Auch hier zeigt sich ein gewisser Gleichklang für die Jahre 2003 mit 46 und 2004 mit 44 bzw. für 2005 mit 56 und 2006 mit 51 Gewalttaten, ohne dass diese Besonderheit erklärt werden kann.[3]

Bezüglich der erwähnten Unterscheidung von Straftaten mit und ohne Gewaltbezug folgt die vorliegende Analyse der polizeilichen Definition „Politisch

---

[2] Vgl. Bundesministerium des Innern: Antisemitische Straftaten. Hintergrundinformationen zu Erhebungsmethoden, Berlin 2010 (Manuskript).

[3] Die vorgenannten Daten wurden vom Bundesministerium des Innern auf Basis von Informationen des Bundeskriminalamtes zur Verfügung gestellt. Dies gilt auch für alle im Folgenden genannten Zahlen, sofern keine andere Quelle angegeben ist.

motivierter Gewaltdelikte" bezogen auf das Definitionssystem PMK: Demnach werden als Straftaten mit Gewaltbezug folgende Delikte angesehen: Tötungsdelikte, Körperverletzungen, Brand- und Sprengstoffdelikte, Landfriedensbruch, gefährliche Eingriffe in den Schiffs-, Luft-, Bahn- und Straßenverkehr, Freiheitsberaubung, Raub, Erpressung, Widerstandsdelikte und Sexualdelikte. Im Kontext des hier zu behandelnden Themas geht es hauptsächlich um die ersten drei genannten Deliktbereiche, wobei der Schwerpunkt auf Körperverletzungen in Verbindung mit antisemitischen Äußerungen liegt. Demnach werden Sachbeschädigungen bzw. gemeinsame Sachbeschädigungen nicht als Straftaten mit Gewaltbezug behandelt. Dies wäre aber bei den unterschiedlichen Formen von Brandstiftung oder der Herbeiführung einer Sprengstoffexplosion sehr wohl der Fall.

Bei den antisemitisch motivierten Straftaten ohne Gewaltbezug handelt es sich meist um Propaganda- und Volksverhetzungsdelikte, die mit einschlägigen Aussagen im Sinne von Beleidigungen verbunden sind. Neben einer herabwürdigenden Kommentierung über Juden gehört dazu auch die Leugnung des Holocaust. Hiermit einhergehende Straftaten gelten im polizeilichen Sprachgebrauch als „Hasskriminalität", was als Sammelbezeichnung für eine Tatmotivation aufgrund der angeblichen oder tatsächlichen ethnischen oder religiösen Zugehörigkeit des Betroffenen gilt. Bezüglich der als besondere Form antisemitisch motivierter Straftaten anzusehenden Schändungen jüdischer Friedhöfe wäre hier noch darauf hinzuweisen, dass es sich dabei um kein eigenständiges Delikt im Sinne des Strafgesetzbuches und damit der polizeilichen Statistik handelt. Je nach den konkreten Taten im Kontext einer Schändung ordnet man diese unterschiedlichen Straftatbeständen, wie Brandstiftung, Hausfriedensbruch, Sachbeschädigung oder Störung der Totenruhe, zu.

## 4. Beispiele für antisemitische Straftaten mit Gewaltbezug

Worin die antisemitischen Straftaten mit und ohne Gewaltbezug bestehen, soll nun anhand von Beispielen aus den letzten Jahren aufgezeigt[4] werden. Zunächst stehen dabei Körperverletzungen[5] mit antisemitischer Motivation im Zentrum: Anfang Januar 2007 schlugen fünf unbekannte Personen in Berlin einem Geschädigten mit der Faust ins Gesicht nachdem sie zuvor „Du Jude" und „Judenpack, bleib stehen" gerufen hatten. Im April 2007 ging ein unbekannter Täter mit einer Gruppe durch die Innenstadt von Northeim und rief Parolen wie „Judenschweine", woraufhin er von dem Geschädigten angesprochen wurde und er diesem danach mit der Faust ins Gesicht schlug. Im Mai 2007 ging eine

[4] Die folgenden Ausführungen beruhen auf Daten, die vom Bundeskriminalamt zur Verfügung gestellt wurden.
[5] Vgl. § 223 (Körperverletzung) und § 224 (Gefährliche Körperverletzung) des Strafgesetzbuches.

Gruppe von Jugendlichen in Berlin in der S-Bahn mit Worten wie „Scheiß Jude" und „Du gieriger Jude" auf einen Mann mit Kippa zu, und einer schlug ihn mit der flachen Hand ins Gesicht. Im September 2007 rempelte ein unbekannter männlicher Täter in Berlin den Geschädigten beim Vorbeigehen absichtlich an und schrie danach „Judensau, Judenfotze, ich mach dich tot!".

Im Februar 2008 pöbelte in München an einem Bahnsteig der Beschuldigte die Geschädigten mit „Saujuden" und „Scheiß Juden" an und ging sie mit Faustschlägen in Richtung des Kopfes körperlich an. Im März 2008 sprachen zwei unbekannte männliche Personen in Berlin den Geschädigten mit „Du scheiß Jude" an und schlugen mit Glasflaschen auf ihn ein. Im April 2008 wurde in Brandenburg nach einem Kreisklasse-Fußballspiel ein Spieler von einem unbekannten Mann mit den Worten „Ihr Judenschweine, früher hätte euch Hitler vergast" beschimpft und auf das rechte Auge geschlagen. Im Oktober 2008 sprach einer von zwei Beschuldigten in Eisleben den Geschädigten mit den Worten „Wenn ich wiederkomme, hast du die Mütze nicht mehr auf, du siehst aus wie ein Jude" an und schlug ihn nach einer späteren Begegnung mehrmals in Richtung seines Gesichts und trat nach seinem Oberkörper. Im Dezember 2008 warfen unbekannte Täter in Oranienburg mit den Worten „Ihr Judenpack" Steine nach den Teilnehmern eines Gesprächskreises einer Kirche.

Im Januar 2009 beleidigte der Beschuldigte in Ballenstedt den Geschädigten zunächst mit den Worten „Du Judensau gehörst in die Gaskammer" und schlug ihm danach mehrfach ins Gesicht. Im Februar 2009 beschimpften unbekannte Täter in Düsseldorf den Geschädigten mit den Worten „Jude, Jude, hast du Geld, gib Geld", schlugen ihn mit Fäusten ins Gesicht und traten ihm in den Bauch. Im April 2009 wurde ein Feuerwehrmitglied in Mittenwalde von einem unbekannten Täter als „Dreckiges Judenschwein" betitelt, ins Gesicht geschlagen und mehrfach in den Bauch getreten. Im September 2009 beleidigten zwei unbekannte Täter in Buchholz einen Journalisten mit Worten wie „Judenschwuchtel" und „Judenpisse", warfen ihn danach zu Boden und traten nach ihm. Im Oktober 2009 ging der Beschuldigte in Kreuztal auf zwei Personen zu, sprach einen von ihnen mit „Du bist ein Jude" an und trat mit seinen Springerstiefeln gegen dessen Hand, um einen bei fortgesetzter Belästigung angekündigten Handy-Anruf bei der Polizei zu verhindern.

## 5. Beispiele für antisemitische Straftaten ohne Gewaltbezug

Um Formen antisemitischer Straftaten ohne Gewaltbezug exemplarisch zu veranschaulichen, seien die folgenden Beispiele aus den letzten Jahren genannt. Dabei soll es zunächst um unterschiedliche Fälle von Volksverhetzung[6] gehen:

---

[6] Vgl. § 130 (Volksverhetzung) des Strafgesetzbuches.

Im Januar 2007 störten unbekannte Täter in Cottbus den Gedenkgottesdienst zur Erinnerung an die Opfer des Nationalsozialismus und leugneten mit Rufen den Holocaust. Im Juli 2007 erhielt die Jüdische Gemeinde Marburg eine Mail mit Aussagen wie „Der Holocaust ist nie passiert, das ist alles erfunden. Ihr Drecksjuden wollt euch damit nur wichtigtun." Im Januar 2008 beschmierten in Oranienburg unbekannte Täter die dortige Gedenktafel des Todesmarsches mit dem Schriftzug „6 Mill" und „Lüge" und sprühten einen Davidstern und ein Hakenkreuz dazu. Im März 2008 erhielt der Bürgermeister der Gemeinde Bingen eine Mail, worin der Holocaust als „eine totale Märchenerzählung" bezeichnet wurde. Im Mai 2008 streuten unbekannte Täter in Borna Flugblätter mit der Aufschrift „Auschwitz. Ein Lügendenkmal".

Im Februar 2009 beschmierten unbekannte Täter in Ostfildern eine ganze Reihe von Gebäuden, wie Firmen, Kindergärten und Schulen, mit Schriftzügen wie „Es gab keine Gaskammern" oder „Scheiß Juden". Im März 2009 beschmierten ebenfalls unbekannte Täter in Braunschweig ein Einkaufszentrum mit den Schriftzügen „Williamson hat recht, Holocaust gab es nicht" und „Judenpropaganda gegen Deutschland". Im Mai 2009 erhielt die Jüdische Gemeinde zu Berlin eine anonyme Postkarte mit dem Text „Den Holocaust hat es nie gegeben". Im August 2009 sandte der Beschuldigte von München aus einen umfangreichen antisemitischen Brief, worin u. a. der Holocaust geleugnet wurde, an den Zentralrat der Juden in Deutschland. Im September 2009 legten unbekannte Täter in Baiersbronn in einer Klosterkirche Propagandabroschüren u. a. mit der Aufschrift „Juda verrecke" aus. Im Oktober 2009 warfen unbekannte Täter in Berlin ein Schreiben mit beleidigenden Äußerungen über Juden in den Briefkasten einer Rechtsanwaltskanzlei.

Und schließlich sei noch anhand von Beispielen auf die Schändungen jüdischer Friedhöfe hingewiesen. Bei diesen Straftaten geht es um die Deliktform der Störung der Totenruhe[7], die sich in Beschädigungen oder Schmierereien artikuliert: Im August 2007 versahen unbekannte Täter auf dem israelitischen Friedhof in Heilbronn Grabsteine mit Hakenkreuzen. Im September 2007 beschmierten unbekannte Täter ein jüdisches Mahnmal in Hannover mit dem Schriftzug „Judengrab". Im August 2008 stießen zum vierten Mal in vier Wochen unbekannte Täter einen schwarzen Marmorgrabstein auf dem jüdischen Friedhof in Cottbus um. Im November 2008 zerstörten auf dem jüdischen Friedhof Demmin unbekannte Täter acht Grabsteine und die dort abgelegten Kränze zur Erinnerung an die Reichspogromnacht. Im Mai 2009 ritzten unbekannte Täter „Jude" und „R.I.B." in zwei Grabsteine auf dem jüdischen Friedhof in Bolzenburg. Im Juni 2009 setzten unbekannte Täter einen PVC-Eimer vor dem

[7] Vgl. § 168 (Störung der Totenruhe) des Strafgesetzbuches.

Eingangstor des jüdischen Friedhofs in Langenselbold in Brand.

### 6. Polizeiliche Erkenntnisse über die Besonderheiten antisemitischer Straftäter

Was lässt sich nun über die Besonderheiten der antisemitischen Straftäter bezüglich deren sozialer Zusammensetzung sagen? Auskunft darüber können sowohl polizeiliche wie wissenschaftliche Erkenntnisse geben. Hinsichtlich der Einschätzung von deren Aussagekraft bedarf es der Aufmerksamkeit für folgende Gesichtspunkte: Die polizeiliche Statistik entsteht vor einem ganz anderen Erkenntnisinteresse, was deren relativ geringen Informationsgehalt für analytische Fragestellungen erklärt. Es liegen demnach auch nur Daten für einige wenige sozialstrukturelle Merkmale der Tatverdächtigen vor. Zwar sind diese Angaben im Vergleich zu den Daten über andere Straftäter relativ breit ausgerichtet. Um aber tiefergehende Erkenntnisse über die Besonderheiten der antisemitischen Straftäter zu erhalten, bedürfte es einer darüber hinausgehenden Datenerhebung. Dies können sozialwissenschaftliche Analysen leisten, welche aber wiederum auf das Datenmaterial von Gerichten und Polizei angewiesen sind. Später sollen noch die Erkenntnisse einer solchen Studie referiert werden.

Zunächst aber zu den Informationen aus der polizeilichen Statistik: Dabei fällt sowohl für die antisemitischen Straftaten insgesamt wie für die Gewalttaten auf, dass es sich bei den Tatverdächtigen überwiegend um Männer handelt. Im Jahr 2009 waren etwa von 1.138 Tatverdächtigen allgemein 1.041 Personen und von 39 Tatverdächtigen mit Gewaltbezug[8] alle Personen männlichen Geschlechts. Bezüglich des Alters der Tatverdächtigen dominieren die Jüngeren, wobei deren Anteil bei den Tatverdächtigen mit Gewaltbezug etwas höher und demnach im Bereich der Tatverdächtigen allgemein etwas niedriger liegt. Dies können auch hier die Daten aus dem Jahr 2009 veranschaulichen: Bei den Tatverdächtigen mit Gewaltbezug waren 33 unter und sechs über 30 Jahre alt, bei den Tatverdächtigen allgemein waren 819 unter und 319 über 30 Jahre alt. Die Alters- und Geschlechtsverteilung mit dem höheren Anteil der Jüngeren und der Männer entspricht dabei grob der Alters- und Geschlechterverteilung bei Kriminalitätsdelikten ohne politischen Bezug.

Und schließlich kann noch auf die polizeilichen Erkenntnisse zur jeweiligen politischen Motivation verwiesen werden: Hier lässt sich sowohl beim Straftatenaufkommen insgesamt wie bei den Gewalttaten ein klares Schwergewicht im „rechten" Bereich konstatieren. Auch

[8] Mit der Bezeichnung „Tatverdächtige" bzw. „Tatverdächtige allgemein" ist fortan die Gesamtheit aller Tatverdächtiger gemeint. Die Formulierung „Tatverdächtige mit Gewaltbezug" bezieht sich demgegenüber nur auf die Tatverdächtigen, denen eine Gewalttat zur Last gelegt wird. Demnach stellen die Tatverdächtigen mit Gewaltbezug einen Teilbereich der Tatverdächtigen insgesamt dar.

dies veranschaulichen die Zahlen für das Jahr 2009, wo es bei „PMK-rechts" 1.064, „PMK-links" 1 und „PMK-Ausländer" 62 Straftaten gab (11 Straftaten „Sonstige"). Ähnlich verhielt es sich im gleichen Jahr mit der politischen Verteilung bei den antisemitisch motivierten Gewalttaten: „PMK-rechts" 32, „PMK-links" 0 und „PMK-Ausländer" 7 Fälle. Demnach dominiert der Anteil von antisemitisch motivierten Straftaten von „rechts" so stark, dass die anderen Fälle nur recht geringe Anteile ausmachen. Diese Erkenntnis berechtigt zu der These, dass Judenfeindschaft im strafrechtlichen Bereich kaum eine Angelegenheit von „Ausländern" und „Linken" ist – und so im Unterschied zu anderen Ländern Muslime dabei als antisemitisch motivierte Täter nur eine geringe Rolle spielen.

## 7. Wissenschaftliche Erkenntnisse über die Besonderheiten antisemitischer Straftäter

Die Daten aus der polizeilichen Statistik beschränken sich aufgrund des anders gelagerten Erkenntnisinteresses auf die Angaben zu Alter, Geschlecht und politischer Richtung. Darüber hinausgehende Informationen über die soziale Zusammensetzung der Täter lassen sich demgegenüber nur aus einer sozialwissenschaftlichen Analyse der Gerichts- und Polizeiakten gewinnen. Zwar wurden derartige Untersuchungen seit Beginn der 1990er Jahre für den Bereich der fremdenfeindlich motivierten Straftaten angestellt[9], an einschlägigen Forschungen zu den antisemitisch motivierten Straftaten mangelt es aber bislang. Als eine Ausnahme kann die Studie des Soziologen Rainer Erb gelten, nahm er doch Mitte der 1990er Jahre eine entsprechende Auswertung von Informationen über antisemitische Straftäter vor. Auf der Basis von Daten über alle von der Polizei zwischen 1993 und 1995 festgestellten 880 Tatverdächtigen beabsichtigte er, die Entwicklung der Straftaten und die soziodemographischen Hintergründe der Täter aufzuhellen.

Dabei kam Erb zu folgenden Erkenntnissen: Mit 95,2 Prozent waren fast alle Tatverdächtige Männer. Das Alter der Tatverdächtigen reichte von zehnjährigen Kindern bis zu einem 81-jährigen Mann. Die altersbedingt noch nicht strafmündigen Personen hatten sich an Aktionen größerer Jugendgruppen beteiligt und waren in diesem Kontext von der Polizei festgestellt worden. Bei dem 81-jährigen Tatverdächtigen handelte es sich um einen Altnazi, gegen den 31 Ermittlungsverfahren eröffnet worden waren. Der Großteil der Tatverdächtigen gehörte der Altersgruppe zwischen 17 und 24 Jahren an. Gut die Hälfte war unter 22 Jahre, das Durchschnittsalter betrug 34 Jahre. Demnach konnte auch hier ein besonders hoher Anteil von jungen Männern an den Tatverdächtigen ausgemacht werden. Bezüglich der Altersverteilung

[9] Vgl. u. a. Hellmut Willems u. a.: Fremdenfeindliche Gewalt. Einstellungen, Täter, Konflikteskalation, Opladen 1993; Klaus Wahl (Hrsg.): Fremdenfeindlichkeit, Antisemitismus, Rechtsextremismus. Drei Studien zu Tatverdächtigen und Tätern, Berlin 2001.

bei Straftaten mit Gewaltbezug konstatierte Erb gleichlautende Besonderheiten: 80 Prozent aller Tatverdächtigen mit Gewaltbezug waren jünger als 25 Jahre, lediglich fünf Prozent waren älter als 50 Jahre und nur drei Prozent waren Frauen.

Bei der genaueren Betrachtung der Tatverdächtigen mit Gewaltbezug stellte sich heraus, dass 40 Prozent als Mehrfachtäter bekannt waren. Darüber hinaus wurden 70 Prozent aller Gewalttaten in den alten Bundesländern begangen. Hierin kann übrigens ein Unterschied zu den allgemein rechtsextremistisch bzw. den fremdenfeindlich motivierten Gewalttaten der damaligen wie der gegenwärtigen Zeit gesehen werden, liegen doch in diesen Fällen die Schwerpunkte eindeutig in den neuen Bundesländern. Besondere Beachtung verdienen Erbs Ausführungen zu den Häufungen der Tatzeiten, die nicht nur in der wärmeren Jahreszeit oder an den Wochenenden ausgemacht werden konnten. Entgegen weit verbreiteter Annahmen ließen sich zwar keine zeitlichen Übereinstimmungen mit dem christlichen bzw. jüdischen Feiertagskalender ausmachen, was gegen einen religiös motivierten Antisemitismus als Tatmotiv sprach. Gleichwohl bestanden zeitliche Übereinstimmungen mit Feierterminen der rechtsextremistischen Szene wie Hitlers Geburtstag oder Sonnenwendfeiern.[10]

## 8. Friedhofsschändungen in der „alten" Bundesrepublik

Eine Besonderheit antisemitisch motivierter Straftaten besteht in den Friedhofsschändungen, die bei Feindschaft und Gewalt gegen Angehörige anderer Minderheiten nicht bekannt sind. Hierbei handelt es sich bezüglich jüdischer Einrichtungen um eine bis ins Mittelalter zurückreichende Tradition. Seinerzeit wurden Grabplatten und andere Utensilien von Friedhöfen entwendet, um sie für den Bau eigener Gebäude oder andere Zwecke zu nutzen. Dies geschah ebenso aus Gedankenlosigkeit bei der Aneignung wie Geringschätzung gegenüber den Juden. Eine direkte antisemitische Artikulation lässt sich dafür erst seit Mitte des 19. Jahrhunderts belegen, begannen doch nun mutwillige Zerstörungen jüdischer Grabstätten mit Beschmierungen.[11] Nach der Entstehung der völkischen Bewegung artikulierte sich die antisemitische Einstellung auch in einschlägigen Sprüchen. Dies kann ebenso für die Weimarer Republik konstatiert werden, registrierten jüdische Organisationen doch jährlich zwischen sechs und 17 Fälle von Friedhofsschändungen.[12]

Und während der Zeit des Nationalsozialismus sahen sich nahezu alle jüdischen Grabstätten in unterschiedlichem Ausmaß – von der Demontage von Einzelteilen bis zur systematischen Zerstö-

[10] Vgl. Rainer Erb: Antisemitische Straftäter in den Jahren 1993 bis 1995, in: Wolfgang Benz (Hrsg.): Jahrbuch für Antisemitismusforschung 6, Frankfurt/M. 1997, S. 160–180.

[11] Vgl. Marion Neiss: Schändungen jüdischer Friedhöfe im Deutschland des 18. und 19. Jahrhunderts, in: Wolfgang Benz (Hrsg.): Jahrbuch für Antisemitismusforschung 3, Frankfurt/M. 1994, S. 69-92.

[12] Vgl. Dirk Walter: Antisemitische Kriminalität und Gewalt. Judenfeindschaft in der Weimarer Republik, Bonn 1999, S. 157–165.

rung – von Schändungen betroffen. Nach 1945 bzw. 1949 kam es keineswegs zu einem Ende derartiger Untaten, sie setzten sich in geringerer Intensität unter anderen Rahmenbedingungen fort. Betrachtet man die quantitative Entwicklung der gemeldeten Fälle so lagen sie im jährlichen Mittelwert zwischen über zehn und knapp zwanzig: In den 1950er Jahren kam es zu 10,1, in den 1960er Jahren zu 11,4, in den 1970er zu 19,1 und in den 1980er Jahren zu 16,7 Schändungen pro Jahr.[13] Bei diesen Angaben handelt es sich nur um die offiziellen Zahlen, da wohl bei geringeren Beschädigungen oder wenig Hoffnung auf Täterermittlung eine Anzeige unterblieb. In der Tat konnten nur in wenigen Fällen die Verantwortlichen für die Friedhofsschändungen ermittelt werden, wobei es sich zum einen um Jugendliche und zum anderen um Rechtsextremisten handelte.

Um die Letztgenannten als Täter zu identifizieren, bedurfte es meist nicht deren namentlicher Bekanntheit. Dafür sprachen die einschlägigen Schmierereien an den Grabsteinen wie an den Mauern des Friedhofs. Neben Symbolen wie dem Hakenkreuz, den SS-Runen oder einem aufgehängten Davidstern fanden sich Sprüche wie „Es lebe der Führer", „Es lebe die NSDAP", „Heil Hitler" und „Sieg Heil" oder „Juda verrecke", „Juden raus" und „Tod den Juden". Demnach ging es den Tätern um ein Bekenntnis zum Nationalsozialismus und dessen Antisemitismus. Nur in wenigen Fällen fanden sich Schmierereien, die mit Formulierungen wie „Judas Verräter" auf den religiös motivierten Antisemitismus anspielten.[14] Bei den als Täter ermittelten Jugendlichen und Kindern ließ sich in der Regel kein politisches Motiv belegen, sah man die Taten doch meist als Ausdruck von Rowdytum und Vandalismus an. Gleichwohl verdient Beachtung, dass die Schändungen nicht an den vielen christlichen, sondern an den wenigen jüdischen Grabstätten vorgenommen wurden.[15]

## 9. Friedhofsschändungen in der DDR

Derartige Taten fanden auch in der DDR statt, wo sie in der Regel nicht Gegenstand der Medienberichterstattung wurden. Dies erklärt sich aus politischen Gründen der Selbstlegitimation des Staates: Die SED-Diktatur behauptete, mit der Einführung des Sozialismus auch die Grundlagen für den Faschismus und damit auch den Antisemitismus ausgerottet zu haben. Während man in Friedhofsschändungen in der Bundesrepublik einen Beleg für die Fortexistenz oder das Wiederaufleben des Nationalsozialismus sah, nahmen staatliche Stellen derartige Vorkommnisse in der DDR offiziell nicht zur Kenntnis oder deuteten sie als

[13] Vgl. Adolf Diamant: Geschändete Jüdische Friedhöfe in Deutschland 1945 bis 1999, Potsdam 2000, S. 22. Der Autor stützt seine Angaben auf Daten, die er von den Polizei- und Verfassungsschutzbehörden erhielt.

[14] Vgl. Marion Neiss: Diffamierung mit Tradition – Friedhofsschändungen, in: Wolfgang Benz (Hrsg.): Antisemitismus in Deutschland. Zur Aktualität eines Vorurteils, München 1995, S. 140–156.

[15] Vgl. Julius H. Schoeps: Sepulcra hostium religiosa nobis non sunt. Zerstörung und Schändung jüdischer Friedhöfe seit 1945, in: Diamant: Geschändete Jüdische Friedhöfe (Anm. 13), S. 87–95, hier S. 92.

Folge von Alkoholkonsum und Imponiergehabe in der informellen Tätergruppe. Demnach existierte auch keine offizielle Stelle, die mit der Erfassung einschlägiger Daten betraut war, und insofern liegen bis heute keine zuverlässigen Angaben über das Ausmaß der Friedhofsschändungen vor. Es lässt sich gleichwohl eine gewisse Kontinuität derartiger Untaten für den gesamten Zeitraum der Existenz der DDR belegen.

Dafür sprechen eine Reihe von Fällen, die meist auf Meldungen in Schreiben des Verbandes der jüdischen Gemeinden in der DDR zurückgehen und hier exemplarisch zur Veranschaulichung genannt werden sollen: Schon Ende 1949/Anfang 1950 kam es zu Übergriffen und Zerstörungen am Weissenseer Friedhof, welche zu Haftstrafen der Täter zwischen acht und 15 Monaten führten.[16] Aber auch danach fanden immer wieder Schändungen einzelner Grabsteine oder eines ganzen Friedhofs statt, wie im Juni 1954 in Eberswalde (vollständig), im April 1955 in Bernburg (82 Grabsteine), im Oktober 1956 in Schleusingen (20 Grabsteine), im April 1961 in Sondershausen (17 Grabsteine), im Dezember 1964 in Karl-Marx-Stadt (9 Grabsteine), im April 1969 in Ost-Berlin (42 Grabsteine), 1972 in Dresden (ohne Angaben), 1975 in Potsdam (ohne Angaben), 1977 erneut in Dresden (ohne Angaben), im Mai 1982 erneut in Karl-Marx-Stadt (50 Grabsteine), im Herbst 1983 in Eisleben (23 Grabsteine) oder im Mai 1988 in Mühlhausen (35 Grabsteine).[17]

Der politische Umgang mit solchen Schändungen soll hier an zwei Beispielen kurz aufgezeigt werden: Nach der 1983 erfolgten Schändung der erwähnten 23 Grabsteine auf dem jüdischen Friedhof in Eisleben durch Hakenkreuze und SS-Runen bedurfte es zu deren Beseitigung eines fachkundigen Steinmetzes, der sich ebenso wie der Gemeindevorsitzende zur absoluten Verschwiegenheit über dieses Vorkommnis verpflichten musste. In einem späteren Fall nutzte man die öffentliche Berichterstattung über eine Friedhofsschändung, um die Schuld dafür aus propagandistischen Gründen dem Einfluss des Westens zuzuschieben. Sechs Jugendliche, wovon fünf der staatlichen Jugendorganisation FDJ angehörten, hatten im Februar und März 1988 durch das Umstürzen von 98 Grabsteinen den jüdischen Friedhof Schönhauser Allee in Ost-Berlin geschändet. In der DDR-Presse und im Urteil führte man die Tat auf die Einflüsse westlicher Medien zurück, hätten diese doch angeblich faschistische und neonazistische Leitbilder an die ideologisch noch nicht richtig gefestigten jungen Menschen vermittelt.[18]

[16] Vgl. Marion Neiss: Schändungen jüdischer Friedhöfe in Deutschland, in: Wolfgang Benz/Angelika Königseder (Hrsg.): Judenfeindschaft als Paradigma. Studien zur Vorurteilsforschung, Berlin 2002, S. 319–326, hier S. 321.

[17] Vgl. Lothar Mertens: Davidstern unter Hammer und Zirkel. Die Jüdischen Gemeinden in der SBZ/DDR und ihre Behandlung durch Partei und Staat 1945–1990, Hildesheim 1997, S. 263 f.

[18] Vgl. ebenda, S. 265 und 299–303.

### 10. Friedhofsschändungen nach der Wiedervereinigung

Nach der Wiedervereinigung stieg die Zahl der Friedhofsschändungen relativ stark an, lag deren Zahl doch in den 1990er Jahren mit 40,2 pro Jahr doppelt so hoch wie in den vorherigen Jahrzehnten bezogen auf die alte Bundesrepublik. Berücksichtigt man, dass von den rund 1.500 jüdischen Friedhöfen in Deutschland um die 1.300 in den alten und um die 200 in den neuen Bundesländern liegen, kann diese Entwicklung nicht allein mit der Erweiterung der Bundesrepublik Deutschland erklärt werden.[19] Eine differenzierte Betrachtung muss darüber hinaus die relativ geringen Fallzahlen zur Kenntnis nehmen, lässt sich hieraus doch keine Entwicklung mit gesamtgesellschaftlichem Bezug ableiten. Gleichwohl erhöhte sich offenkundig die Bereitschaft antisemitisch motivierter Straftäter zur Begehung von Friedhofsschändungen. Inwieweit dies nun mit einem geänderten Bewusstsein der Täter bezüglich ihres angeblichen oder tatsächlichen gesellschaftlichen Rückhaltes zusammenhängt, lässt sich angesichts des Unwissens um deren Person und Motive nicht sagen.

Ab Ende der 1990er Jahre konnte nicht nur ein quantitativer Anstieg der Friedhofsschändungen, sondern auch eine qualitative Steigerung der Gewaltintensität konstatiert werden: 1999 kam es zu einem Sprengstoffanschlag auf das Grab von Heinz Galinski. Der ehemalige Vorsitzende des Zentralrats der Juden in Deutschland war durch Mahnungen zur Erinnerung an die Judenverfolgung und Warnungen vor Antisemitismus zum Feindbild für die rechtsextremistische Szene geworden. Diesem Anschlag folgten ähnliche Taten wie 2000 der versuchte Sprengstoffanschlag auf dem Friedhof Weisensee und 2001 der Molotowcocktail-Anschlag auf die Aussegnungshalle des Potsdamer Friedhofs.[20] Derartige Aktionen mit solchen technischen Mitteln hatte es bislang bei Friedhofsschändungen nicht gegeben. Die bis heute nicht aufgeklärten Anschläge fielen wohl nicht zufällig in einen Zeitraum, in dem Rechtsextremisten auch gegen andere Einrichtungen, wie eine Ausstellung zu Verbrechen der Wehrmacht, Anschläge ähnlichen Typs verübten.

In der Folgezeit ging zwar die Bereitschaft zur Nutzung von Sprengmitteln bei Friedhofsschändungen zurück, gleichwohl blieben die Taten auf einem quantitativ hohen Niveau. Für den Zeitraum der Jahre 2000 bis 2008 machten die Polizeibehörden insgesamt 471 Straftaten mit dem Angriffsziel „Friedhof" aus, was im Durchschnitt auf rund 59 Taten pro Jahr hinausläuft. Insgesamt stellte man 170 Täter bzw. Tatverdächtige fest. Bezüglich der politischen Verteilung zeigte sich hier ein mittlerweile hinlänglich bekannter Trend: 443 Taten ordneten die Polizeibehörden dem Bereich „PMK-rechts", keine Tat dem Bereich „PMK-links", drei

[19] Vgl. Diamant: Geschändete Jüdische Friedhöfe (Anm. 13), S. 13 und 22.
[20] Vgl. Neiss: Schändungen jüdischer Friedhöfe (Anm. 16), S. 322.

Taten dem Bereich „PMK-Ausländer" und eine Tat dem Bereich „PMK-sonstige" zu (bei den restlichen 24 Taten waren hinsichtlich der Motivation keine Angaben möglich).[21] Demnach kann weiterhin von einer Kontinuität von Friedhofsschändungen gesprochen werden, wobei sich das quantitative Ausmaß selbst unter Berücksichtigung der geänderten Erfassungskriterien offenkundig erhöht hat.

### 11. Aktuelle Beispiele antisemitisch motivierter Straftaten

Auch 2010 kam es regelmäßig zu antisemitisch motivierten Straftaten unterschiedlicher Art[22]: Im Januar wurde die Dorfhainer Kirche mit antisemitischen Parolen wie „Juden raus aus dem Gemeinderat" beschmiert.[23] Im Februar fanden sich ein Hakenkreuz und das Wort „Jude" an dem Anne-Frank-Zentrum in Berlin.[24] Im April schändeten Unbekannte den jüdischen Friedhof in Delitzsch durch das Umwerfen aller Grabsteine und die Zerstörung einer Gedenktafel.[25] Im gleichen Monat wurden auch Grabsteine auf dem jüdischen Friedhof in Heiligenstadt geschändet.[26] Ebenfalls im April wurde die KZ-Gedenkstätte in Hamburg mit Hakenkreuzen, SS-Runen und antisemitischen Parolen beschmiert.[27] Im gleichen Monat warfen Unbekannte Steine auf die Synagoge in Chemnitz.[28] Und ebenfalls im April fanden sich Schmierereien wie „Judenblock" und „Judenunion" am Tribünenbereich eines Fußballstadions in Solingen.[29] Im Mai wurde das Schulgebäude der Anne-Frank-Schule in Güstrow an drei Stellen mit antisemitischen Schmierereien verunziert.[30]

Besondere Aufmerksamkeit erregte im gleichen Monat ein Brandanschlag auf die Synagoge in Worms, wobei das Gebäude an mehreren Stellen mit einer brennbaren Flüssigkeit angezündet wurde.[31] Häufiger kam es auch zur Beschmierung von Stolpersteinen zur Erinnerung an ermordete Juden, wie etwa im Mai in Rummelsburg.[32] Im Juni wurde eine Kreuzberger Kirche mit antisemitischen Parolen und einem Hakenkreuz

---

21 Vgl. Antwort der Bundesregierung auf die Große Anfrage der Abgeordneten Petra Pau, Wolfgang Neskovic, Sevim Dagdelen, weiterer Abgeordneter und der Fraktion „Die Linke": Rechtsextreme Tötungsdelikte seit 1990 und antisemitisch motivierte Schändungen jüdischer Friedhöfe seit 2000, Drucksache 16/14122 vom 7. Oktober 2009, S. 20-37.

22 Da das Bundeskriminalamt aus dem laufenden Jahr keine Angaben macht, wird hier bezüglich Beispielen jeweils auf Meldungen aus der Presse verwiesen.

23 Vgl. Dorfhainer Kirche erneut besudelt, in: www.sz-online.de vom 18. Januar 2010 (gelesen am 8. September 2010).

24 Vgl. Schmierereien im Anne Frank Zentrum, in: www.bz-berlin.de vom 5. Februar 2010 (gelesen am 8. September 2010).

25 Vgl. Frank Fütze: Unbekannte schänden jüdischen Friedhof in Delitzsch, in: www.nachrichten.lvz-online.de vom 6. April 2010 (gelesen am 8. September 2010).

26 Vgl. Fabian Klaus/Reiner Schmalz: Unbekannte schänden jüdischen Friedhof in Heiligenstadt, in: www.tlz.de vom 7. April 2010 (gelesen am 8. September 2010).

27 Vgl. Nazi-Schmiererei in Waldbeker Gedenkstätte, in: Die Welt vom 13. April 2010.

28 Vgl. Neuer Anschlag auf die Synagoge, in: www.sz-online.de vom 16. April 2010 (gelesen am 8. September 2010).

29 Vgl. Schmierereien am Stadion, in: www.solinger-tageblatt.de vom 12. April 2010 (gelesen am 8. September 2010).

30 Vgl. Angriff auf die menschliche Würde, in: www.svz.de vom 10. Mai 2010 (gelesen am 8. September 2010).

31 Vgl. Brandanschlag auf Synagoge in Worms, in: Die Welt vom 18. Mai 2010.

32 Vgl. Stolpersteine in Rummelsburg beschmiert, in: www.berlinonline.de vom 10. Mai 2010 (gelesen am 8. September 2010)

verunziert.[33] Im gleichen Monat bewarfen neun bis 19 Jahre alte Jugendliche deutscher und arabischer Herkunft in Hannover eine Tanzgruppe der Liberalen Jüdischen Gemeinde mit Kieselsteinen.[34] Im Juli brachen Unbekannte in Gera erneut Stolpersteine aus einem Gehweg.[35] Im gleichen Monat wurden auf dem jüdischen Friedhof in Bocholt zehn Grabsteine mit den Schriftzügen „Chriss ist ein Jude", „Hure" und „Jude!" beschmiert.[36] Im August zündeten Unbekannte die jüdische Begräbnishalle in Dresden-Johannstadt an, wobei dieser Tat Brandstiftungen gegenüber alternativen Wohnprojekten vorausgegangen waren.[37]

Im Oktober sprühten Unbekannte in Dresden-Neustadt antisemitische Parolen mit vier Hakenkreuzen und einer SS-Rune an die Fassaden mehrerer Häuser.[38] Im gleichen Monat versuchten um die 20 junge Männer in Köln, das Straßenschild „Judengasse" herunterzureißen. Gegen am Tatort eintreffende Streifenpolizisten gingen sie mit Gewalt in Form von Reizgasbesprühungen und Schlägen vor. Offenbar gehörten die Täter zumindest teilweise der rechtsextremistischen Szene an, konnten doch einschlägige Materialien nach der Verhaftung von sechs Angehörigen der Gruppe festgestellt werden.[39] Im November schändete ein wegen Verwendens von Kennzeichen verfassungswidriger Organisationen polizeibekannter 32-jähriger in Gera das Denkmal für die einstige Synagoge.[40] Im gleichen Monat beschmierten unbekannte Täter in Magdeburg das Mahnmal für die ehemalige Synagoge mit volksverhetzenden Parolen.[41] Im Dezember kam es dann sogar zu einer erneuten Schmieraktion gegen dieses Mahnmal, u. a. mit dem Wort „tötet".[42]

## 12. Schlusswort und Zusammenfassung

Wie die vorstehenden Ausführungen gezeigt haben, kommt es alltäglich zu antisemitisch motivierten Straftaten unterschiedlichster Art: Hierzu gehört die Beleidigung von Personen ebenso wie die Sachbeschädigung von Einrichtungen, die Schändung von Friedhöfen

[33] Vgl. Unbekannte Täter schmieren Hakenkreuz an Kreuzberger Kirche, in: Berliner Morgenpost vom 3. Juni 2010.
[34] Vgl. Gernot Knödler: Steinwürfe auf Juden: Verdächtige ermittelt, in: taz vom 25. Juni 2010.
[35] Vgl. Wieder Stolpersteine in Gera geschändet, in: www.thueringer-allgemeine.de vom 16. Juli 2010 (gelesen am 8. September 2010).
[36] Vgl. Zehn Gräber auf jüdischem Friedhof in Bocholt geschändet, in: www.westfaelische-nachrichten.de vom 28. Juli 2010 (gelesen am 8. September 2010).
[37] Vgl. Unbekannte zünden jüdische Begräbnishalle in Dresden-Johannstadt an, in: www.dnn-online.de vom 29. August 2010 (gelesen 8. September 2010).
[38] Vgl. Unbekannte sprühen antisemitische Parolen an Fassaden in der Neustadt, in: www.dnn-online.de vom 3. Oktober 2010 (gelesen am 16. Dezember 2010).
[39] Vgl. Angriff auf Straßenschild „Judengasse", in: www.stern.de vom 12. Oktober 2010 (gelesen am 16. Dezember 2010).
[40] Vgl. Denkmal für einstige Synagoge in Gera geschändet – Täter gefasst, in: www.tlz.de vom 11. November 2010 (gelesen am 16. Dezember 2010).
[41] Vandalen beschmieren jüdisches Mahnmal, in: www.stern.de vom 17. November 2010 (gelesen am 16. Dezember 2010).
[42] Vgl. Jüdisches Mahnmal in Magdeburg erneut beschmiert, in: www.magdeburgersonntag.info vom 8. Dezember 2010 (gelesen am 16. Dezember 2010).

ebenso wie Gewalttaten verschiedenen Ausmaßes. Delikte im letztgenannten Sinne machen am Gesamtteil von antisemitisch motivierten Straftaten nur einen relativ kleinen Teil aus. Meist handelt es sich um Fälle, wo im Kontext einer Gewalttat eine antisemitische Diffamierung geäußert wurde. Dabei kam es überwiegend nicht aufgrund einer Planung, sondern aus einer Alltagssituation heraus zur Tat: Eine antisemitisch eingestellte Person ging entweder als Einzeltäter oder in einer Gruppe meist ohne vorherigen Konflikt und in einer zufälligen Situation gegen angebliche oder tatsächliche Juden gewalttätig vor. Von einer systematischen Planung lässt sich hierbei nur selten sprechen. Anders verhält es sich demgegenüber bei Brand- und Sprengstoffanschlägen gegen Einrichtungen wie Gedenkstätten oder Synagogen.

Betrachtet man sich die Zusammensetzung der Täter, so fällt der hohe Anteil von jungen Männern auf. Bei den Straftaten ohne Gewaltbezug kann man aber auch einen bedeutenden Anteil von Männern über 30 Jahren ausmachen. Politisch gehören sie fast ausschließlich der Kategorie „PMK-rechts" an. Demnach geht es zu großen Teilen um rechtsextremistische Personen, die sich mit ihrer politischen Auffassung gegen die Normen und Regeln demokratischer Verfassungsstaaten richten. Zu den Straftätern gehören aber offenbar auch in größerer Zahl Personen ohne politisches Engagement und organisatorische Zugehörigkeiten. Gleichwohl verfügen sie über eine zumindest latente antisemitische Einstellung, die in der Tat in eine manifeste Handlung in einer besonderen Situation umschlägt. Über Medienberichte wird mitunter der Eindruck erweckt, Arabischstämmige oder Muslime gehörten zu großen Teilen mit zu den antisemitisch motivierten Straftätern. Diese Auffassung wird durch die polizeilichen Statistiken aufgrund deren geringen Anteile gerade nicht belegt.

Bis auf wenige Ausnahmen können die Täter und Tatverdächtigen als politisch „rechts" eingestellt beschrieben werden, wobei für diese Einschätzung weder der Grad des politischen Bewusstseins noch der organisatorischen Zugehörigkeit von Bedeutung ist. Diese Einschätzung erhält auch ihre Bestätigung dadurch, dass bei Taten genutzte Parolen und Symbole häufig Bezüge auf den historischen Nationalsozialismus und dessen Antisemitismus aufweisen. Hierzu gehört die Beschädigung von NS-Gedenkstätten, die Nutzung des Hakenkreuzes, der Ruf „Heil Hitler" oder die Zerstörung von Stolpersteinen. Nur in ganz wenigen Fällen gehen solche Delikte mit Anspielungen auf den Nahost-Konflikt oder auf den Staat Israel einher. Bei den Straftaten im Bereich „PMK-rechts" machen die antisemitisch motivierten Delikte in der Gesamtschau allerdings einen eher geringen Anteil aus, dominieren hier doch die fremdenfeindlich motivierten Straftaten. Gleichwohl verdienen die antisemitischen Delikte aufgrund ihrer alltäglichen Präsenz kritische Aufmerksamkeit.

# Die Jungen Nationaldemokraten

## Strukturen, Strategien und Erfolgsbedingungen in der „Volksfront von Rechts"

*Roland Johne*

Die Jungen Nationaldemokraten (JN), Jugendorganisation der Nationaldemokratischen Partei Deutschlands (NPD), versuchen seit dem Führungswechsel an der Spitze der Organisation im Herbst 2007, sowohl ihr Profil innerhalb des rechtsextremistischen Spektrums zu schärfen als auch ihren Aktionismus nach außen zu erhöhen. Die neue Führungsmannschaft versucht, die JN stärker als bisher als Bindeglied zwischen dem „parlamentarischen Arm der Bewegung", der NPD, und den parteiungebundenen neonazistischen Kräften zu etablieren und zugleich eine Führungsrolle in dieser „Volksfront von Rechts" einzunehmen. Ihre eigenständige Rolle sieht sie dabei in einem Vordringen in den vorpolitischen Raum. Dieser im Vorfeld des parlamentarischen Wirkens liegende politische, gesellschaftliche Raum soll im Sinne der nationalistischen Weltanschauung verändert werden. In diesem Spannungsfeld und Rollenverständnis beanspruchen die JN, sowohl ihre unterstützende Rolle für die NPD auszuüben als auch zugleich „revolutionär" antiparlamentarisch im Sinne der neonazistischen „Freien Kräfte" zu agieren. Inwieweit gelingt ihnen dieser Spagat? Können die JN eine solche Vermittlerrolle oder gar Speerspitze einer „Volksfront von Rechts" einnehmen? Welche strukturellen Defizite sind erkennbar? Unter welchen Bedingungen können sie Erfolg mit dieser Strategie haben? Welche Themen versuchen sie zu besetzen, welche Strategien verfolgen sie zur Ausweitung ihres Einflussbereichs? Diese Fragestellungen zielen auf die grundlegende Einschätzung, welches Aktivitäts- und Mobilisierungspotenzial von den Jungen Nationaldemokraten künftig auszugehen vermag.

### 1. Programmatische und strategische Ausrichtung

#### 1.1 „Revolutionär" gegen das System

Die Jungen Nationaldemokraten wollen ihrem eigenen Selbstverständnis nach mehr sein als der bloße Jugendverband der Mutterpartei. Bei aller Unterstützung der NPD zielen sie auch auf programmatische Selbstständigkeit und Eigenständigkeit in den Aktionsformen. War die eigenständige Rolle der JN in der Vergangenheit durchaus Schwankungen unterworfen, so hat die Gruppierung mit der im Oktober 2007 neu gewählten Führungsmannschaft einen neuen Anlauf hinsichtlich ihrer eigenständigen Rolle wie auch ihres Führungsanspruches unternommen. In einem Grundsatzartikel in der Verbandszeitschrift „Der Aktivist" gibt der Bundesvorsitzende, Michael Schäfer, die Ausrichtung vor: „Weg von der ‚Jugendorganisation', weg vom Bild der ‚Junior-NPD' und hin zur Kampfgemeinschaft"[1]. In ihrer Positionsbestimmung „Wer wir sind" heißt es: „Wir begnügen uns nicht mit einem Dasein im Schatten unserer Mutterpartei."[2] Die JN verstehen sich vielmehr als „eine weltanschaulich-geschlossene Jugendbewegung neuen Typs mit revolutionärer Ausrichtung", als „revolutionäre Bewegung für junge Nationalisten zwischen 14 und 35 Jahren"[3]. In ihrer programmatischen Ausrichtung wird ihre gegen die Grundfesten der freiheitlichen demokratischen Grundordnung der Bundesrepublik Deutschland gerichtete Zielsetzung deutlich. Das politische System des Grundgesetzes wird in Gänze abgelehnt: „Revolutionär ist für uns der Angriff auf die bestehenden Verhältnisse."[4] „Ein wirklicher Revolutionär [...] steht keinesfalls loyal zur heutigen politischen Ordnung. Jedem heutigen Revolutionär muß es also um die Umkehrung der Herrschaftsverhältnisse gehen."[5] Es gelte, „Alis BRD auf den historischen Scheiterhaufen (zu) verfrachten"[6]. Nach ihrem Grundverständnis bekämpfen die JN nicht nur die freie Marktwirtschaft, sondern insbesondere auch den politischen Liberalismus[7] als tragendes Fundament der grundgesetzlichen Ordnung mit Parlamentarismus, Parteienpluralismus und unveräußerlichen Menschenrechten.[8] Dieses System lasse sich nicht reformieren, es müsse im Sinne von Revolution statt Reform „beseitigt und durch etwas neues ersetzt werden"[9]. Die JN verstehen den Begriff des Revolutionären als ideologischen Kampf, nicht gewaltsamen, bewaffneten Umsturz.[10] Zur Stilisierung dieses Revolutionären bezeichnen sie ihre organisatorischen Untergliederungen auch als „Widerstandszellen"[11].

Auch in ihrer Agitation gegen die Menschenwürde beziehen die JN klare Position. So wird die „sofortige Ausgliederung der in Deutschland lebenden und

1 Michael Schäfer/Matthias Gärtner: Die organisierte Volksfront – Die JN im Kampf um den vorpolitischen Raum, in: „Der Aktivist", Ausgabe 1/2009, S. 8–10.

2 Wer wir sind – Eine andere Jugend, Eine revolutionäre Idee, Eine junge Politik, in: Internetseite des JN-Bundesvorstandes, www.jn-buvo.de, abgerufen am 19.01.2009.

3 Beide Zitate ebd.; es ist dies eine Anknüpfung an den revolutionären Pathos, wie er bereits in der 90er Jahren postuliert wurde.

4 Positionspapier „Nationalismus heißt Kapitalismuskritik", in: Internetseite des JN-Bundesvorstandes, abgerufen am 19.01.2009.

5 Ebd.

6 Schäfer/Gärtner: Die organisierte Volksfront – Die JN im Kampf um den vorpolitischen Raum, a.a.O.

7 Revolution statt Reform – Vorwärts zur deutschen Revolution, Beschluss des JN-Bundesvorstandes vom 28.01.2006, Internetseite des JN-Bundesvorstandes, abgerufen am 19.01.2009.

8 In diesem Sinne fordert der JN-Bundesvorsitzende in der Anti-Islamisierungs-Programmatik „keine liberalen Abstriche" zu machen, Michael Schäfer: In der Multi-Kulti-Klemme, in: „Deutsche Stimme", November 2009, S. 10.

9 Revolution statt Reform – Vorwärts zur deutschen Revolution, a.a.O.

10 Ebd.

11 Wer wir sind – Eine andere Jugend, Eine revolutionäre Idee, Eine junge Politik, a.a.O.

beschäftigten Ausländer aus dem deutschen Sozial- und Rentenversicherungssystem" ebenso gefordert wie „Ausländer dürfen kein Eigentum an Grund und Boden in Deutschland erwerben"[12]. Ziel dieser Forderungen ist die Entrechtung.

Die Gesamtausrichtung der JN fasst der Bundesvorsitzende, Michael Schäfer, in einem Interview mit der NPD-Parteizeitung „Deutsche Stimme" zusammen: Es gehe um einen „Befreiungsnationalismus, der sozialistisch ist im Wirtschaftlichen, national ist im Staatlichen, völkisch im Kulturellen und freiheitlich im Denken".[13] Aus dieser Grundaussage lässt sich der Dreiklang national-sozialistisch-völkisch, zentrale Ideologieelemente des historischen Nationalsozialismus, unmittelbar ablesen. Die Ablehnung der freiheitlichen demokratischen Grundordnung des Grundgesetzes ist bei den JN ideologische Grundlage. In folgerichtiger Konsequenz wird als Ziel eines zu schaffenden staatlichen und gesellschaftlichen Gemeinwesens die „Volksgemeinschaft" in historischer Anlehnung an den Nationalsozialismus propagiert, „eines Deutschlands, welches ein auf der Solidaritätsgemeinschaft der deutschen Stämme begründetes neues Reich sein wird".[14] Zur Erreichung dieser Zielsetzung bestehe die „zwingende Notwendigkeit des nationalistischen Befreiungskampfes"[15]. Dieser bestehe nicht in Teilhabe an der Macht innerhalb des politischen Systems, da dadurch die nationale Opposition nur selbst Teil der herrschenden Klasse würde.[16] Es zeigt sich hier der Antiparlamentarismus der Jungen Nationaldemokraten, die radikale Systemopposition, nicht zuletzt auch die Distanzierung von den Kräften innerhalb der NPD, die als Wahlpartei taktische Zurückhaltung praktizieren. Diese Rolle der NPD, innerhalb des parlamentarischen Systems zu wirken, wird zwar als notwendig befürwortet und unterstützt, weist aber aus Sicht der JN Nachteile auf, die eine ungehinderte Agitation hemmen: „Der parlamentarische Arm der Bewegung muss nach innen und nach außen per Gesetz ‚demokratisch' organisiert sein. Das ist eine Schwäche, [...]."[17] Auch hier zeigt sich das lediglich taktische Verhältnis der JN zur parlamentarischen Demokratie, die im Grunde fundamental abgelehnt wird.

### 1.2 Kampf- und Kaderorganisation

Zur Erreichung ihrer Zielsetzungen verstehen sich die Jungen Nationaldemokraten strategisch-organisatorisch als „Kampfgemeinschaft" und Kaderorganisation. Leitbild ist das des „politischen Soldaten", dessen Einsatz für die Sache von Opferbereitschaft und Unterord-

---

[12] Positionspapier „Für die Vielfalt der Völker – gegen Überfremdung", in: Homepage des JN-Bundesvorstandes, abgerufen am 19.01.2009.
[13] „Deutsche Stimme", Dezember 2007, S. 3.
[14] Wer wir sind – Eine andere Jugend, Eine revolutionäre Idee, Eine junge Politik, a.a.O.
[15] Ebd.
[16] Revolution statt Reform – Vorwärts zur deutschen Revolution, a.a.O.
[17] Schäfer/Gärtner: Die organisierte Volksfront – Die JN im Kampf um den vorpolitischen Raum, a.a.O.

nung geprägt ist. Ziel ist „eine JN, deren eigenständiges Profil darin besteht, ihren Aktivisten und politischen Soldaten ein Grundwissen zu vermitteln, Kader auf völlig unterschiedlichen Gebieten heranzubilden [...]"[18]. Wichtig für die Heranbildung derartiger „Widerstandszellen" sei „charakterliche Eignung". Der politische Kampf müsse von einem „konstanten, politisch bewussten Kader getragen" werden.[19] Dies erfordere die „Bereitschaft des Einzelnen zur Ein- und Unterordnung in die Gemeinschaft unserer Bewegung."[20] Die Aktivisten „streben danach, das Leitlied des politischen Soldaten zu verkörpern. Der politische Soldat ist der Mensch, der von seinen Idealen angetrieben wird, der unzweideutig handelt, wenn es gilt, unseren politischen Auftrag tapfer zu erkämpfen. Niemals in der europäischen Geschichte war die Notwendigkeit ganzer Bataillone politischer Soldaten entscheidend wie heute."[21] Bereits die Wortwahl dieser Selbstbeschreibungen macht deutlich, dass sich die JN jenseits eines zivil-bürgerlichen Parteienwettbewerbs sehen. Andere Parteiorganisationen werden nicht als Wettbewerber, sondern als Kampfgegner betrachtet. Mit dieser programmatischen Profilierung als Kampf- und Kaderorganisation greifen die JN frühere Grundgedanken auf. Bereits Mitte der 90er Jahre hatte die Führung des Jugendverbandes das Ziel formuliert, „Kader überzeugter Aktivisten aufzubauen". Für alle Aktivisten im nationalen Widerstand gelte es, „das Leitbild des politischen Soldaten zu verkörpern".[22] Heutiger Anspruch ist die tiefere theoretische Fundierung eines solchen Leitbildes. Die Konturen der programmatischen und ideologischen Perspektive der JN zeichnen sich dabei deutlich ab: Aus dem Staats- und Gesellschaftsverständnis der Volksgemeinschaft im Sinne eines völkischen Kollektivismus, dem gesellschaftlichen Strukturprinzip der bedingungslosen Unterordnung des Einzelnen unter die Gemeinschaft und dem Kaderprinzip als politischem Organisationsprinzip der Bewegung, in dem die Elite die politische Führung übernimmt, ergäbe sich in der praktischen Folge ein Führerstaat mit totalitärem Anspruch. Das Selbstbestimmungsrecht des Einzelnen, die Meinungsfreiheit, der politische Pluralismus, das Recht auf Ausübung einer Opposition als Gewährleistungen der freiheitlichen demokratischen Grundordnung haben in diesem Staatsverständnis keinen Raum.

---

18 Ebd.

19 Zitate aus „Wer wir sind – Eine andere Jugend, Eine revolutionäre Idee, Eine junge Politik", a.a.O.

20 Ebd.

21 Ebd.; der Begriff des „politischen Soldaten" ist eine bereits von den Nationalsozialisten verwendete Bezeichnung für den vom Regime gewünschten Menschentypus, vergl. dazu Cornelia Schmitz-Berning: Vokabular des Nationalsozialismus, Berlin 2000, S. 472 f.

22 JN-Publikation „Einheit und Kampf", Nr. 14/1995, S. 2, zitiert nach Bundesministerium des Innern (Hrsg.): Verfassungsschutzbericht 1995, S. 164.

### 1.3 Brückenfunktion und Eroberung des vorpolitischen Raums

Die Jungen Nationaldemokraten propagieren für sich eine eigenständige Rollen- und Aufgabenwahrnehmung im Spektrum rechtsextremistischer Organisationen und Aktivisten. Zwischen den unterschiedlichen Aktionsfeldern der parteipolitisch-parlamentarischen Arbeit auf der einen Seite und dem parteiungebundenen, ja parteifernen und die parlamentarische Arbeit generell ablehnenden Aktionsspektrum auf der anderen Seite wollen sie Bindeglied sein. Sie versuchen, die Brückenfunktion und Koordinationsrolle zwischen der parlaments- und wahltaktisch operierenden NPD und den radikal-aktionistisch ausgerichteten neonazistischen Kameradschaften und „Freien Kräften" einzunehmen. Im Interview mit der Deutschen Stimme bekräftigt der Bundesvorsitzende, Michael Schäfer, diese Linie:

> „Die JN müssen das Bindeglied sein zwischen der Mutterpartei und den radikaleren Kräften in Deutschland. Wir müssen dafür sorgen, daß das Bündnis zwischen einsichtigen und konstruktiven Gruppen außerhalb der NPD und dem parlamentarischen Arm der Bewegung bestehen bleibt."[23]

In seiner Wahlnachlese zur Bundestagswahl 2009 sieht Schäfer die Notwendigkeit einer „verbesserte(n) bundesweite(n) Zusammenarbeit von radikalen Gruppen mit Hilfe der einzigen, deutschlandweit organisierten und arbeitsfähigen Jugendbewegung, den Jungen Nationaldemokraten".[24]

Die JN sehen sich in einer Schlüsselrolle innerhalb der „Volksfront von Rechts". Der stellvertretende JN-Bundesvorsitzende, Andy Knape, spricht klar von der Zielsetzung für die JN, „eine politische Dominanz zu bilden"[25]. Die Volksfrontidee innerhalb des Rechtsextremismus zielt generell auf die Bündelung aller Kräfte und Organisationen, auf das Zurückstellen von ideologischen Unterschieden und Differenzen im rechtsextremistischen Spektrum um der wirkungsvollen Zusammenfassung aller Kräfte willen. Eine solche „Volksfront von Rechts" hatte schon der Bundesvorsitzende der NPD, Udo Voigt, nach seiner Amtsübernahme im Jahre 1996 durch Öffnung und Einbindung der neonazistischen Kräfte in die NPD eingeleitet. Zahlreiche Aktivisten aus den Neonazikameradschaften sind seitdem zur NPD gekommen. Und dennoch ist der parteiungebundene Neonazismus ein starker, mit der NPD oft in Konflikt liegender Faktor geblieben. Die Zusammenarbeit beider Spektren ist von zahlreichen Brüchen und Streitpunkten gekennzeichnet und verläuft nur bedingt harmonisch.

In ihrer Analyse stellen die JN fest, dass die NPD diese Aufgabe des Zusam-

[23] „Deutsche Stimme", Dezember 2007, S. 3.

[24] Michael Schäfer: Der Kampf geht weiter – aber wie? „Deutsche Stimme", November 2009, S. 14.

[25] Andy Knape in „JN im Dialog – Vier Fragen an die Stellvertreter", Internetseite des JN-Bundesvorstandes, abgerufen am 19.01.2011.

menführens nicht ausreichend erfüllen könne. Partei und „Freie Kräfte" agierten auf „völlig unterschiedlichen Schlachtfeldern". Konnte die NPD noch bis vor einigen Jahren diese Funktion als Sammelbecken der unterschiedlichsten Kräfte erfüllen, so habe sich die Lage in jüngster Zeit grundlegend gewandelt. Die Partei sei inzwischen in zahlreichen Kommunalparlamenten und zwei Landtagen vertreten. Sie müsse zunehmend wahltaktisch handeln, „demokratisch" verfasst sein und werde mehr und mehr zu einer politisch-professionell agierenden Organisation. Dies müsse sie auch sein, um neue Wählerschichten an sich zu binden. Zwangsläufig habe die NPD damit einen Agitationsraum verlassen, der jedoch strategische Aufmerksamkeit erfordere, der „vorpolitische Raum". Mit diesem „vorpolitischen Raum" bezeichnen die JN zunächst alle Aktivisten und Gruppierungen innerhalb des „nationalen Widerstandes", die unabhängig und neben der NPD agieren. Dieser vorpolitische Raum, der für Demonstrationen, Mahnwachen, spontanen Aktionismus, aber auch Freizeitgestaltung stehe, habe einen entscheidenden Einfluss auf die politische Ausrichtung junger Deutscher. Beide politischen Betätigungsfelder, der so verstandene vorpolitische Raum sowie die parlamentarische Vertretung, seien aufeinander angewiesen; es sei dies der Grundgedanke der „Volksfront von Rechts".[26]

Die Begrenzung des „vorpolitischen Raums" auf das parteiungebundene Spektrum des Rechtsextremismus ist insofern markant, als unter diesem Begriff im allgemeinen Sprachgebrauch das Feld der Vereine, Kirchen, Gewerkschaften und anderer gesellschaftlichen Institutionen verstanden wird. In der Tat zielen die JN in langfristiger Perspektive auf das Vordringen in diese gesellschaftlichen Sphären ab, ihre Positionsbestimmung der Eroberung des vorpolitischen Raums richtet sich aber zunächst auf die Erlangung einer Schlüsselstellung innerhalb des rechtsextremistischen Spektrums.

Die Notwendigkeit einer Neumotivierung und Neuakzentuierung der „Volksfront von Rechts" unter ihrer Ägide sehen die JN in einem bisherigen Mangel an Struktur und Organisationsgrad des Volksfrontkonzepts: „Aber eine ganz fundamentale Sache wurde nie angegangen. Nämlich den vorpolitischen Teil in der Volksfront zu strukturieren und zu organisieren."[27] Die JN stellen klar, dass sie diese Aufgabe übernehmen wollen:

> „Der politische Raum außerhalb des Parlaments braucht eine strukturierte Kampfformation, denn das Parlament ist uns nicht genug und darf es auch nie werden! [...] Was wir brauchen ist ein durchdachtes nationalistisches ‚Einsteigerprogramm' – Das wird die JN sein!"[28]

[26] Zu diesen strategischen Überlegungen: Schäfer/Gärtner: Die organisierte Volksfront – Die JN im Kampf um den vorpolitischen Raum, a.a.O.
[27] Ebd.
[28] Ebd.

Aus diesen strategischen Aussagen wird der Führungsanspruch deutlich, den sich die JN in einer erneuerten „Volksfront von Rechts" zuschreiben. Aus diesem Führungsanspruch heraus stecken sie das Feld des personell akzeptablen Volksfrontspektrums ab und formulieren das perspektivische Ziel des Volksfrontgedankens und der Eroberung des vorpolitischen Raums. Ein mit ideologischem Anspruch versehenes Weltbild nach außen zu tragen, könne mit bestimmten Segmenten der Szene nicht verwirklicht werden. So sei bei Demonstrationen immer wieder ein „Bodensatz gescheiterter Existenzen" festzustellen. So jedenfalls sei „keine positive Außenwirkung zu erzielen"[29]. Diese Abgrenzung richtet sich insbesondere gegen die subkulturelle Skinheadszene, die ihre rechtsextremistische Gesinnung primär über einschlägige Musik, Alkoholkonsum und Gewaltexzesse auslebt. Diese Grenzziehung sehen die JN als notwendige, aber bislang fehlende Strukturvorgabe für eine erneuerte „Volksfront von Rechts". Nur in einer solchen Formation lasse sich das Fernziel, den gesamtgesellschaftlich gegen die „nationale Opposition" gerichteten „demokratischen Grundkonsens" aufzubrechen, erreichen. In einem Strategiepapier zur langfristigen Perspektive nationaler Volksfrontarbeit konstatiert Matthias Gärtner, Mitglied des JN-Bundesvorstandes und Leiter des „Nationalen Bildungskreises" der JN, dass die Auffassungen in der Gesellschaft gegenüber Argumenten dieser „nationalen Opposition" aufgrund der herrschenden gesellschaftlichen „Ideologie" vorbestimmt seien. Die politische Vorzeichengebung führe stets zu einem negativen Urteil. Aus diesem stets sich reproduzierenden Vorverständnis sei eine Geisteshaltung in der Gesellschaft erwachsen, die für „nationale" Argumente keinen Raum lasse. Der Abwehrmechanismus sei in Form der „Political Correctness" gesellschaftlich implantiert, der gesellschaftliche Diskurs für jedweden Zugang „nationaler" Argumente immunisiert.[30]

Diese Immunisierung und die gesellschaftlichen Abwehrreflexe aufzulösen, ist das langfristige Ziel, das Gärtner den JN mit der Strategie der Eroberung des vorpolitischen Raums setzt. In dieser Langfristperspektive erhält der Begriff des „vorpolitischen Raums" seine Erweiterung über die „Volksfront von Rechts" hinaus in die Mitte der Gesellschaft:

> „Den vorpolitischen Raum umfassen daher jene sozialen Systeme, die die Prägung und damit die dauerhafte Normsetzung der Individualperspektive in Hinblick auf das Verständnis gesellschaftlichen

[29] Ebd.; ganz in diesem Duktus fällt etwa eine Stellungnahme der JN-Sachsen zu Teilen der Besucher des „Deutsche-Stimme-Presse*festes*" 2010 aus, veröffentlicht u.a auf der Internetseite des Aktionsbündnisses Leipzig, abgerufen am 24.08.2010.

[30] Matthias Gärtner: Vorpolitischer Raum – Strategie zur Aufgabendifferenzierung in der Volksfront von Rechts unter besonderer Betrachtung der Notwendigkeit einer neuen JN, 2010, in: Internetseite der JN-Sachsen-Anhalt, abgerufen am 08.09.2010.

> Lebens, daraus resultierend eine politische Perspektive, vollziehen."[31]

Es müsse in der Gesellschaft eine „kritische Distanz zum bestehenden Gesinnungsregime" geschaffen werden. Ein solches politisches und soziales Entgegenwirken müsse sowohl im parlamentarischen Raum über die NPD erfolgen, als auch im „sozial-kognitiven ‚vorpolitischen Raum'":

> „Die Verantwortung des Politischen im Allgemeinen muss in das Bewusstsein der Bevölkerung getragen werden, selbst wenn es dort nur instinktiv abrufbar ist. Um das zu erreichen, ist die bestehende Immunisierung des Volksbewusstseins aufzuheben. Dies muss dort ansetzen, wo die oben beschriebene Selbst-Umerziehung (Self-Reeducation) begonnen wurde, nämlich im besagten vorpolitischen Raum."[32]

Eine solche Handlungsstrategie müsse in jenen Bereichen ansetzen, „die einen Einfluss auf das individuelle Welt- und Menschenbild ausüben". So wird etwa am Beispiel der „rassischen Zusammensetzung" von Kindergartengruppen, mit der eine Nivellierung der Unterschiede der menschlichen Spezies sowie eine nachhaltige Wahrnehmungsstörung bei Kleinkindern einhergehe, als zu veränderndes Themenfeld betrachtet.[33]

Der Anspruch der JN zielt auf eine Wende in der Geisteshaltung der Gesellschaft:

> „Geistige Produkte dessen, wie die ‚demokratische Zivilgesellschaft' oder die ‚westliche Wertegemeinschaft', sind im vorpolitischen Raum zu hinterfragen und ggf. am Beispiel zu entkräften, um das bestehende Ideenkonstrukt in seiner Gesamtheit langfristig zu destabilisieren. In das entstandene Vakuum sollten dann umgehend Alternativen Platz finden, die auf den Fundamenten einer modernen nationalpolitischen Ideengeschichte stehen."[34]

Für diese strategische Ausrichtung nimmt das Strategiepapier Anleihen bei der linksalternativen Bewegung der 68er. Gärtner zieht in seiner Strategie die „Lehren aus einer bisher recht erfolgreichen Kulturveränderung durch die Bewegung der 68er in der Bundesrepublik, aus denen man unter veränderten und positiven Vorzeichen lernen kann."[35] Die JN sehen sich in dieser Vorstellung als Vorhut einer solchen anzustoßenden Veränderung. Es wird im Folgenden zu erörtern sein, inwieweit derartige Denkansätze, die von Führungsfunktionären der JN formuliert werden, angesichts der realen Optionen und der Stellung der JN einen Realitätsgehalt beanspruchen können.

---

[31] Ebd.
[32] Ebd.
[33] Ebd.
[34] Ebd.
[35] Ebd.

## 2. Eigenes Handlungspotenzial

Bei der Frage, inwieweit die Jungen Nationaldemokraten ihre ambitionierten strategischen und ideologischen Zielsetzungen innerhalb des rechtsextremistischen Spektrums mit einer Chance auf Erfolg einbringen, gar umsetzen und festigen können, ist ihre Organisations- und Mitgliederbasis ein erster Anhaltspunkt. Die im Jahre 1969 gegründeten JN sind als Jugendorganisation der NPD integraler Bestandteil der Mutterpartei (§ 23 der Satzung der NPD). Der JN-Bundesvorsitzende gehört kraft Amtes dem NPD-Parteivorstand an (§ 20, Ziff. b 4 der NPD-Satzung). Die Mitgliedschaft erstreckt sich auf Jugendliche und Erwachsene im Alter von 14 bis 35 Jahren.

Die JN verfügen derzeit bundesweit über etwa 430 Mitglieder.[36] In der langfristigen Betrachtung ihrer Mitgliederentwicklung ist dies ein eher geringes Potenzial. In Abbildung 1 ist die Mitgliederentwicklung seit dem Jahre 1970 aufgeführt.

*Abbildung 1: Mitgliederentwicklung der Jungen Nationaldemokraten (JN)*
*(in Intervallen der Jahrzehnte)*

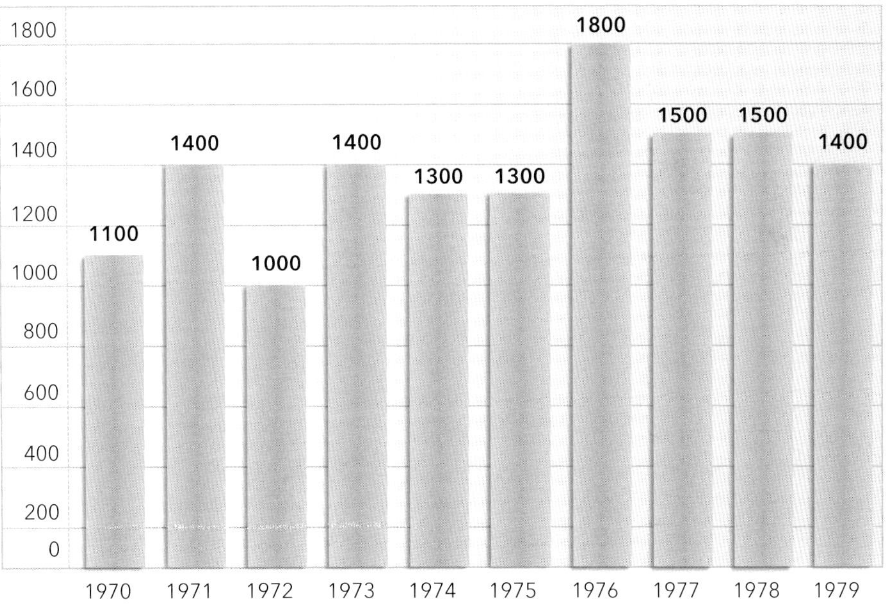


[36] Bundesministerium des Innern (Hrsg.): Verfassungsschutzbericht 2009.

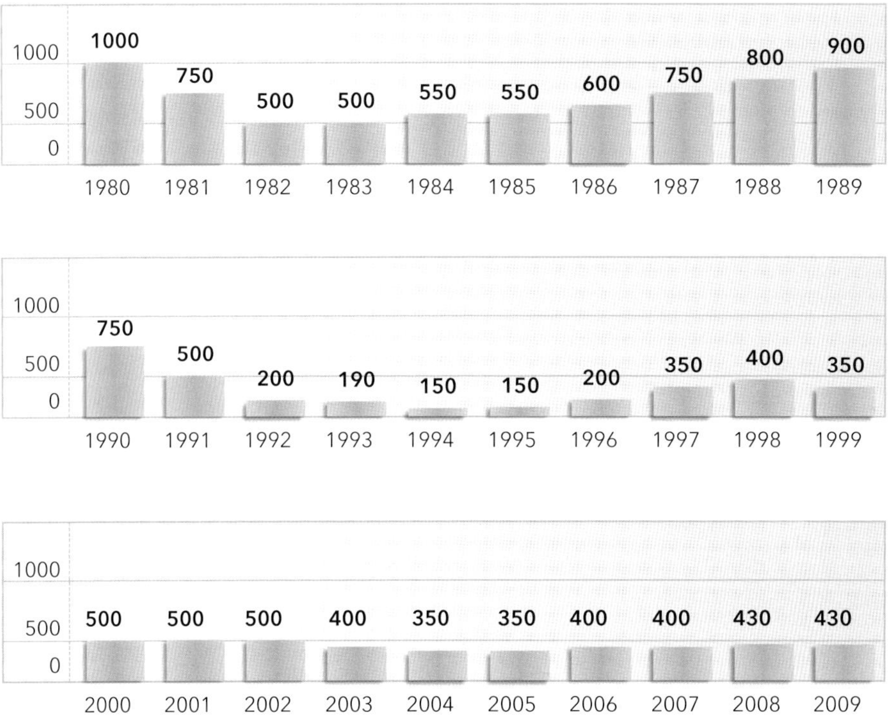


*Quelle: Bundesministerium des Innern (Hrsg.): Verfassungsschutzberichte; Für die Jahre 1970 und 1974 Sonja Scheffler: Selbstverständnis und Zielsetzung der bedeutendsten rechtsextremistischen Jugendorganisation - die Jungen Nationaldemokraten (JN), in: Herbert Kloninger (Hrsg.): Aktuelle Aspekte des Rechtsextremismus, Beiträge zur inneren Sicherheit Band 14, Brühl 2001, S. 111-169 (S. 120).*

Wie die Abbildung zeigt, hatten die Jungen Nationaldemokraten ihre mitgliederstärkste Zeit in der 1970er Jahren. Damals lag die durchschnittliche Mitgliederzahl bei deutlich über 1000. Während die NPD in diesen Jahren bereits von einem deutlichen Abwärtstrend erfasst wurde, setzt dieser bei den JN erst zum Ende der 1970er/Anfang der 1980er Jahre ein. An das Mitgliederpotenzial der 70er Jahre konnten sie seither nicht mehr anknüpfen. Bezeichnend ist, dass die deutsche Einheit und damit die Vergrößerung des Aktionsradius nicht zu einer Steigerung der Mitgliederzahl in den 1990er Jahren geführt hat. Dies hat nicht zuletzt seine Ursache in den desolaten Organisationsstrukturen.[37] Erst zum Ende des Jahrzehnts gelingt den JN ein leichter Aufwärtstrend. Betrachtet man die Mitgliederzahl in Deutschland seit der Wiedervereinigung von in der Regel

[37] Vergl. dazu auch: Bundesministerium des Innern (Hrsg.): Verfassungsschutzbericht 1992, S. 117.

unter 500, so steht diese in deutlichem Kontrast zu der mehr als doppelt so hohen in den 1970er Jahren, die sich allein auf Westdeutschland bezog. Unter dem Gesichtspunkt, dass der heutige Mitglieder- und Aktionsschwerpunkt in Ostdeutschland liegt, bedeutet das Mitgliederpotenzial auf dem Gebiet der alten Bundesrepublik im Vergleich zu dem Potenzial der 1970er Jahre geradezu einen dramatischen Einbruch an Aktivistenpotenzial und Handlungsfähigkeit in Westdeutschland.

Die eher geringe bundesweite Mitgliederzahl von rund 430 deutet bereits darauf hin, dass es den JN kaum möglich ist, organisatorische Strukturen ohne markante Lücken aufzubauen. So existieren unterhalb des Bundesverbandes nicht in allen Bundesländern handlungsfähige Landesverbände. Die existierenden Landesverbände zeigen nur zum Teil eine Handlungsfähigkeit, die politische Aktionen erlaubt. In Abbildung 2 sind die Größenordnungen der Mitgliederzahlen in den Ländern aufgeführt.

*Abbildung 2: Organisationsstrukturen bzw. Mitgliederzahlen der JN in den Ländern (Stand: 2009)*

| Land | Mitglieder |
|---|---|
| Baden-Württemberg | ca. 110 |
| Bayern | Keine funktionsfähigen Strukturen mehr |
| Berlin | ca. 50 |
| Brandenburg | ca. 50 |
| Bremen | Keine Strukturen mehr |
| Hamburg | ca. 10-20 |
| Hessen | ca. 20-30 |
| Mecklenburg-Vorpommern | Keine Strukturen |
| Niedersachsen | ca. 10 |
| Nordrhein-Westfalen | ca. 15-25 |
| Rheinland-Pfalz | ca. 20 |
| Saarland | Keine Strukturen |
| Sachsen | ca. 50 |
| Sachsen-Anhalt | ca. 50 |
| Schleswig-Holstein | Keine Strukturen |
| Thüringen | ca. 15 |

*Quelle: Verfassungsschutzberichte der Länder; außer Hamburg, Hessen, Nordrhein-Westfalen: eigene Schätzung.*

Die Mitgliederverteilung zeigt eine überproportionale Mitgliederschaft in den ostdeutschen Ländern einschließlich Berlin. In den ostdeutschen Ländern befindet sich auch der Schwerpunkt der Aktivitäten der JN. Eine Besonderheit bildet der JN-Landesverband Baden-Württemberg, der in absoluten Zahlen den höchsten Mitgliederbestand aufweist. Gemessen an der Bevölkerungszahl der Bundesländer relativiert sich dieses Bild allerdings. Mit rund 50 Mitgliedern haben Brandenburg, Sachsen und Sachsen-Anhalt eine deutlich höhere Mitgliederdichte bezogen auf die Bevölkerungszahl. Auffällig sind die nicht vorhandenen oder nicht ausgeprägten Strukturen in Mecklenburg-Vorpommern, obwohl sich dort eine NPD-Hochburg befindet.

Die Existenz und die Handlungsfähigkeit von organisatorischen Strukturen sind einer hohen Fluktuation unterworfen, sodass sich der Stand in Abbildung 2 im Verlauf weniger Jahre wieder verändern kann. Beides, der Bestand und die Aktionsfähigkeit, hängen oft von einzelnen Aktivisten ab, die Mitstreiter gewinnen und mobilisieren können. Fallen Hauptaktivisten weg, so bricht oft der gesamte Landesverband in seiner Funktionsfähigkeit zusammen. Rückblickend lässt sich dies deutlich erkennen. So gab es etwa Ende der 90er und nach dem Jahr 2000 einen aktiven Landesverband Nordmark, der im Wesentlichen das Gebiet Schleswig-Holstein umfasste.[38] Ein Bruch erfolgte auch im Raum Berlin-Brandenburg. Im Jahre 2004 löste sich der Landesverband Berlin-Brandenburg auf. Hier zeigte sich, dass der abrupte Niedergang eines Landesverbandes durch den Ausstieg der Führungsperson bewirkt werden kann.[39] Andere Kader stehen für eine Übernahme oft nicht bereit. Im Jahr 2005 hatten die JN die Gründung eines Landesverbandes Mecklenburg-Vorpommern bekannt gegeben.[40] Handlungsfähige Strukturen konnte diese Neugründung aber bis heute nicht hervorbringen. In Bayern ist der bis dahin funktionsfähige Landesverband durch einen internen Zwist des JN-Landesvorsitzenden mit der NPD im Jahr 2008 und dessen Austritt aus JN und NPD völlig zerfallen.[41] Auch hier ist feststellbar, wie schwer es den JN fällt, aus den verbliebenen Mitgliedern wieder handlungsfähige Strukturen zu rekrutieren. Sie können den Ausfall von einzelnen Aktivisten in vielen Fällen nicht kompensieren. Die geringe Mitgliederzahl macht sie zum Teil völlig abhängig vom Engagement Einzelner. Eine Kontinuität von Organisationsstrukturen kann ihr damit nicht gelingen. Diese fehlende Kontinuität hat auch zur Folge, dass eine Bindung von Sympathisanten an die JN kaum gelingen kann.

[38] Bundesministerium des Innern (Hrsg.): Verfassungsschutzberichte 2000, S. 76; 2001, S. 91; Mitte 2010 hat sich in Schleswig-Holstein seit Jahren wieder ein JN-Stützpunkt (Kiel) gegründet: „Aufbruch im Norden!", Internetseite des JN-Bundesvorstandes, abgerufen am 01.10.2010.

[39] Bundesministerium des Innern (Hrsg.): Verfassungsschutzbericht 2004, S. 80-81.

[40] Bundesministerium des Innern (Hrsg.): Verfassungsschutzbericht 2005, S. 92-93.

[41] Bundesministerium des Innern (Hrsg.): Verfassungsschutzbericht 2008, S. 98.

Mit dem Zerfall von Strukturen wandern Mitläufer oft wieder ab. Insgesamt sind die JN aufgrund ihrer dünnen Mitgliederdecke in ihrer organisatorischen Handlungsfähigkeit weniger strukturgetragen als vielmehr personengetragen.

Hohe Fluktuation und Personenabhängigkeit gelten in einem noch stärkeren Maße für die Verbandsstrukturen vor Ort. So verfügen die JN unterhalb der Landesverbände vereinzelt über sogenannte Stützpunkte. Diese kleinste organisatorische Einheit, quasi als Keimzelle für perspektivisch zu bildende Kreisverbände, soll vorhandene Aktivisten in ihrer Arbeit strukturieren und in den Verband integrieren. Durchschnittlich kann von einer Aktivistenzahl eines Stützpunktes von unter zehn ausgegangen werden. Es handelt sich um Kleinstrukturen, deren Bestand zumeist von der Aktivität eines Einzelnen abhängt. Entsprechend groß ist die Fluktuation. Bundesweit kann, bei ständig schwankenden Bestandszahlen, von einer Anzahl an Stützpunkten im mittleren zweistelligen Bereich ausgegangen werden. Flächendeckende handlungsfähige Strukturen sind damit nicht gegeben. Eine solche personelle und organisatorische Basis erlaubt lediglich punktuelle Einzelaktionen.

Das Handlungspotenzial der JN ist aufgrund ihrer Mitgliederzahl und Organisationsstrukturen als mangelhaft zu bezeichnen. Kontinuierlich bestehende und arbeitende Organisationsstrukturen, die Sympathisanten langfristig binden und so einen Aufbau ermöglichen könnten, sind kaum vorhanden. Sie sind von daher gezwungen, auf punktuelle Aktionen zu setzen und sich Partner zu suchen.

### 3. Erweiterung der strategischen Ausrichtung

Die nach außen gerichtete Agitation ist das Hauptbetätigungsfeld der Jungen Nationaldemokraten. Demonstrationen, Mahnwachen, Infostände gehören zum Repertoire der Jugendorganisation. Der Versuch, aktuelle Themenfelder zu besetzen, dient dem Ziel, als Akteur in der öffentlichen Debatte wahrgenommen zu werden. So setzen die JN thematische Schwerpunkte etwa auf die Ablehnung des Bundeswehreinsatzes in Afghanistan und den Kampf gegen eine „Islamisierung Deutschlands". Zu diesen beiden Themen haben sie eigens Internetseiten geschaltet, deren Benennung noch keinen Rückschluss auf die JN zulässt.[42] Kampagnen sollen provozieren. So hatten die JN im Rahmen ihrer Antiislamisierungs-Kampagne im Vorfeld der Landtagswahl in Nordrhein-Westfalen im Mai 2010 zahlreiche Schülervertretungen mit dem Angebot eines Gewinnspiels „Mach mit – Wir oder Scharia" angeschrieben. Ziel war eher die Medien-

[42] Die Internetseiten www.raus-aus-afghanistan.de, www.wir-oder-scharia.de und www.wir-sterben-aus.de sind Kampagnenseiten der JN; die Strategie, jugendgerechte Themen unverfänglich zu instrumentalisieren, zeigt sich auch am Beispiel der Internetseite www.gegenglobalisierung.de, die unmittelbar zur Internetseite des JN-Bundesvorstandes führt.

präsenz, eine Preisverleihung stand ohnehin kaum zu erwarten.[43]

Über das Medium der Schülerzeitung in jugendgerechter Aufmachung, wie „Perplex" in Sachsen oder „Schinderhannes" in Rheinland-Pfalz, versuchen die JN mittels Provokation in Inhalt und Stil Aufmerksamkeit in dieser Altersgruppe zu gewinnen. Flankiert werden die Werbekampagnen im Schüler- und Jugendbereich durch den Einsatz von Schüler-CDs. Das Medium Musik, ob als CD oder im Rahmen von rechtsextremistischen Musikveranstaltungen, ist nach wie vor ein zentrales Kampagneninstrument. Zunehmend treten rechtsextremistische Liedermacher für die JN in Erscheinung. Politische Propaganda soll Eventcharakter annehmen und die JN für die rechtsextremistische Musikszene attraktiv machen; der „JN-Sachsentag"[44] ist ein deutliches Zeichen in diese Richtung. Zudem ist Modernität angesagt. Die Kommunikationstechnik des „Web 2.0" wird für die eigene Propaganda gezielt genutzt. So ist „Kommunikation in Echtzeit" mit den JN auf dem Internetportal „Twitter" ein auf Jugendliche ausgerichtetes Onlineangebot.[45]

Neben der nach außen gerichteten politischen Agitation ist es aber auch ein wesentliches Ziel der JN, für Mitglieder und Sympathisanten eine nach den ideologischen Anschauungen ausgerichtete Lebenswelt zu ermöglichen und zu etablieren. Das Ideal der „Volksgemeinschaft" soll in bewusster Abgrenzung zum bestehenden System der freiheitlichen demokratischen Grundordnung gelebt werden. Nach dem eigenen Selbstverständnis „nehmen wir die Idee der Volksgemeinschaft auch in unserem Freizeitangebot auf"[46]. Der organisatorischen Untermauerung dieser ideologisch geprägten Erlebniswelt aus Zeltlagern, Wettkämpfen, Ausflügen und Sonnwendfeiern dienen strukturelle Entscheidungen, die den völkischen Nationalismus als Lebensinhalt manifestieren sollen; ein strategisches Angebot, um weitere Kreise des rechtsextremistischen Spektrums an die JN heranzuführen und einzubinden. So wurde seit 2009/2010 eine „IG Fahrt und Lager" als „Unterorganisation innerhalb der JN" aufgebaut.[47] Zum Programm der „IG Fahrt und Lager" gehören mehrtägige, abgeschottet durchgeführte Zelt- oder Jugendherbergsver-

---

[43] „Den Widerstand gegen die Islamisierung in die Schulen tragen", Internetseite des JN-Bundesvorstandes, abgerufen am 23.03.2010, Kampagnenaufruf auf www.wir-oder-scharia.de, abgerufen am 28.05.2010; „NPD verbreitet islamfeindliche Parolen in E-Mails an Schüler", Westdeutsche Allgemeine online vom 24.03.2010, www.derwesten.de; zur Bewertung dieser Kampagne vergl. Thomas Pfeiffer: Islamfeindschaft als Kampagnenthema im Rechtsextremismus – Erfolgspotenzial, strategische Hintergründe und Diskurstechniken am Beispiel der NPD, dort Kap.4 (ohne Seitenangabe), in: Internetseite der Verfassungsschutzbehörde Nordrhein-Westfalen, www.Verfassungsschutz.nrw.de, abgerufen am 04.03.2011.

[44] Der vom JN-Landesverband Sachsen veranstaltete „JN-Sachsentag" fand 2007 und 2010 statt; 2008 wurde er verboten.

[45] www.twitter.com/jndeutschland, abgerufen am 25.01.2011.

[46] „Wer sind eigentlich diese JN'ler?", Internetseite des JN-Bundesvorstandes, abgerufen am 25.05.2010.

[47] Selbstdarstellung „IG Fahrt und Lager", Internetseite des JN-Bundesvorstandes, abgerufen am 22.12.2010.

anstaltungen wie Osterlager und Jahreswechsellager. Ideologische Schulung und Disziplin sind Grundkonstanten dieses Erlebens von Gemeinschaft. Mit diesen in Parallelwelten abgeschotteten, auf die Lebensphilosophie ausgerichteten Aktivitäten besetzen die Jungen Nationaldemokraten ein Segment des Rechtsextremismus, das den eher traditionell-völkisch orientierten Gruppierungen, wie der im März 2009 verbotenen Heimattreuen Deutschen Jugend (HDJ), entspricht.

In eine ähnliche Richtung der Erweiterung des eigenen Spektrums zielt die Schaffung der „IG Familienkreis" innerhalb der JN. Völkische Ideologie soll als Lebensbundprinzip auf die gesamte Familie bezogen werden. Die „IG Familienkreis" richtet sich deshalb bewusst auch an Kinder unter 14 Jahren, die gemeinsam mit ihren Familien die Volksgemeinschaft in Ausflügen oder mehrtägigen Zusammenkünften leben sollen: „Gemeinsam werden unsere Kinder in den Jahresablauf und die damit verbundenen Bräuche eingebunden. Von früh auf soll unser eigener Nachwuchs in unserer eigenen Kultur heranwachsen."[48] Absicht ist es, eine dauerhafte familiäre Bindung an die JN zu erreichen, Kinder dabei sukzessive heranzuführen und zu schulen. Auch diese organisatorische Erweiterung kann als Versuch des Ausfüllens einer Lücke gesehen werden, die durch Verbote wie das der HDJ entstanden ist. Mit beiden Unterorganisationen, der „IG Fahrt & Lager" und der „IG Familienkreis" versuchen die JN, ihre Stellung und ihren Rückhalt innerhalb der rechtsextremistischen Szene auszubauen und zu stärken.

Anstrengungen zur Erweiterung des Betätigungsfeldes und Einflussbereichs unternehmen die JN auch in Richtung der intellektuellen Schulung und der studentischen Interessenvertretung. Der „Nationale Bildungskreis" (NBK), ursprünglich vom JN-Landesverband Sachsen-Anhalt gegründet, soll als bundesweite Organisation der JN die Schulungsarbeit der Kader übernehmen.[49] Er soll zudem gezielt Studenten ansprechen und in die JN integrieren. Einer parallel dazu bestehenden nationaldemokratischen Studentenorganisation bedarf es nach Auffassung der Jungen Nationaldemokraten nicht[50]: eine Absage an den Nationaldemokratischen Hochschulbund (NHB), dessen – marginales – Mitglieder- und Sympathisantenpotenzial übernommen werden soll. Zugleich zielt dies auf die Rekrutierung neuer Anhänger über das rechtsextremistische Potenzial hinaus. Erste Ansätze in diese Richtung sind die Gründung der Studentengruppe „Freies Denken" an der Martin-Luther-Universität Halle

48 Selbstdarstellung „IG Familienkreis", Internetseite des JN-Bundesvorstandes, abgerufen am 19.07.2010; diese Zielsetzung macht der stellvertretende JN-Bundesvorsitzende, Sebastian Richter, in der Mitgliederzeitschrift „Der Aktivist", 1/2009, S. 2, ebenso deutlich.

49 „Wer sind eigentlich diese JN'ler?", Internetseite des JN-Bundesvorstandes, a.a.O., Kap. NBK.

50 So der JN-Bundesvorsitzende Michael Schäfer, „Deutsche Stimme", Dezember 2007, S. 3.

im Jahr 2008[51] sowie der Hochschulgruppe „Studentische Interessen" an der Otto-von-Guericke-Universität in Magdeburg, die auf Initiative der JN bzw. des NBK zurückgehen.[52] Zielsetzung ist explizit die „Eroberung vorpolitischer Felder"[53]. Der Erfolg derartiger Vorstöße ist eher gering zu bewerten. Inzwischen haben beide studentische Gruppen auf Kandidaturen für die Studentenparlamente verzichtet.[54]

## 4. Im Spannungsfeld zwischen NPD und Neonazis

Inwieweit gelingt es den Jungen Nationaldemokraten, zwischen NPD und Neonazis einen Freiraum für eigenständiges Handeln zu erlangen, die gewünschte Brückenfunktion einzunehmen und Ansätze einer Führungsfunktion in der „Volksfront von Rechts" zu erreichen? Das Verhältnis zur Mutterpartei war seit dem Bestehen der JN Schwankungen zwischen Abgrenzung und Anhängsel unterworfen. Standen die JN in ihrer Entstehungszeit als organisatorische Erweiterung zur Erschließung neuer Wählerschichten unter der Direktive der NPD, so entwickelten sie in den 70er Jahren erste Ansätze einer Eigenständigkeit, die sich insbesondere in einer höheren Radikalität zeigten. Das Spannungsverhältnis zwischen NPD und radikal-aktivistischen Neonazigruppen war auch damals schon für die JN problematisch.[55] Viele Mit-glieder wanderten zu den Neonazis ab. Dieses Agieren zwischen den Sphären der Partei, als deren Teil sich die JN verstanden, und parteifernen radikalen Aktivisten führte nicht nur zu einer Forderung des JN-Bundesvorstandes, neonazistische Gruppen müssten verboten werden. Es gab darüber hinaus Abgrenzungsbeschlüsse zu Neonazis, mithin sogar Auflösungen von Untergliederungen der JN wegen neonazistischer Bestrebungen: Maßnahmen, die ein Zerreißen der Organisation verhindern und ihre Handlungsfähigkeit im Sinne der Partei sichern sollten.[56]

Anfang der 90er Jahre weichte diese Abgrenzung zu Neonazis auf; es vollzog sich gar ein Schwenk in Richtung einer bewussten Öffnung.[57] Eine Strategieänderung, die die JN der NPD vorwegnahmen. Die NPD organisierte diese Öffnung in der zweiten Hälfte der 90er Jahre unter dem neuen Vorsitzen-

---

[51] Vergl. dazu Newsletter der Martin-Luther-Universität Halle Nr. 18/2008; ebenso auf der Internetseite der JN-Sachsen-Anhalt: „Erste nationalistische Studentengruppe an der Uni Halle/Saale", abgerufen am 05.11.2010.

[52] Vergl. dazu „Magdeburger Hochschulgruppe", Internetseite der JN-Sachsen-Anhalt, abgerufen am 05.11.2010.

[53] Ebd.

[54] Internetseite des JN-Bundesvorstandes, „Uni-Wahlen", abgerufen am 23.06.2010.

[55] Vergl. dazu Sonja Scheffler: Selbstverständnis und Zielsetzung der bedeutendsten rechtsextremistischen Jugendorganisation – die Jungen Nationaldemokraten (JN), in: Herbert Kloninger (Hrsg.): Aktuelle Aspekte des Rechtsextremismus, Beiträge zur inneren Sicherheit Band 14, Brühl 2001, S. 111-169 (S. 117–118).

[56] Vergl. dazu Bundesministerium des Innern (Hrsg.): Verfassungsschutzberichte 1979, S. 21; 1980, S. 32; 1983, S. 134; 1984, S. 151; 1985, S. 164 sowie Peter Dudek/Hans-Gerd Jaschke: Entstehung und Entwicklung des Rechtsextremismus in der Bundesrepublik Deutschland, Band 1, Opladen 1984, S. 312-313.

[57] Vergl. dazu Bundesministerium des Innern (Hrsg.): Verfassungsschutzberichte 1993, S. 132; 1994, S. 151; 1995, S. 162-163.

den, Udo Voigt, in großem Stil.[58] Mitte der 90er Jahre entwickelten sich die JN mit dieser Öffnung zu den parteiungebundenen Kräften zu einer Nahtstelle zwischen NPD und Neonazis. Dies war auch eine Folge der Verbote neonazistischer Vereine, die die JN zu einer alternativen Aktionsbasis für heimatlose Rechtsextremisten werden ließen.[59]

War das Verhältnis zwischen den JN und der NPD in den 80er und Anfang der 90er Jahre angespannt, so verbesserte es sich deutlich seit Mitte der 90er Jahre. Dies hing nicht zuletzt an Personen und deren gleich gelagerten strategischen Prämissen, wie seit dem Amtsantritt von Voigt als NPD-Vorsitzendem.[60]

Im Jahre 1999 wurde mit Sascha Roßmüller ein dem Neonazispektrum zuzurechnender Kader JN-Bundesvorsitzender. Das Bekenntnis zur Zusammenarbeit mit den Neonazis fand damit auch einen personellen Ausdruck. Und dennoch wendeten sich die JN stärker der NPD zu; Abgrenzung und Eigenständigkeit traten in den Hintergrund. Ihre Rolle als Nahtstelle zwischen Partei und Neonazis büßten sie zum Teil ein.[61] Dies zeigt, dass sich Führungskader, obwohl im neonazistischen Milieu sozialisiert, in führenden Funktionen durchaus wandeln und andere Akzente setzen; aus Neonazis können Parteikarrieristen werden.

Auch nach dem Jahr 2000 blieben sie eng an die NPD gebunden, in „kritischer Loyalität", letztlich aber Anhängsel der NPD.[62] Die JN sind nicht zuletzt Kaderschmiede für Führungsfunktionen in der Mutterpartei. Viele heutige Funktionäre der NPD rekrutieren sich aus den JN, etwa Holger Apfel, Sascha Roßmüller und Jens Pühse.

Der Bundesvorsitzende, Michael Schäfer, setzt seit seiner Wahl 2007 verstärkt auf Eigenständigkeit. In Abgrenzung zur wählerorientierten NPD wollen die JN der aktivistische Teil der Bewegung sein. Der Aktivismus in den JN entspreche der „jugendlichen Rebellionslust"[63]. Inwieweit allerdings gelingt es den JN, mit diesem betont jugendlich-aktivistischen Selbstverständnis ihre Rolle als Jugendorganisation der NPD wahrzunehmen? Inwieweit sind sie Repräsentant der Jugend in der Partei? Die Jugendorganisation trifft dabei auf ein für sie zentrales Problem: Die NPD ist selbst eine junge Partei – vom Alter ihrer Mitglieder her. Das Durchschnittsalter der NPD kann bei

---

58 Die Öffnung gegenüber den Neonazis ist Teil einer umfassenderen Neuausrichtung der NPD seit dem Amtsantritt von Voigt. Es wird hier auch von der „neuen" NPD oder dem „zweiten Frühling" gesprochen, vergl. dazu Armin Pfahl-Traughber: Der „zweite Frühling" der NPD, Konrad-Adenauer-Stiftung, Reihe Zukunftsforum Politik Nr. 92/2008, Sankt Augustin 2008.

59 Vergl. dazu Bundesministerium des Innern (Hrsg.): Verfassungsschutzberichte 1996, S. 137; 1997, S. 113; 1998, S. 61

60 Vergl. dazu Bundesministerium des Innern (Hrsg.): Verfassungsschutzberichte 1997, S. 113; 1998, S. 61; zur personellen Komponente mit gleich gelagerter strategischer Ausrichtung vergl. auch Karsten Goll: Biographisches Porträt: Holger Apfel, in: Uwe Backes/Eckhard Jesse (Hrsg.): Jahrbuch Extremismus & Demokratie 2007, Baden-Baden, S. 226–236 (S. 227–228, S. 234–235); Holger Apfel war Mitte der 90er Jahre JN-Bundesvorsitzender.

61 Vergl. dazu Bundesministerium des Innern (Hrsg.): Verfassungsschutzbericht 1999, S. 67.

62 Vergl. dazu Bundesministerium des Innern (Hrsg.): Verfassungsschutzberichte 2001, S. 91; 2002, S. 75; 2004, S. 80

63 „Deutsche Stimme", Dezember 2007, S. 3.

Mitte 30 angenommen werden.[64] Neumitglieder sind oft Anfang 20. Es kommt vor, dass diese Altersgruppe bereits Führungsfunktionen in NPD-Landesverbänden übernimmt.[65] Den JN gelingt es von daher kaum, die klassische Rolle einer Jugendorganisation einer Partei auszufüllen, in Abgrenzung zum deutlich höheren Altersdurchschnitt der Mutterpartei für junge Menschen die zentrale Plattform für politische Aktivitäten mit Gleichaltrigen zu sein. Die NPD ist in weiten Teilen, zum Teil bis in die Führung von Landesverbänden, selbst eine Jugendpartei. Wer mit gleichaltrigen, jungen Aktivisten Politik im nationalistischen Spektrum machen will, kann direkt der NPD beitreten, es bedarf nicht der Vorstufe einer Jugendorganisation. Schon aus dieser Konstellation heraus ist der größte Konkurrent der JN beim Werben um junge Mitglieder die NPD selbst. Es zeigt sich in der Tat, dass viele der um die 20-Jährigen direkt in die NPD eintreten, nicht in die JN. Mit ihren rund 430 Mitgliedern umfassen die JN nur einen geringen Teil der jungen Mitglieder in der NPD. Hinter ihrem Führungsanspruch als Jugendvertretung innerhalb der NPD steht nur ein Teil der Vertretenen.

Gegenüber den parteiunabhängigen Neonazis beanspruchen die JN nicht nur eine Bindegliedfunktion zwischen diesen und der Partei, sondern perspektivisch auch einen Führungsanspruch in der „Volksfront von Rechts". Die Verbindungen und Kooperationen zwischen JN und Neonazis sind vielfältig und sehr unterschiedlich ausgeprägt. Sie reichen von fließendem Übergang in personeller und aktivistischer Hinsicht bis zu Distanz und Ablehnung. Der Grad ihrer Verbindungen zu den Neonazis ist für die JN mit entscheidend für ihre Chancen als Akteur, wie in Kapitel 5 noch zu zeigen sein wird.

Ein Großteil des Neonazispektrums bleibt für die JN als Organisation allerdings nicht zu gewinnen. Die Neonaziszene umfasst bundesweit rund 5600 Aktivisten[66], weit überwiegend in einer Altersklasse von um die 20 Jahre. Es handelt sich damit um eine von den JN ins Zielspektrum gefasste Klientel „jugendlicher Rebellionslust". Und dennoch gelingt es den JN nur begrenzt, in dieses Spektrum vorzudringen. Aus dem Potenzial der neonazistischen Aktivisten im JN-Alter vermag sie nur einen Bruchteil für sich als Mitglieder zu rekrutieren. Es gilt hier Ähnliches wie für das Spektrum junger NPD-Mitglieder: Sowohl in Bezug auf die NPD-Jugend als auch das Neonazispektrum vertreten die JN nur einen geringen Teil des jugendlichen Rechtsextremismus.

Die fehlende Attraktivität der JN für viele Neonazis gründet ganz wesentlich in einer generellen Antipathie gegenüber Parteiorganisationen. Viele

---

[64] Vergl. dazu Toralf Staud: Moderne Nazis – Die neuen Rechten und der Aufstieg der NPD, Köln 2005, S. 14, der von einem Durchschnittsalter von 37 Jahren ausgeht.

[65] So wurde 2006 der hessische NPD-Landesvorsitzende im Alter von 23 Jahren gewählt.

[66] Bundesministerium des Innern (Hrsg.): Verfassungsschutzbericht 2010.

Neonazis verstehen sich dezidiert als parteifern. Die Öffnung der JN für Neonazis hat stets nur einen Teil des Neonazispektrums angesprochen. Die Öffnung und Integration dieses Teils der Neonaziszene gelingt zudem bundesweit in unterschiedlichem Maße. Innerorganisatorische Disziplin, die Anforderungen an Ein- und Unterordnung, die Regularien von Gremiensitzungen bis hin zum Bundeskongress machen sie für weite Teile der Neonaziszene prinzipiell unattraktiv. Die Anforderungen an Selbstdisziplin und geordnete Abläufe erfordern eine Umstellung des eigenen Handelns, wozu der Großteil der parteifernen Neonazis nicht bereit ist.[67] Daran ändert auch die Tatsache nichts, dass die JN inzwischen selbst zum Teil neonazistisch geprägt sind. Viele ihrer Führungskader, auch im derzeitigen Bundesvorstand, stammen aus dem Neonazispektrum. Dieser Wechsel von Aktivisten vom Spektrum der Neonazis in die NPD-Jugendorganisation geht in der Regel mit einer Veränderung der persönlichen Einstellungen und der Herangehensweise an politischen Aktivismus einher: der Einordnungsbereitschaft in hierarchische Strukturen und einer an Regeln orientierten Planung von Aktionen. Das „Rebellische", das die JN als eines ihrer Markenzeichen sehen, ist nicht das des spontan agierenden, situativ gewaltbereiten Neonazis. Letztlich kommen die JN nicht davon los, nur den parteiorientierten Teil der jüngeren Rechtsextremisten anzusprechen. Ihr Anspruch, die „Freien Kräfte" in einer an Hierarchie und politischen Vorgaben orientierten Kampfformation einzubinden, ihr Ziel einer Führungsavantgarde in der „Volksfront von Rechts", steht letztlich im Widerspruch zum Selbstverständnis großer Teile neonazistischer Aktivisten.

Eine Rolle, die die JN gegenüber Neonazis durchaus zu erfüllen in der Lage sind, ist die der Mobilisierung. Als Anmelder von Demonstrationen gelingt es ihnen, ein Potenzial an Aktivisten zu mobilisieren, das weit über die eigene Mitgliedschaft hinausgeht. Das Demonstrationsgeschehen der letzten Jahre zeigt, dass sich ein erheblicher Teil der Aktivisten bei JN-Demonstrationen aus der Neonaziszene rekrutiert. So haben etwa an der JN-Demonstration am 1. Mai 2009 in Ulm rund 1000 Rechtsextremisten teilgenommen[68]; ein Potenzial, das ihre bundesweiten Mitglieder um mehr als das Doppelte, ihre Mitgliederzahl in Baden-Württemberg um das zehnfache übersteigt. Bei der von den JN angemeldeten Demonstration am 17. Oktober 2009 in Leipzig waren sogar rund 1300 Teilnehmer zu verzeichnen. Freilich sind dies hinsichtlich der Teilnehmerzahl Einzelfälle und Ausnahmen nach oben. Aber auch bei mittelgroßen Aufzügen, wie am 8. Mai 2010 in Wiesbaden mit rund 150 Teilnehmern, rekrutiert sich der

[67] Vergl. dazu auch Sonja Scheffler: Selbstverständnis und Zielsetzung der bedeutendsten rechtsextremistischen Jugendorganisation – die Jungen Nationaldemokraten (JN), a.a.O., S. 165 f.

[68] Bundesministerium des Innern (Hrsg.): Verfassungsschutzbericht 2009, S. 62, S. 100.

größte Teil aus dem Neonazispektrum. Die JN sind bei ihren eigenen Demonstrationen in der Regel in der Minderheit. Sie können ihre Mitgliederschwäche aber durchaus durch eine Mobilisierungsfähigkeit wettmachen. Aus eigener Kraft wären sie nicht in der Lage, eine Demonstration mit nennenswertem Teilnehmerpotenzial zu bestreiten. Mobilisierungsfähigkeit heißt aber noch nicht Führungsfunktion. Das Gros der Neonazis nimmt teil wegen des Aktivismus, den eine Demonstration darstellt. Ob diese von den JN initiiert wurde, ist zweitrangig. Von „Freien Kräften" angemeldete Aufzüge sind mindestens ebenso gut besucht. Die JN als Anmelder haben für die Teilnehmer keinen Bonus.

## 5. Defizite und Erfolgsbedingungen in der „Volksfront von Rechts"

### 5.1 Abhängig von der Ausrichtung der NPD

Die Jungen Nationaldemokraten sind regional hinsichtlich vorhandener Strukturen und Aktivistenpotenzial sehr unterschiedlich aufgestellt. Die Mitgliederverteilung und der Organisationsgrad haben dies aufgezeigt. Ein Vergleich zweier Länder, in denen ein Personenpotenzial für die JN in gleichem Maße vorhanden sein müsste, es aber dennoch deutlich unterschiedlich ausgeprägte JN-Strukturen gibt, lässt Ansätze struktureller Ursachen erkennen. In Sachsen und Mecklenburg-Vorpommern verfügt die NPD über Landtagsfraktionen und entfaltet einen hohen Aktivitätsgrad. Es müsste in beiden Ländern ein ausreichendes Personenpotenzial für aktionsfähige Landesverbände der JN vorhanden sein. Während es in Sachsen einen solchen gibt, fehlen aktionsfähige JN-Strukturen in Mecklenburg-Vorpommern weitgehend.

Die JN in Sachsen stehen in einer engen Verbindung, fast schon Symbiose, mit Teilen der neonazistischen Kameradschaftsszene. Sie verstehen es, diese zu binden und anlassbezogen zu mobilisieren.[69] Ihr Auftreten ist aktionistisch bis hin zur anlassbezogenen Gewaltbereitschaft. Der NPD-Landesverband steht hingegen für einen deutlich moderateren Weg. Der „Sächsische Weg", den er propagiert, zielt auf Ansprache und Akzeptanz bei Wählern jenseits des rechtsextremistischen Spektrums.[70] Es besteht eine deutlich unterschiedliche programmatische, aber auch aktionistische Ausrichtung zwischen Jugendverband und Mutterpartei. Während sich die JN gezielt den für eine Kooperation offenen Teilen der „Freien Kräfte" zuwenden, erscheint die „verbürgerlichte" NPD für große Teile der Neonaziszene unattraktiv. Die JN bilden in Sachsen eine aktionistisch ausgerichtete Alternative zur NPD und können dadurch die Bindeglied-

---

[69] Vergl. dazu Landesamt für Verfassungsschutz Sachsen (Hrsg.): Sächsisches Handbuch zum Extremismus und zu sicherheitsgefährdenden Bestrebungen, 2009, S. 31–36; Sächsisches Staatsministerium des Innern (Hrsg.): Verfassungsschutzbericht 2009, S. 11–12, S. 18–21.

[70] Zum „Sächsischen Weg" vergl. ebd., S. 14-15; zur Organisationsstruktur, programmatischer Ausrichtung und Wählerpotenzial der NPD in Sachsen vergl. auch Marc Brandstetter: Die sächsische NPD: Politische Struktur und gesellschaftliche Verwurzelung, ZParl 2007, S. 349–367.

oder Brückenfunktion zwischen Partei und Neonazis erfolgreich ausfüllen. Die NPD bildet in dieser bewusst gewollten Konstellation den „parlamentarischen Arm der Bewegung", während sich JN und Neonaziszene als „außerparlamentarischen Arm" verstehen.[71] Es gelingt den JN auf diese Weise, sich ein Aktionsfeld und ein Personenpotenzial zu erschließen, welches von der NPD nur eingeschränkt abgedeckt wird.

In Mecklenburg-Vorpommern ist der NPD-Landesverband selbst eng mit den Teilen der Neonaziszene verknüpft, die für Parteiarbeit zugänglich sind. Ausgewiesene Neonazis sind Mitglieder der Landtagsfraktion, der Aktionismus der NPD ist aggressiver, mit hohem Verbalradikalismus.[72] Es hängt sowohl von Personen als auch vom Aktionsprofil ab, ob eine Offenheit der Neonaziszene gegenüber der NPD gegeben ist oder sich einstellt. Stimmt diese Konstellation, macht dies die NPD für Neonazis unmittelbar attraktiv. Es bedarf keiner Brückenfunktion zwischen einer „verbürgerlichten" Partei und der Kameradschaftsszene, die NPD hat unmittelbar Zugang und Akzeptanz im Neonazispektrum. Für die JN bleibt kaum Spielraum für eine eigenständige Rolle. Aktivisten, die für einen Aufbau von JN-Stukturen infrage kämen, engagieren sich direkt in der NPD.

Diese strukturellen Rahmenbedingungen, unter denen der Aufbau von JN-Strukturen begünstigt bzw. erschwert bis verhindert wird, geben einen Erklärungsansatz für die regional unterschiedliche Aufstellung der Jungen Nationaldemokraten. Eine ähnliche Ausrichtung der NPD wie in Sachsen lässt sich etwa in Baden-Württemberg und Hessen feststellen. Auch dort ist die NPD für die Neonaziszene eher unattraktiv, wodurch aktionsfähige JN-Organisationen begünstigt werden. Umgekehrt lässt sich eine Konstellation mit einem stark mit der Neonaziszene verbundenen NPD-Landesverband wie in Mecklenburg-Vorpommern etwa in Thüringen, Nordrhein-Westfalen, Schleswig-Holstein und Hamburg ausmachen. Auch dort sind keine oder kaum handlungsfähige JN-Strukturen vorhanden. Eine Besonderheit, im Grunde Steigerung, kann in Sachsen-Anhalt gesehen werden. Dort stellen die JN nicht nur eine enge Verbindung zur Kameradschaftsszene her, sondern haben den NPD-Landesverband quasi weitgehend institutionell übernommen; JN-Funktionäre dominieren den NPD-Landesvorstand[73]. Der JN-Landesverband kann als der aktivste bundesweit gelten.

### 5.2 Strukturelle Defizite

Zu diesen politischen Konstellationen kommen grundlegende strukturelle Defizite. Die relativ geringe Mitgliederzahl ermöglicht keine bundesweit flächen-

[71] Sächsisches Staatsministerium des Innern (Hrsg.): Verfassungsschutzbericht 2009, S. 11–12.

[72] Vergl. zum engen Verhältnis zwischen NPD und Neonazis in Mecklenburg-Vorpommern Sandra Pingel-Schliemann: Die NPD im Landtag von Mecklenburg-Vorpommern, in: Uwe Backes/Eckhard Jesse (Hrsg.): Jahrbuch Extremismus & Demokratie 2008, Baden-Baden, S. 151–166.

[73] Ein Rückgang des JN-Einflusses zeigt sich mit der Neuwahl des NPD-Landesvorstandes im Juni 2011.

JN kein Alleinstellungsmerkmal mehr. Ihre Rolle als Bindeglied zwischen Partei und Neonazis wird quasi überbrückt.

Grundsätzlich können die JN von Verboten rechtsextremistischer Organisationen profitieren. Verbote von neonazistischen Kameradschaften bis hin zum HDJ-Verbot haben immer wieder gezeigt, dass die JN für dieses Personenpotenzial in der Folge attraktiv werden. Dennoch hält sich dieser organisatorische und personelle Profit in Grenzen. Er beschränkt sich in der Regel auf wenige Aktivisten, sodass Ausschläge nach oben in der Mitgliederzahl nach Vereinsverboten nicht unmittelbar zu verzeichnen sind. Zumeist tragen sie bestenfalls zur organisatorischen Stabilisierung bei. Die Jugendorganisation kauft sich zudem mit dem Nachlass von Verboten nicht nur, wie oben beschrieben, eine Zerklüftung ihrer Milieus ein, sondern geht auch ein rechtliches Risiko ein.

Die JN können ihre Ansprüche, Brücke und Bindeglied zwischen NPD und Neonazis zu sein, in den „vorpolitischen Raum" innerhalb des rechtsextremistischen Spektrums vorzudringen und eine Art Führungsfunktion auszuüben, nur mäßig bis gar nicht erfüllen. Schon ihr organisatorischer Aufbau stagniert und ist brüchig. Punkten können sie lediglich bei anlassbezogenen Mobilisierungen. Ihr Einfluss im Sinne von Führung in die Neonaziszene hinein ist sehr begrenzt. Zwar gelingt es in Ansätzen, neue Milieus zu erschließen, der Weg zur Avantgarde mit Leitfunktion im „vorpolitischen Raum" dürfte aber bis auf Weiteres nicht erreichbar sein. Zur Stärkung ihrer Rolle in der „Volksfront von Rechts" fehlen den Jungen Nationaldemokraten die strukturellen Voraussetzungen und Handlungsfreiräume, zu deren Schaffung bzw. Erweiterung sie selbst nur eingeschränkt beitragen können.

Gestern - Heute - Morgen -

GESCHICHTLICHER RÜCKBLICK

Ein spannendes Verhältnis: Verfassung

Jihad im Sauerland

RECHTSEXTREMISMUS Antisemitisch motivierte Straftat

ie Jungen Nationaldemokraten LINKSEXTR

chon sicher? Die Durchführung von Sicherheitsüberprüfungen

0 Jahre Landesamt für Verfassungsschutz Hessen

Verfassungsschutz im 21. Jahrhundert Verfas

60 Jahre Lande

Die Verfassungsschutzberichte des Landes He

Abschied vom Trennungsgebo

ungsschutz und Öffentlichkeit H

Radikalisieren verboten?

n von Beleidigungen bis zu Gewalttaten

Gescheiterte Revolutionsträume:

Wer ist schon sicher?

chutz in der freiheitlichen Demokratie

Verfassungsschutz im 21. Jahrhundert Verfassung

GESCHICHTLICHER RÜCKBLICK 60 Jahre Lande

Die Verfassungsschutzberichte des

PERSPEKTIVEN DES VERFASSUNGSSCHUTZES

Abschied vom Trennungsgebot

RECHTSEXTREMISMUS

Die Jungen Nationald

nsträume: Die Enttarnung der geheimen „Militärorganisation"

cher? Die Durchführung von Sicherheitsüberprüfungen

andesamt für Verfassungsschutz Hessen

Verfassungss

60 Jahre Landesamt

Die Verfassungsschutzbericht

# LINKSEXTREMISMUS

# Gescheiterte Revolutionsträume: Die Enttarnung der geheimen „Militärorganisation" der DKP 1989

*Rudolf van Hüllen*

## 1. Überraschung zum Jahreswechsel

Mit dem 71. Jahrestag der KPD-Gründung (31.12.1989) dürfte die damalige Führung der Deutschen Kommunistischen Partei (DKP) allenfalls finsterste Erinnerungen verbinden: Die Katastrophen hatten sich gehäuft. Jüngere Kader der Partei, die nicht länger am sterbenden Honecker-Sozialismus, sondern am Reformkurs der Kommunistischen Partei der Sowjetunion (KPdSU) Michael Gorbatschows Maß nahmen, liefen der DKP seit Monaten in Scharen davon, und die Zahl der ursprünglich um die 40.000 Mitglieder bewegte sich auf die Hälfte zu. Die krisengeschüttelte Partei hatte zum Jahresende 1989 nahezu ihren gesamten hauptamtlichen Apparat entlassen müssen, nachdem die Sozialistische Einheitspartei Deutschlands (SED) ihre Finanzhilfen von 67 Mllionen D-Mark radikal zusammengestrichen hatte. Und nun hatte auch noch das Nachrichtenmagazin „Spiegel" angefragt, was es mit einer geheimen und illegalen „Militärorganisation" (MO)[1] der Partei auf sich habe. Ein leitender Kader der MO, früherer hessischer Landesvorsitzender der Sozialistischen Deutschen Arbeiterjugend (SDAJ) und ehemaliger Mitarbeiter der Abteilung Organisation und Personalpolitik des Parteivorstandes, Willi Herrmann, Nom de Guerre „Lothar Oertel", hatte sich nach einem Ablösungsprozess von der Partei der Presse anvertraut und berichtet, die DKP habe zwischen den frühen 1970er Jahren und 1987 mehrere Hundert Nachwuchskader von MfS (Ministerium für Staatssicherheit) und NVA (Nationale Volksarmee) in der DDR zu Guerillakämpfern ausbilden lassen. Das kurz vor der erwarteten „Spiegel"-Veröffentlichung[2] im Zentralorgan „Unsere Zeit" (UZ) vom 29. Dezember gedruckte Dementi zur Instruktion des Parteivolkes verriet paradoxerweise aus kommunistischer Sicht, warum es die

[1] Dem Beauftragten für die Stasi-Unterlagen (BStU) gelang es bis 2004, einen Teil der einschlägigen MfS-Akten zu rekonstruieren. Das ZDF berichtete über die Ergebnisse in seinem Magazin „Frontal 21" im Mai 2004. Auf der Auswertung der neueren Quellenlage beruht auch die Studie von Udo Baron: „Gruppe Ralf Forster" – Die geheime Militärorganisation von DKP und SED in der Bundesrepublik, in: Deutschland-Archiv 6/2005, S.1009–1015. Einblicke in die MfS-Akten zeigen unterschiedliche Bezeichnungen für die MO. Sie erscheint dort als „Gruppe Ralf Forster" oder „Gruppe R.F", als „besondere Gruppe der DKP" und schließlich – bei der Registrierung der Kader – als Sicherungsvorgang „Gruppe Aktion".

[2] „Schüsse am Scharmützelsee", in: „Der Spiegel" Nr.1/1990 v. 01.01.1990, S. 65–70.

MO eben doch gegeben hatte. Die DKP, so deren seit 1973 amtierender Vorsitzender, Herbert Mies, vereine „Mitglieder aller Generationen mit unterschiedlichen Erfahrungen aus dem Kampf gegen Faschismus und Krieg, für internationale Solidarität und die Unterstützung von Befreiungsbewegungen". In diesem Satz sind praktisch alle Konstellationen aufgezählt, in denen sich Kommunisten zur Anwendung von Gewalt berechtigt fühlen: der (revolutionäre) Kampf gegen „Faschismus" und gegen seine - aus kommunistischer Sicht - Latenzform, den Kapitalismus; der Kampf gegen den (imperialistischen) Krieg, gedacht als „imperialistische Aggression" gegen sozialistische Staaten; schließlich der „proletarische" und/oder „sozialistische" Internationalismus, also die bewaffnete Förderung von „Befreiungsbewegungen" (kommunistischer) Insurgenten in der Dritten Welt.

Die MO war genau das: die konsequente Umsetzung ideologischer Vorgaben für den revolutionären Kampf, den aber selbst ihre härtesten politischen Gegner der DKP nicht mehr zugetraut hatten.

## 2. Spezialisten für kommunistische Strategien gefragt

Der Jahreswechsel 1989/90 gehört zu jenen Epochenumbrüchen, in denen sich Geschichte auf geradezu aberwitzige Weise beschleunigt und etablierte Institutionen gewaltigen Herausforderungen aussetzt, sich auf die Dimension des Neuen einzustellen. Das traf natürlich auch für die Sicherheitsbehörden der alten Bundesrepublik zu.

Der „Spiegel" wandte sich wegen der Bekenntnisse des Frankfurter MO-Kaders zunächst an den Verfassungsschutz in Hessen. Wie das Bundesamt für Verfassungsschutz wurde auch der Verfassungsschutz in Hessen seinerzeit von Präsidenten geführt, die ihre Sporen bei der polizeilichen und nachrichtendienstlichen Bekämpfung des westdeutschen Terrorismus verdient hatten. Beide waren beim Stichwort „Terrorismus" sofort hellwach. Nur hatten sie es im Zusammenhang mit der DKP nicht erwartet.

Dies galt für den mit der DKP befassten Dezernatsleiter im hessischen Verfassungsschutz eher nicht. Dieser war nicht erst seit einigen Tagen für seinen Aufgabenbereich zuständig: Der hochgewachsene und schweigsame Beamte hatte als junger Student 1968 Adorno und Marcuse in den brodelnden Hörsälen der Universität Frankfurt gelauscht und die Theorien des revolutionären Marxismus sowohl in ihrer orthodoxen sowjetischen als auch der mehr oder weniger maoistisch-terroristischen Variante genau studiert. Er benötigte nicht sehr lange, um die Folgerichtigkeit einer Terrortruppe der „Friedenspartei" DKP aus ihrer Ideologie abzuleiten. Und er benötigte auch nicht sehr lange, um im mutmaßlichen Leiter jener Truppe, „Ralf Forster", den in den 1980er Jahren aus Hessen verschwundenen und inzwischen - nach den Datenschutzvorschriften aus dem offiziellen Gedächtnis seiner Behörde gelöschten – KPD/DKP-Funktionär Harry Schmitt[3] wiederzuerkennen. „Ralf Forsters" Stellvertreter, „Gerd Meyerhof", erging es nicht besser, da er unvorsichtigerweise nach 1945 Mitarbeiter der KPD-Bezirksleitung Nordhessen-Waldeck gewesen war.[4] So war der LfV-Beamte jener Joker, dessen langes Gedächtnis und profundes Fachwissen in „modernen" Theorien über die „Flexibilität" und „Verwendungsbreite" von Behördenmitarbeitern einfach nicht mehr vorkommen.

Das Bundesamt für Verfassungsschutz – ebenfalls ohne Erkenntnisse über die MO – wurde von den bevorstehenden Enthüllungen durch die hessischen Kollegen unterrichtet. Zwar war in der dortigen Fachabteilung niemand dem Irrtum aufgesessen, die DKP mit ihrem immensen Einfluss auf die sogenannte Friedensbewegung für belanglos oder gar friedfertig zu halten. Der zuständige Abteilungsleiter verfügte als „Frontkämpfer" über Erfahrungen seit den 1950er Jahren und war im geteilten Berlin gegen die Kommunisten ein hohes Maß an persönlichem Risiko eingegangen. Der Politologe war in der Lage, jederzeit aus dem Stegreif eine komplette Vorlesung über Marxismus-Leninismus zu halten. Die zuständige Referatsgruppenleiterin war von vergleichbarem Kaliber; sie hatte 1968 schon die „Neukonstituierung" der DKP bearbeitet. Nur solchen, oft als „Kalte Krieger" beschimpften, Spezialisten ist zu verdanken, dass – bevor beim Bundesbeauftragten für Stasiunterlagen nennenswerte Reste der MO-Akten auftauchten – sich die Bundesrepublik nicht allzu sehr an den Spätfolgen der Appeasement-Politik der späten 1980er Jahre blamiert hat.

Zunächst war bei der Aufklärung der hessische Verfassungsschutz gefordert. Das ergab sich aus dem hessischen Bezug der Aussagen des „Überläufers" Willi Hermann, aber vor allem aus dem gnadenlos guten Gedächtnis und der analytischen Fähigkeit des damals zuständigen Dezernatsleiters beim LfV. Er setzte alle Bruchstücke konsequent zusammen und verlor dabei niemals die bei vielen Mitarbeitern schon lange vergessene Mentalität der Apparatkommunisten aus dem Auge. Seit Jahren wurde er in der Runde der Verfassungsschutz-

[3] Harry Schmitt (1919–1999) verkörperte einen in der KP besonders zuverlässigen Kadertypus. Er war in der Moskauer Emigration 1936 Sowjetbürger geworden, geriet in die Stalin'schen Säuberungen, kam aber nach gut zwei Jahren frei und erlebte das Kriegsende als sowjetischer Gardehauptmann. In der KPD arbeitete der Hermann Weber als „misstrauisch und völlig humorlos" in Erinnerung gebliebene Schmitt stets in besonders sensiblen Funktionen des Apparats, vor allem als Mitglied der Zentralen Parteikontrollkommission (die parteiinterne Staatssicherheit) und als Büroleiter des KPD-Vorsitzenden Max Reimann in Berlin (Ost). In den SED-Akten scheint er mannigfach mit dem Decknamen „Lutz" auf. 1969 meldete er sich in Frankfurt am Main (damals Sitz des Parteivorstandes der DKP) an, entwickelte aber im Westen kaum Aktivitäten. 1987 siedelte er als Rentner in die DDR über und verschwand damit vom Schirm der westdeutschen Sicherheitsbehörden. Zu Schmitt vergleiche Hermann Weber: Wer war „Ralf Forster"? Der Leiter der DKP-Militärorganisation im Spiegel der Erinnerung und der MfS-Akten, in: Jahrbuch für Historische Kommunismusforschung 2006, S. 298–310, zit. 299.

[4] Es handelt sich um Horst Bäsche (Jg. 1924), während der Verbotszeit der KPD in den 1960er Jahren Mitglied des Zentralkomitees (ZK).

experten zum Linksextremismus wegen seines profunden, historisch fundierten Wissens geschätzt. Jetzt bewährte es sich in der Praxis: Mann für Mann gingen die mit Decknamen getarnten hessischen MO-Kader hoch und wanderten als Ermittlungsergebnisse an die unterstützende Einheit des Bundeskriminalamtes. Nur geringfügig irritierend wirkte dabei der dem Dezernatsleiter vorauseilende Ruf, dass er von einmal erlangten Überzeugungen nur schwer wieder abzubringen sei. Dieses kleine Manko relativierte sich nämlich durch die Erfahrung, dass er meistens Recht behielt. In der großen Kölner Zentralbehörde hatte man die Ermittlungen inzwischen ebenfalls in einem Referat angesiedelt, das die erfahrensten Spezialisten zur Szene der niedergehenden orthodoxen Kommunisten versammelte. Von ihnen setzte man auf die Fährte der MO einen für seine Kombinationsgabe, Findigkeit und unbestechliche Präzision bekannten Beamten, seit 20 Jahren in der Fachabteilung. Er war ähnlich erfolgreich wie sein hessischer Kollege.

Nicht nur bei Behörden und in der Öffentlichkeit, auch innerhalb der DKP dürfte die Enttarnung einer derart geheimen Struktur einige Irritationen ausgelöst haben. Optionen für bewaffneten Kampf mochten für die ältere Generation von Kommunisten aus ihrem Erleben des Nationalsozialismus nachvollziehbar gewesen sein. Aber in der Lebenserfahrung der jüngeren Genossen fanden sie keinen realen Rückhalt: Keiner von ihnen verfügte über die traumatische Erfahrung des Zweiten Weltkrieges. Allenfalls kannte die 68er Kadergeneration der DKP solche Ereignisse entweder aus ideologischer Schulung oder aus den Heldenerzählungen von Altkommunisten. Das reichte in der Regel nicht, um die Bereitschaft zu terroristischer Aktion zu begründen.

### 3. Die DKP und die „Beherrschung aller Kampfformen"

Indessen hatte die DKP nie einen Hehl daraus gemacht, dass sie das kommunistische Erfordernis für sich gelten ließ, alle Kampfformen zu beherrschen: „Die marxistische Partei der Arbeiterklasse", schrieben die Parteiideologen Gerns und Steigerwald 1977, „muss sich alle Kampfformen aneignen, muss alle beherrschen lernen und die Auswahl der Formen und Methoden *nur aus der Zweckmäßigkeit, nach dem Kräfteverhältnis, nach dem Grad des Bewusstseins der Massen* vornehmen"[5]. Welche Rolle hierbei der bewaffnete Kampf spielen konnte, unterstrichen die Autoren drei Jahre später: „Wenn die Bolschewiki [...] aus der Niederlage des Dezemberaufstandes 1905 die Schlussfolgerung gezogen hätten, dass der bewaffnete Kampf unmöglich ist, dann hätte es nie die sozialistische Oktoberrevolution gegeben."[6]

[5] Willi Gerns/Robert Steigerwald: Probleme der Strategie des antimonopolistischen Kampfes, Frankfurt/Main 1973, S. 47 f. Hervorhebungen nicht im Original.

[6] Willi Gerns/Robert Steigerwald: Für eine sozialistische Bundesrepublik, Frankfurt/Main 1976, S. 37.

Deutlicher noch wurde der Mitarbeiter des Parteivorstandes, Hans Adamo, ebenfalls 1976: „Wir Kommunisten verschweigen nicht, dass die Gewalt unter gewissen Bedingungen eine harte und unumgängliche Notwendigkeit ist. [...] Ohne die Gewalt des wirklich revolutionären Kampfes würde es keinen gesellschaftlichen Fortschritt und keinen Sozialismus geben."[7]

Dass solche deutlichen Bekundungen selten vorkamen, gehörte zum System der semantischen Mimikry in der DKP. Gewaltrhetorik, so wusste man, konnte vom Klassengegner benutzt werden, um die DKP in die Nähe der terroristischen „Roten Armee Fraktion" (RAF) zu rücken und war somit geeignet, die Legalität der Partei zu gefährden. Dabei wäre eine Feststellung solcher Nähe sogar inhaltlich begründbar gewesen. Die deutschen linksextremistischen Terroristen der RAF gehörten nämlich gerade nicht zu der von der DKP verachteten ideologischen Grundströmung der Anarchisten, sondern verstanden sich als revolutionäre Marxisten. Darauf wies schon der mit dem Namen verbundene Anspruch hin, die Keimform einer künftigen „Roten Armee" sein zu wollen. Allerdings war die RAF wegen ihrer voluntaristischen Vorstellung, eine revolutionäre Situation individuell durch Anschläge herbeibomben zu können, aus der Sicht eines Sowjetmarxisten mit dem Makel einer schwerwiegenden „linksradikalen Abweichung" behaftet.[8] Trotzdem waren aus orthodox-kommunistischer Sicht nicht nur „revolutionärer Massenterror", sondern auch die – im Auftrag der Partei – terroristische Liquidierung von „Klassenfeinden" seit Lenin unter bestimmten Voraussetzungen erlaubt[9]; die MO-Kader wurden darin, wie noch darzustellen ist, ausdrücklich geschult.

Semantische Mimikry und Scheinlegalismus trugen allerdings dazu bei, die DKP, zumal in einem Klima der Entspannungspolitik und der Ost-West-Annäherung, als „brave" linksextremistische Partei erscheinen zu lassen. DKP-dominierte Demonstrationen stehen von jeher in dem Ruf, friedliche „Latschdemos" zu sein; die tatsächlich von MO-Kadern durchsetzten Ordnergruppen der Partei galten bei der Polizei als berechenbare und zuverlässige Ansprechpartner. Dies war von DKP und SED gewollt, es erhöhte die bündnispolitische Akzeptanz der

[7] Hans Adamo, Einleitung zu: Marx/Engels/Lenin: Über den Anarchismus, Frankfurt/Main 1976, S. 47 f.

[8] Grundlegend dazu Lenins Werk „Der linke Radikalismus – die Kinderkrankheit des Kommunismus" (Werke, Bd. 31) mit der Kernaussage, dass solcherart „linker Radikalismus" bei Nichtbeachtung der Kräftelage der revolutionären Sache schaden könne. Eine Absage an Gewalt bedeutet dies nicht. Die SED ratifizierte die ideologische Nähe durch die logistische Unterstützung der RAF und durch die „Einlagerung" verbrauchter Kader der RAF-Kommandoebene in der DDR, die DKP nach 1989 durch die freundliche Aufnahme der nach der Wende heimatlos gewordenen RAF-Terroristin und Polizistenmörderin Inge Viett in der Partei.

[9] Die entsprechenden Bekundungen Lenins heben terminologisch immer auf eine Rechtfertigung des Terrors ab, während „Terrorismus" auch bei ihm negativ konnotiert bleibt. Tatsächlich handelt es sich um praktisch gleiche Handlungsmodi: „Selbstverständlich lehnen wir den individuellen Terror nur aus Gründen der Zweckmäßigkeit ab." (Lenin, Werke Bd. 31, S. 18).

DKP in Protestbewegungen, untergrub den Antikommunismus und damit die gebotene Distanz linker Demokraten zur Partei. Schließlich gelang dadurch - besonders in den 1980er Jahren - in der politischen Kultur ein Denkverbot über die langfristigen Ziele der Kommunisten.

Umgekehrt stellte gerade im Licht solcher Erfolge der DKP-Bündnispolitik die Existenz der MO ein schier aberwitziges Risiko dar. Ihre beweiskräftige Enttarnung etwa in der Mitte der 80er Jahre hätte mindestens für das deutsch-deutsche Verhältnis unabsehbare Folgen gehabt. SED und DKP konnten also einerseits nur hoffen, dass die konspirative Abdeckung hielt, dass andererseits „der Gegner" durch die errichteten Barrieren der „political correctness" davon abgehalten würde, aus eventuellen Verdachtsmomenten die richtigen Schlüsse zu ziehen.

### 4. „Militärpolitische" Traditionen der Kommunisten

All das hätte man mit einem Blick in den Traditionsfundus kommunistischer Parteien durchaus wissen können. Noch 1987 hatte ein Autorenkollektiv des Militärgeschichtlichen Instituts der DDR und der Militärakademie Friedrich Engels denkbar offen erklärt, „Militärpolitik" sei „stets ein konstitutives Element der Politik der revolutionären Arbeiterbewegung im Kampf um die Eroberung und Behauptung der politischen Macht der Arbeiterklasse" gewesen. Man habe sie stets unter dem Blickwinkel der „Aneignung und Anwendung des Leninismus zu betrachten, wobei der Lenin'schen Lehre über Krieg und Streitkräfte, über bewaffneten Kampf und bewaffneten Aufstand besondere Bedeutung" zugekommen sei.[10]

Tatsächlich waren die „Militärapparate" als Produkte des ersten Weltkrieges und des europäischen „Nachkrieges" der KPD in die Wiege gelegt. Sie schuf schon im Januar 1919 eine „Militärabteilung" (M-Abteilung) und ließ alsbald Teile des aus der Novemberrevolution stammenden „Revolutionären Soldatenbundes" in die parteieigene sogenannte Kampforganisation[11] einfließen. Das erschien schon fast ohne ideologische Begründung nachvollziehbar: Die von der KPD mitverursachte Bürgerkriegssituation hatte frühzeitig den Verlust der beiden Parteiführer Rosa Luxemburg und Karl Liebknecht verursacht, ein Ereignis, das auch auf mangelhafte militärische Vorbereitung zurückzuführen war.

Die Komintern schrieb schon 1920 die Militärapparate als konstitutives Merkmal marxistisch-leninistischer Kampfparteien fest. Folgerichtig stellte die KPD in der Weimarer Republik bis zu 730 „proletarische Hundertschaften" auf, gleichzeitig entstanden sogenannte „T-Gruppen", deren Aufgabe in der

[10] Autorenkollektiv des Militärgeschichtlichen Instituts der DDR: Geschichte der Militärpolitik der KPD (1918-45), Berlin (Ost) 1987, S. 13.

[11] Bernd Kaufmann/Eckhard Reisener/Dieter Schwips/Henri Walther: Der Nachrichtendienst der KPD 1919-1937, Berlin 1993, S. 19.

Liquidierung von Verrätern und herausgehobenen Klassenfeinden bestand.[12] 1928 wurden solche Aktivitäten als „Abteilung Militärpolitik" des ZK zentralisiert.[13] Zwischen 1930 und 1935 wurden 200 bis 250 deutschsprachige Kader an sogenannten „M-Schulen" in der Sowjetunion ausgebildet.

Die KPD hat – soweit bekannt – nach 1945 solche Traditionen zunächst nicht wieder aufgegriffen. Dafür mögen der Wiederaufbau der Partei unter Bedingungen des Besatzungsregimes, die im Aufbau befindlichen Militär- und Nachrichtendienste der DDR, schließlich seit 1951 die Unzweckmäßigkeit solchen Unterfangens unter latenter Verbotsdrohung eine Rolle gespielt haben. Jedenfalls sind solche Aufgaben offenbar in den 50er und 60er Jahren in erster Linie von MfS und NVA arbeitsteilig erledigt worden.

Die NVA hatte zwischen 1957 und 1962 durch ihre „15. Verwaltung" in der Bundesrepublik unter Einschluss Berlins mindestens 88 ausgebildete Agenten und Saboteure platziert.[14] Nicht klar ist allerdings, wie viele davon Bundesbürger und wie viele nach Westen geschleuste DDR-Bewohner waren.[15] Die westdeutschen Kader wurden von bestimmten Verbindungsmännern, „in jedem Falle alte KPD-Genossen", aus „ihrem Bekanntenkreis" getippt.[16] Die NVA-Saboteure waren demnach praktisch ausschließlich KPD-Mitglieder. 1962 wurde die 15. Verwaltung der NVA im Zuge einer Strukturbereinigung in die selbstständige Abteilung IV des MfS übernommen. Die westdeutschen Sicherheitsbehörden hatten von ihrem Treiben, auch den KPD-Bezügen, allenfalls Bruchstücke wahrgenommen[17], diese jedoch nicht in einen systematischen Zusammenhang bringen können. Das erstaunt nicht, berücksichtigt man neben der hochkomplexen konspirativen Abdeckung die äußerst komplizierte Organisation und Durchmischung der auf die Bundesrepublik angesetzten SED/DDR-Terrorapparate.

Selbst innerhalb des MfS hatte es für die Vorbereitung von Sabotageakten in der Bundesrepublik mehrgleisige Zuständigkeiten gegeben. Die entsprechende Organisationseinheit war 1953 auf sowjetische Weisung als „Abteilung z.b.V." gegründet worden. 1959 avancierte sie

---

[12] Ebda, S. 75, 91 f.

[13] Ebda., S. 177. Die Abteilung firmierte auch als „AM-Apparat" oder „Kippenberger-Apparat", benannt nach seinem seinerzeitigen Leiter Hans Kippenberger. Er fiel 1937 bei Ulbricht in Ungnade, wurde in Moskau verhaftet und erschossen.

[14] Stephan Fingerle/Jens Giesecke: Partisanen des Kalten Krieges. Die Untergrundtruppe der Nationalen Volksarmee 1957 bis 1962 und ihre Übernahme durch die Staatssicherheit, Berlin 1996, S. 52.

[15] Ebd., S. 9 f.. Die Autoren stellen fest, dass bis Ende 1959 in Westdeutschland 49 Mitarbeiter geworben worden seien, andererseits hätten bis zu diesem Zeitpunkt vier Agentenlehrgänge in der DDR mit insgesamt 157 Kursanten stattgefunden, von denen lediglich 23 aus dem Westen gestammt hätten (ebd., S. 39–44, Dok. 4).

[16] Ebd., S 38, Dok. 3: Bericht der Verwaltung Kader des Ministeriums für nationale Verteidigung vom 13.04.1959.

[17] Horst Günter Tolmein: Partisanen unter uns. Der Kommunismus probt den Aufstand, Mainz 1972, schildert die Enttarnung und Verurteilung eines Sabotageagenten 1964 (S. 142). Im Kapitel „Die Partisanen Mielkes" (S. 129–147) werden entsprechende Aktivitäten allerdings der HVA VIII des MfS zugerechnet.

zur selbstständigen Abteilung IV. Die Dienstaufsicht über sie führte seit 1978 eine unmittelbar Erich Mielke zugeordnete „Arbeitsgruppe Minister/Sonderaufgaben" (AGM/S).[18] Hier wurden die in der Verantwortung des MfS stehenden Sabotage- und Terrorkader ausgebildet und ein IM-Netz für ihre Platzierung im „Operationsgebiet" unterhalten. Ihr Auftrag erstreckte sich auf die Ausführung gezielter Anschläge, gegebenenfalls auch in „relativ friedlichen Verhältnissen (als Verhältnisse des normalen, koexistierenden, abgegrenzten Nebeneinanderbestehens bei fortschreitender Tendenz der internationalen Entspannung".[19] Als eine ihrer Aufgaben notierte die AGM/S 1982 die „zielgerichtete Liquidierung, Geiselnahme und Entführung von Personen".[20]

Die Ausbildungs- und Einsatzprinzipien der AGM/S bildeten das Referenzmodell für die Ausbildung der MO-Kader. Dass Letztere gleichwohl eine eigene Größe und nicht etwa nur Bestandteil der DDR-Sabotageapparate waren, ist z.B. dadurch belegbar, dass „ihre" MfS-Verantwortlichen nicht in die AGM/S integriert waren. Es handelte sich vielmehr um zwei handverlesene MfS-Offiziere, die lediglich die nachrichtendienstliche Abdeckung des Unternehmens MO, die Schleusung der Kader und die Absicherung der beiden Ausbildungsbasen zu leisten hatten: Inhaltlichen Einfluss auf die MO nahmen sie überhaupt nicht. Beide bildeten seit mindestens 1973/74 die „Arbeitsgruppe Sonderaufgaben" (AGS) im „Büro der Leitung/II" (BdL/II) des Ministers Mielke. 1977 wurde die AGS der AGM unterstellt, von 1978 bis 1986 der Abteilung IV zugeordnet und nach deren Auflösung als „Referat 5" der für die Absicherung der DKP zuständigen Hauptabteilung II/Abteilung 19 angegliedert.

Die häufigen Restrukturierungen kann man so deuten, dass keine der Konstruktionen wirklich überzeugte und dass die Terror- und Sabotageapparate nicht nur besonders sensibel, sondern vielleicht auch nicht so effizient wie gewünscht waren.[21] Der Wiedereinstieg der KPD in die „Militärpolitik" ihrer historischen Vorläufer ist mithin erklärungsbedürftig. Vielleicht waren hochgespannte Erwartungen, die DKP könne sich in die Größenordnung der italienischen oder französischen Partei entwickeln, Hintergrund für den Wunsch, sich auch einen schlagkräftigen Apparat für das „letzte Gefecht" zuzulegen. Überlegungen zur Neuauflage eines Militär-

---

[18] Thomas Auerbach: Einsatzkommandos an der unsichtbaren Front. Terror- und Sabotagevorbereitungen des MfS gegen die Bundesrepublik Deutschland, Berlin 1999, S. 10. Die AGM/S wurde 1988 zur Abteilung XXIII der HVA und ging ein Jahr später in der vergrößerten HA XXII der HVA auf.

[19] So die verquaste MfS-Umschreibung für den Normalfall der Entspannungspolitik seit den 70er Jahren, in: „Die Einsatz- und Kampfgrundsätze tschekistischer Einsatzkader bei der Durchsetzung offensiver tschekistischer Kampfmaßnahmen im Operationsgebiet" vom 09.01.1974, zit. nach Auerbach, a.a.O., S. 25.

[20] AGM/S: Die Aufgaben tschekistischer Einsatzgruppen im Operationsgebiet, März 1982, zit. nach Auerbach, a.a.O., S. 33.

[21] Tobias Wunschik: Die Hauptabteilung XXII „Terrorabwehr", Bd.16 des vom BStU hrsgg. „Handbuches des MfS", Berlin 1995. Wunschik lässt auf S. 21 durchblicken, dass die Derivate der Abteilung IV Problemfälle des MfS gewesen seien.

apparates waren jedenfalls unmittelbar mit den Planungen für die „Neukonstituierung" der DKP verbunden gewesen: Auf einem der verschiedenen im Herbst 1968 im „Arbeitsbüro" der KPD entstandenen Memoranden zur Zukunft der Partei findet sich ein handschriftlicher Vermerk „Militärpolitik und Militärarbeit", mutmaßlich aus der Feder des Leiters der ZK-Abteilung „Arbeitsbüro", Max Spangenberg.[22] Das fügt sich zur Praxis der militärischen Schulung von KPD-/DKP-Mitgliedern in der Tschechoslowakei (CSSR) und in Ungarn 1968–1973 und auch zum Ergebnis einer eiligen Recherche der SED-PDS Ende 1989 nach Bekanntwerden der MO: Deren Einrichtung gehe auf eine mündliche Vereinbarung zwischen Walter Ulbricht und dem Ersten Sekretär der KPD, Max Reimann, zurück; später hätten Honecker und Mies den konspirativen Pakt erneuert.[23] Tatsächlich konnte das DDR-Verteidigungsministerium im Januar 1990 bestätigen, dass die spätere „Basis I" der MO am Springsee 1973 auf Weisung Honeckers als Vorsitzender des Nationalen Verteidigungsrates der DDR für die Aufnahme der Kursanten vorbereitet worden war.[24] Und Herbert Mies, so ein sowjetischer Funktionär, habe bei einem Empfang in der sowjetischen Botschaft in Berlin (Ost) getönt, die Sowjetarmee wäre im Kriegsfall durch Kampfgruppen der DKP unterstützt worden.[25]

## 5. Die Konstruktion der „Gruppe Ralf Forster"

Die MO war demnach kein Derivat von MfS-Aktivitäten, sondern eine Einrichtung der DKP. Ihr politisches Führungsorgan war ein „Militärrat" unter Leitung von Harry Schmitt mit Sitz in der Regattastraße in Berlin-Grünau, unweit des ersten Standortes der ZK-Abteilung „Verkehr". Von der Existenz des Militärrates hat zumindest der engere Führungszirkel der DKP gewusst bzw. war selbst in ihm vertreten: neben Herbert Mies die beiden stellvertretenden Parteivorsitzenden, Hermann Gautier und Ellen Weber (ab 1986)[26], ferner „Kaderchef" Kurt Fritsch und der Vorsitzende der Zentralen Schiedskommission (ZSK)[27], Otto Hans.

[22] Hans-Peter Müller: Westarbeit der SED am Beispiel der DKP, in: Enquete-Kommission des Deutschen Bundestages „Aufarbeitung von Geschichte und Folgen der SED-Diktatur in Deutschland", Band V2, S. 1868-1926, hier S. 1897. Die Abteilung „Arbeitsbüro" des ZK der SED war bis zu ihrer Auflösung 1971 für die politische Anleitung von KPD und DKP zuständig.

[23] Bericht des „Spiegel" Nr.4/1990 (22.01.1990), S. 89.

[24] FR v. 28.02.1990.

[25] Juri W. Bassistow: Die DDR – ein Blick aus Wünsdorf. Persönliche Eindrücke eines russischen Offiziers, in: apuz B 40/1994 v. 07.10.1994, S. 46-53, hier S. 46. Bassistow hat den Vorfall nicht datiert. Ob Herbert Mies diesen Verstoß gegen die Konspiration unter dem Eindruck seiner staatsmännischen Doppelrolle als potenzieller Ministerpräsident einer sozialistischen Bundesrepublik oder bloß infolge des bei solchen Empfängen reichlich fließenden Wodkas beging, ist nicht überliefert.

[26] Ellen Weber (Jg. 1930), Tochter des früheren Zweiten Sekretärs der KPD-Landesleitung Hessen, Otto Weispfennig, Studium der Gesellschaftswissenschaften in der DDR, Parteischule in Moskau 1969/70, 1981-86 Vorsitzende der DKP-Bezirksorganisation Hessen, dann stv. Vorsitzende der DKP (SAPMO-BA IV 2/2.035/77). Wegen ihrer ausgeprägt stalinistischen Grundpositionen trug sie in der DKP den Spitznamen „Beton-Ellen".

[27] Trotz ihres Namens war die ZSK der DKP nichts anderes als die Zentrale Parteikontrollkommission zu Zeiten der KPD: ein parteiinternes Kontrollorgan, das auch Verbindungen zum MfS unterhielt.

Die übrigen Mitglieder des Präsidiums und des Sekretariats wurden in die Existenz der MO nicht eingeweiht. Zum „Militärrat" gehörten dagegen zumindest der Antifa-Kursant und Sowjetkader Rudolf Fey (Jg. 1914, Deckname „Axel Heidebrink")[28], das ehemalige ZK-Mitglied der KPD Horst Bäsche (Jg. 1924, Deckname „Gerd Meyerhof"), der Spanienkämpfer Paul Stuberg (Jg. 1909, Deckname „Eugen Born")[29], der frühere Leiter der Kaderabteilung der KPD Hans Heisel (Jg.1922, im Parteijargon „Kader-Franz")[30] und der Oberst im militärischen Nachrichtendienst „Verwaltung Aufklärung" der DDR, Rolf Pechstein (Jg. 1924). Diese Garde „alter Kämpfer" leitete das Unternehmen „Militärorganisation der Deutschen Kommunistischen Partei" politisch an. Harry Schmitt, sein Vertreter Horst Bäsche und Schmitts Nachfolger seit 1986, Henri Meyer (Deckname „Gisbert Liebig"), teilten den Sekretariaten des Ministers für Nationale Verteidigung der DDR (MfNV) und des Ministers für Staatssicherheit ganz einfach mit, wann sie die beiden Basen in Brandenburg für einen Lehrgang benötigten. Schon aus diesem Ablauf wurde der eminente Stellenwert der MO deutlich: MfNV und MfS waren nur weisungsgebundene Dienstleister; „die Partei kommandierte das Gewehr".

Harry Schmitt und seine Leute besorgten auch die Auswahl der Militärkader. Die von ihnen ins Auge gefassten Aspiranten erhielten von ihren DKP-Organisationssekretären die Weisung, sich zu einem nicht näher spezifizierten Gespräch in Berlin (Ost) einzufinden. Nach Schleusung über den Bahnhof Friedrichstraße liefen sie den „Schalter 9" des Internationalen Reisebüros am Alexanderplatz – eine Verteilstelle der Abteilung „Verkehr" des SED-Zentralkomitees[31] – an. Von dort wurden sie in eine konspirative Wohnung überwiesen, wo ältere Genossen mit ihnen über zwei Tage ein Kadergespräch führten. Erörtert wurden persönliche Verhältnisse, Lebensweg und militärische Vorkenntnisse, ausgeforscht wurden mögliche Charaktermängel wie Alkoholkonsum oder Redseligkeit, getestet wurden ideologische Festigkeit und Bindung an die Partei. Erst gegen Ende des Tages brachten der oder die Vernehmer das Gespräch auf Fragen der revolutionären Gewalt: Ob der Be-

28 Fey war als Wehrmachtsoffizier in sowjetische Gefangenschaft geraten und hatte nach dem Besuch einer Antifa-Schule eine Ausbildung zum Fallschirmagenten erhalten. In den 50er und 60er Jahren war er mit eher unauffälligen Parteiaufgaben in Niedersachsen betraut. 1989 noch publizierte der Militärverlag der DDR seine Lebensgeschichte „Ein Totgeglaubter kehrt zurück".

29 Stuberg hatte 1935 einen Halbjahreskursus an der M-Schule in Moskau absolviert (BStU MfS HA IX/1, Bl.274) und war 1969–71 kurzzeitig Vorsitzender der Zentralen Schiedskommission der DKP gewesen.

30 Heisel war seit 1969 Sekretär der hessischen DKP für Organisations- und Personalfragen gewesen und hatte seit 1974 für die gleichnamige Abteilung im Parteivorstand der DKP gearbeitet.

31 Die ZK-Abteilung „Verkehr" war für die konspirative technische Unterstützung der DKP zuständig. Ihre rund 200 Mitarbeiter regelten die Aufenthalte von DKP-Kadern in der DDR und besorgten die illegale Finanzierung der Partei. Dazu neuerdings Wilhelm Mensing: SED-Hilfe für Westgenossen. Die Abteilung Verkehr beim Zentralkomitee der SED im Spiegel der Überlieferung des Ministeriums für Staatssicherheit der DDR (1946–1976), Berlin 2010.

sucher auch bereit sei, die Errungenschaften des Sozialismus bewaffnet zu schützen? Wer hierbei durchfiel, wurde tags darauf mit der Verpflichtung strengsten Stillschweigens nach Hause geschickt, ohne dass ihm erklärt wurde, wozu der Termin eigentlich gedient hatte.[32] Die erfolgreichen Aspiranten hingegen wurden mit der Existenz der MO bekannt gemacht, erhielten einen Decknamen zugewiesen und unterschrieben eine Verpflichtungserklärung, nach der sie auch mit gewaltsamen und militärischen Mitteln im Auftrag der Partei zu kämpfen bereit seien. Die Verpflichtung war unkündbar und absolut geheim zu halten; sie enthielt eine Sanktionsklausel, die im Verratsfalle die „schlimmste Parteistrafe" ankündigte – im Klartext: die Liquidierung.[33]

Zur Entschlüsselung der Soziologie der MO-Kader kann auf das Profil der enttarnten Aspiranten zurückgegriffen werden: Gegen 14 von ihnen erhob die Staatsanwaltschaft beim Landgericht Frankfurt/Main am 14. Januar 1993 Anklage; die Ermittlungsverfahren gegen 15 andere hatte sie zeitgleich gem. § 170 StPO eingestellt. Mit den zur Verfügung stehenden Daten lässt sich von ihnen in etwa folgendes Profil zeichnen:

Die Partei bevorzugte bei der Rekrutierung das Arbeitermilieu; die Masse der Kader waren qualifizierte Arbeiter oder Handwerker, Intellektuelle waren praktisch nicht unter ihnen. Etliche stammten aus kommunistischen Familien, manchmal mit eigener Tradition aus den kommunistischen Militär- und Abwehrapparaten. Unter den Militärkadern befanden sich ein Sohn des im Krieg in sowjetischen Antifa-Lehrgängen geschulten und dann auf „Parteisicherheit" spezialisierten Fritz Seibert[34]; außerdem die Enkel des Leiters der klandestinen „Internationalen Militärorganisation" der Kommunisten im KZ Buchenwald, Otto Roth[35]. Die Mehrzahl der MO-Kader waren keineswegs versteckte „Schläfer", sondern als Kommunisten offen sichtbar: Allein 14 der ursprünglich zur Anklage vorgesehenen 30 MO-Kadern gehörten Bezirksvorständen an, zehn hatten zu Bundes- oder Landtagswahlen kandidiert, mindestens vier waren Kreisvorsitzende oder stellvertretenden Kreisvorsitzende der DKP. Solche Ämter- und Aufgabenhäufungen neben der MO-Tätigkeit waren nur scheinbar ein Widersinn: Wer sich

---

32 Willi Herrmann in: taz v. 06.01.1990.

33 Lt. Aussage von Willi Herrmann war die Rede davon, dass mit Verrätern nicht lange gefackelt würde („Der Spiegel" Nr. 1/1990, S. 66f.).

34 Fritz Seibert aus Offenbach (Jg.1917) war im Zweiten Weltkrieg an der Ostfront zu den Sowjets übergelaufen. Seit 1969 war er Redakteur der UZ für Hessen. Unter seinem Namen erschien 1985 im SED-finanzierten Pahl-Rugenstein-Verlag „Schnüffler, Fälscher, Provokateure", ein Leitfaden zu den (angeblichen) Praktiken westlicher Sicherheitsbehörden.

35 Vgl. zu Otto Roth die (parteikonforme) Biografie durch den Sohn Artur Roth: Unter den Augen der SS. Otto Roth und der bewaffnete Aufstand im KZ Buchenwald, Bonn 1995. Otto Roth war in den 50er Jahren Organisationssekretär der hessischen VVN (Vereinigung der Verfolgten des Naziregimes) gewesen; sein Sohn gehörte der Bezirksschiedskommission der DKP an.

nach familiärer Tradition und politischer Motivation als zuverlässiger Kader erwies, übernahm Parteiämter auch schon, bevor er für die MO rekrutiert wurde. Zudem hatte die Verwendung „offener" Kommunisten für klandestine Zwecke den Vorteil, dass man ihre Abwesenheitszeiten nicht erklären musste: Sowohl Parteigenossen als auch der politische Gegner gingen natürlich von einer Schulung oder Delegationsreise in Ländern des realen Sozialismus aus. Dass solche Tarnungsmethoden bisweilen bizarre Formen annehmen konnten, belegt der Fall des MO-Kaders Axel Brück aus Gießen: Der Postgewerkschaftler und Fernmeldetechniker war stellvertretender Vorsitzender der DKP-Kreisorganisation Gießen und Mitglied des Bezirksvorstandes Hessen der DKP. Seit 1977/78 MO-Kader[36], sah er sich 1979 mit „disziplinarischen Vorermittlungen" wegen seiner Aktivitäten für die DKP konfrontiert und wurde zeitgleich von der Partei als „Berufsverboteopfer" aufgebaut. Auch an anderer Stelle hatte die Partei darauf gesetzt, dass interessierte Gegner durch Denkverbote im politischen Gesamtklima davon abgehalten wurden, aus gut erkennbaren Zusammenhängen Schlüsse auf einen bewaffneten Apparat der DKP abzuleiten. Einen Knotenpunkt der MO-Steuerung im Westen bildete nämlich ausgerechnet die hochsensible Abteilung Organisation und Personalpolitik beim Parteivorstand. Der 1945 geborene Hamburger Uwe Eichholz, Instrukteur „Jürgen" der MO, leitete sie schon seit Beginn der 70er Jahre. Eichholz' Mitarbeiter Horst Krämer und Uve Merz wurden 1975 zu MO-Kadern ausgebildet. Die Verwendung der eher nicht nach außen wirkenden Apparatfunktionäre aus den Kaderabteilungen wiederholte sich bei den Bezirksvorständen der Partei. Auffällig, wenn auch in der Sache zweckmäßig, war die Verwendung der MO-Kader in den „Ordnergruppen" der Partei bzw. umgekehrt die Rekrutierung von MO-Kadern aus dem Kreis der DKP-Schlägertrupps. Bei Eichholz wird zudem eine Verbindung zu den Nicaragua-Brigaden der DKP sichtbar: Etliche dieser angeblichen „Aufbauhelfer" an der Seite des Ortéga-Regimes waren waffenkundige MO-Kader, völkerrechtlich gesehen also eher Söldner. Jahrelang muss sich die DKP sehr sicher gefühlt haben, wenn sie solche Risiken einging. Umgekehrt hatte die Praxis, die Steuerung der Militärkader gleich in der Kaderabteilung des Parteivorstandes anzusiedeln, natürlich den Vorteil unbestreitbar kurzer Kommunikationswege und schlanker Entscheidungsstrukturen.

Die Zahl der ausgebildeten MO-Kader soll 200–300, nach anderen Einschätzungen „bis zu 300" betragen haben.[37]

[36] Zur MO-Tätigkeit von Brück vgl. „Der Spiegel" Nr. 36/1990 v. 06.08.1990, S. 94 f. Reaktionen der eilfertigen Solidaritätsspender aus dem demokratischen Spektrum für den „verfolgten" Postbeamten sind nicht überliefert.

[37] Für ersteres „Der Spiegel" Nr. 1/1990, S. 65, 69, für die letztere Zahl die Einschätzung Willi Herrmanns in: taz v. 06.01.1990. Nach Baron: „Gruppe Ralf Forster", a.a.O., S. 1011, waren nach Akten des MfS 1976 nicht weniger als 285 DKP-Mitglieder für die MO „erfasst" (darunter befanden sich auch die Anleiter und Betreuer), aber bloß 28 ausgebildet worden.

Stellt man die bekannt gewordenen Fälle von „Stilllegungen wegen Unzuverlässigkeit" und die beginnenden Abnabelungen von der Partei gerade im Bereich der Jugendorganisationen in Rechnung, dann dürften wohl zu keinem Zeitpunkt mehr als 200 ausgebildete MO-Kader zur Verfügung gestanden haben.

Innerhalb dieses Personendispositivs bestand eine von der übrigen Partei völlig getrennte Weisungshierarchie, an deren Spitze der erwähnte Leiter der Abteilung Organisation und Personalpolitik beim Parteivorstand (PV) der DKP als „Instrukteur" oder „Anleiter" der MO stand. Drei Sektoren „BRD Nord", „Mitte" und „Süd" existierten, mit der jeweils für Kommunisten typischen Doppelspitze aus einem technischen Anleiter bei der DKP und einem politischen beim „Militärrat". Für Hessen waren dies Horst Krämer und Henri Meyer.[38] Die darunter liegenden Strukturen sind durch die Aussagen des Willi Herrmann nur für Hessen bekannt, dürften aber in allen übrigen Bundesländern mit Ausnahme von Berlin existiert haben.[39]

An der Spitze stand seit 1975 bis ca. 1982/83 ein sogenannter Bereichsverantwortlicher, im Falle Hessens war das „Lothar Oertel" (Willi Herrmann), der seinerseits mehrere regionale „Kampforganisationen" unter je einem „Kommandeur" anleitete. Jede „Kampfformation" bestand idealiter aus sieben Militärkadern – also eine Größenordnung, mit der man keinen Guerillakampf, wohl aber terroristische Anschläge durchführen kann. Anfang der 1980er Jahre sollte „Oertel" zusätzlich zur bestehenden Struktur eine sogenannte Einsatzgruppe[40] aufbauen und anleiten, die mindestens fünf schnell mobilisierbare Kader aus insgesamt drei Bundesländern umfasst hätte. Diese Idee steht in augenfälligem zeitlichen Zusammenhang mit der entscheidenden Phase der kommunistischen Kampagne gegen die NATO-Nachrüstung. Ebenfalls in diesen Zeitraum fällt der Plan, in Pumpengehäusen versteckte Neun-Millimeter-Pistolen eines italienischen Fabrikats als persönliche Waffen der MO-Kader in den Westen zu schleusen.[41] Angedacht, aber ebenfalls nicht ausgeführt wurde die Verbringung von rund 200 Neun-Millimeter-Pistolen und 100 tschechischen Maschinenpistolen. Nach dem mutmaßlichen Selbstmord eines MO-Kaders im Februar 1983 trat die MO in ihre organisatorische Spätphase ein: Nunmehr existierten für Hessen unter Weisung eines Instrukteurs noch zwei „Kampfgruppen" mit jeweils sieben M-Kadern. Gegenüber den

[38] BStU MfS HA II, BdL II, 28479, Bl.22.

[39] Die gerichtskundigen Aussagen Willi Herrmanns geben seine Vermutung wieder, wer die Verantwortlichen für die meisten Bundesländer waren. Es handelte sich um die Kursanten, die mit ihm gemeinsam 1975 die Grundausbildung absolviert hatten.

[40] Die Bezeichnung folgt hier direkt der Terminologie der AGM/S des MfS, das wohl seinerseits nichts daran fand, einen Begriff zu verwenden, der historisch schwer belastet ist: durch die „Einsatzgruppen" des SD im Zweiten Weltkrieg, die hinter der Front den Völkermord an Juden und anderen Opfern des NS-Terrors vollzogen; vgl. Auerbach, a.a.O., S. 7.

[41] Aussage von Willi Herrmann lt. Anklageschrift der Staatsanwaltschaft Frankfurt/Main v. 14.01.1993.

hochfliegenden Plänen der 70er Jahre hatte man also die „Sollstärke" in diesem Bundesland um ein Drittel reduziert. Ab 1987 begann der Nachfolger Harry Schmitts, Henri Meyer[42], mit der allmählichen Reduktion der MO. Ganz augenscheinlich war das Unternehmen jetzt, nachdem sich die Kaderreserve SDAJ als anfällig für abweichende Ideen und Perestrojka-Einflüsse gezeigt hatte, unvertretbar riskant geworden. Die letzten Lehrgänge fanden 1987 statt, und Anfang 1989 war die MO abgewickelt.

### 6. Ausbildung zu Terroristen im Spannungsfall

Ein beim Kadergespräch in Berlin (Ost) für tauglich befundener Anwärter erhielt im Regelfall einige Wochen später den „Gestellungsbefehl" zum Antritt der Ausbildung. Der „Grundlehrgang" dauerte in den 70er Jahren drei Monate und wurde später bis auf vier Wochen verkürzt. Von einer der konspirativen Wohnungen im Ostteil Berlins fuhr die HA Personenschutz des MfS die westdeutschen MO-Kader in Fahrzeugen mit abgedunkelten Scheiben in die „Basis I"[43] am Springsee oder auch - seit 1977 - in die „Basis II", ein rund 20 Kilometer entferntes Objekt mit vergleichbarem Zuschnitt. Beide gehörten zum NVA-Pionierregiment 2 in Storkow und wurden von dessen Soldaten für die Dauer der Lehrgänge komplett geräumt. Eine aus knapp einem Dutzend NVA-Offizieren bestehende Truppe kleidete die vom MfS angekarrten SDAJler in NVA-Uniformen, bevorzugt mit den Rangabzeichen eines Leutnants, ein. Dieses knappe Dutzend Offiziere unter dem Generalmajor Günter Wegehaupt (Deckname „Manfred Peukert") war handverlesen ausgesucht und unmittelbar dem Sekretariat des Ministers für Nationale Verteidigung zugeordnet worden. Ihre Aufgabe stellte gemessen an ihren Dienstrángen eine arge Zumutung dar - aber auch hier zeigte sich, dass die Partei gegenüber den Dienstleistern aus dem Staatsapparat der DDR klaren Vorrang genoss.

Die Ausbildung ist - was man 1990 wegen der noch nicht fortgeschrittenen Aufdeckung von „Arbeitsmethoden" des MfS nicht feststellen konnte - praktisch mit derjenigen der Terror- und Sabotagekader aus der AGM/S identisch gewesen. Zu den harmloseren Unterrichtsfächern gehörten Revolutionstheorie, Militärtheorie und -politik, die Vermittlung der Doktrinen des Warschauer Paktes sowie Instruktionen über Techniken der Konspiration und über die Arbeitsweise westlicher Abwehrdienste. Hierbei wurde den MO-Kadern vor allem eingeschärft, dass auch eine eventuelle Enttarnung ihrer Tätigkeit keine Spuren auf die DKP legen durfte.

Die praktische militärische Ausbildung umfasste Geländekunde, Schieß-,

[42] KPD-Instrukteur in Bremen und Baden-Württemberg bis 1958, dann Mitarbeiter der ZK-Abteilung „Arbeitsbüro", 1968 zurück in die Bundesrepublik und 1972–1979 Korrespondent der UZ in Moskau. Henri Meyer alias „Giesbert Liebig" wurde erst 2004 enttarnt.

[43] Bei Udo Baron aus den MfS-Akten „Objekt A", S. 10 f. In der DKP hieß das „Basis I".

Spreng- und Nahkampfausbildung. Geschossen wurde ausgiebig mit westlichen wie östlichen Faustfeuer- und Langwaffen bis hin zum Maschinengewehr; die sowjetische Panzerfaust RPG 7 fand zumindest als Demonstration Berücksichtigung. Eine Reihe dieser Schusswaffen ließ Rückschlüsse auf Einsatzszenarien erkennen, z. B. das sowjetische Scharfschützengewehr Droganov oder die tschechische Maschinenpistole Skorpion, eine typische Terroristen- und Massakerwaffe mit hoher Feuerkadenz, geringer Treffgenauigkeit und Tauglichkeit für einen Schalldämpfer.[44] Eine Materialanforderung, vermutlich aus den 1980er Jahren, erstreckte sich auf 50.000 Schuss Neun-Millimeter-Parabellum und auf 10.000 Schuss Kaliber 308 Winchester, eine Speziallaborierung des Kalibers 7,62 Milimeter.[45] Die MfS-Akten enthielten als Ausbildungsziel die Fähigkeit, „den Gegner lautlos zu beseitigen".[46] Tatsächlich wurde in einer Kulissenstadt der NVA das Feuern aus und auf Häuser geübt, ferner das Stoppen und der Beschuss von stehenden und fahrenden Fahrzeugen. Einer der MO-Kader interpretierte dies so, dass Geiselnahmen eingeübt werden sollten. Auch die Nahkampfausbildung erstreckte sich nicht nur auf die Selbstverteidigung. Vielmehr wurde die „Ausschaltung" von Gegnern aus dem Hinterhalt an Stechpuppen aus Stroh geübt, analog zu der Praxis bei den AGM/S-Absolventen.[47] Dass es also nicht um Personenschutz für im Spannungsfall gefährdete Genossen oder um die Verteidigung von Parteibüros, sondern um offensive Terror- und Sabotageakte ging, belegt im Übrigen auch die recht freimütig geschilderte Sprengausbildung: Hier wurde sowohl mit Industrie- als auch mit Militärsprengstoffen und mit Selbstlaboraten trainiert. Die MO-Kader lernten, wie man mit leicht zu beschaffenden Grundstoffen (z. B. Unkraut-Ex, Ammoniumnitrat oder Kaliumchlorat) wirksame Spreng- und Brandvorrichtungen herstellt. Sie lernten, mit Zündvorrichtungen unterschiedlichen Schwierigkeitsgrades umzugehen: elektrische Zündung, Säurezünder, Lichtschrankensprengung.[48] Zielobjekte waren Eisenbahnschienen, Hochspannungsleitungs-Masten, Kommunikationseinrichtungen sowie allgemein Gebäude, deren Stürmung und anschließende Inbrandsetzung bzw. Sprengung eingeübt wurde. Bei den selbst herzustellenden Spreng- und Brandvorrichtungen wurde

---

[44] Zur Waffenauswahl der MO „Der Spiegel" Nr. 1/1990, S. 68.

[45] BStU MfS HA XXII, 1493, Bl. 200.

[46] Baron: Gruppe Ralf Forster, a.a.O., S. 1012, zitiert aus Akten der MfS-HA XXII („Terrorabwehr").

[47] Auerbach: Einsatzkommandos, a.a.O., zitiert S. 97 aus einem Ausbildungshandbuch des MfS: „Auf die Methoden der lautlosen Annäherung und des lautlosen Tötens ist besonderer Wert zu legen. Die Anwendung von Waffen ist an einer Puppe zu trainieren, dem Training an der Puppe ist überhaupt der Vorrang zu geben."

[48] Bei dem tödlichen Attentat der RAF auf den Bankier Alfred Herrhausen Ende 1989 durchfuhr das Fahrzeug des Opfers eine Lichtschranke und löste damit die Detonation aus. Zu dieser Technik erklärte Willi Herrmann: „Wie sie den Herrhausen umgebracht haben, das ist mir vertraut, das ist kein Problem" („Der Spiegel" Nr. 1/1990, S. 65). Ein „Übernahmeprotokoll" der „Basis I" von 1979 führte u. a. auf: je 1000 m Zündschnur und Sprengzündschnur, 1000 m Brückenzünder, 1000 Sprengkapseln (BStU MfS HA XXII, 1493, Bl. 319).

sorgfältig darauf geachtet, dass Bauteile aus dem Westen stammten, damit im Einsatzfall keinesfalls eine Verbindung zur DDR festgestellt werden konnte.[49]

## 7. Am Ende eine Justizposse

Die juristische Ahndung der MO-Aktivitäten gehört nicht zu den Glanzpunkten des deutschen Wiedervereinigungsprozesses. Aufgedeckte vergleichbare Aktivitäten von Rechtsextremisten hätten mit Sicherheit zu einer mittleren Staats- und Regierungskrise geführt. Auch die terroristische RAF konnte jederzeit mit beharrlicher und harter Verfolgung durch die Justiz rechnen. Nicht so die DKP: Weil die MO gewissermaßen im Frankfurter Büro des „Spiegel" enttarnt worden war, landete das unvermeidliche Ermittlungsverfahren bei der Staatsanwaltschaft in Frankfurt am Main. Der Generalbundesanwalt machte zu keiner Zeit Anstalten, das Verfahren an sich zu ziehen oder es auch nur dem Generalstaatsanwalt des Landes Hessen zuzuweisen. Die Ermittlungen der Frankfurter Staatsanwälte zielten – allen sich ständig verdichtenden Erkenntnissen über eine Verantwortung der DKP zum Trotz – auf § 87 StGB (Agententätigkeit zu Sabotagezwecken). Mit bis zu fünf Jahren Freiheitsstrafe wird nach dieser Vorschrift bedroht, wer sich „im Auftrag einer Regierung, Vereinigung oder Einrichtung" außerhalb der Bundesrepublik Deutschland zur Begehung oder Vorbereitung von Sabotagehandlungen in der Bundesrepublik bereithält. Dies ließ sich bei der MO nur annehmen, wenn man unterstellte, sie sei auf Weisung von Regierungsstellen der DDR, des MfS, der NVA oder der SED etwa, entstanden. Die drei Jahre nach Beginn der Ermittlungen verfasste Anklageschrift enthielt denn auch diese fehlerhafte Einschätzung: Aufgrund der Ermittlungen sei davon auszugehen, dass „Aufbau und Führung der Militärorganisation auf Weisung der Parteiführung der SED unter Mitwirkung des Ministeriums für Staatssicherheit der DDR, des Ministeriums für Nationale Verteidigung und der Nationalen Volksarmee" erfolgt sei.[50] Andererseits hieß es, die Angeschuldigten „gehörten einer sogenannten Militärorganisation der Deutschen Kommunistischen Partei an, deren Mitglieder in Ost-Berlin von Mitarbeitern des Ministeriums für Staatssicherheit verpflichtet" worden seien.[51] Wenn die MO aber die Militärorganisation der Deutschen Kommunistischen Partei mit Sitz in Düsseldorf war, dann gab es keine Auftraggeber „außerhalb des räumlichen Geltungsbereiches dieses Gesetzes", davon einmal abgesehen, dass die Verpflichtung nicht, wie fehlerhaft unterstellt, vom MfS vorgenommen wurde, sondern von Kadern der DKP. Das Scheitern des

[49] Eine Wunschliste für „NSW-Artikel" (NSW steht für „Nicht-sozialistisches Wirtschaftsgebiet") belegt dies (BStU MfS HA XXII, 1993, Bl. 247). Sogar zur Verdämmung verwendete Klebstoffe, Polyester-Spachtel und Metallklebebänder wurden aus dem Westen eingeführt (ebd., Bl. 252).

[50] Anklageschrift der Staatsanwaltschaft beim Landgericht Frankfurt am Main v. 14.01.1993, S. 32.

[51] Ebda., S. 5.

Verfahrens war mithin systematisch angelegt. Eine Anklage nach § 81 StGB (Hochverrat gegen den Bund, Strafrahmen zehn Jahre bis lebenslänglich), die wie selbstverständlich nahegelegen hätte und vom damaligen Präsidenten des LfV Hessen auch schon frühzeitig geäußert wurde[52], hätte die Strafverfolgung wieder in die Zuständigkeit des Generalbundesanwalts zurückbefördert.

Der Wunsch des Landgerichts, das ungeliebte Verfahren so schnell wie möglich aus der Welt zu schaffen, wurde alsbald deutlich. Zugleich mit der Anklageerhebung gegen noch 14 Beschuldigte stellte die Staatsanwaltschaft am 14. Januar 1993 gegen 18 weitere Personen das Verfahren ein. Unter den solcherart billigst Davongekommenen befanden sich etliche aktive DKP-Funktionäre, so der seinerzeit amtierende Sprecher der Partei, Heinz Stehr, (Jahrgang 1946, später bis 2009 einer der bzw. der Vorsitzende der DKP) und überdies der Vorsitzende des „Militärrates", Harry Schmitt. Weitere sieben Fälle, darunter derjenige des „Berufsverboteopfers" Brück, wurden in der Folge wegen Verjährung (§ 170 StPO) oder gegen eine Geldbuße (§ 153 StPO) entsorgt.

Diese Signale hat die DKP sofort verstanden und – unter Koordinierung durch einen „politisch bewussten" Anwalt – auf eine offensive Prozessstrategie geschaltet. Als es nochmals zwei Jahre und zehn Monate später zur Hauptverhandlung gegen die restlichen sieben Angeklagten kam, wiesen die als Gruppe auftretenden und noch in der Partei befindlichen MO-Kader[53] nicht nur jede Schuld von sich. Ihr Sprecher erklärte auch noch, die Beschuldigten hätten sich nicht strafbar, sondern nur von ihrem im Grundgesetz verankerten Widerstandsrecht Gebrauch gemacht. Vorbereitungen und Übungen zu solchen Widerstandshandlungen seien nicht strafbar. Ein Blick ins Grundgesetz genüge, zitierte „Neues Deutschland" den Parteianwalt Barabas (Frankfurt). Unterstelle man den Angeklagten tatsächlich die Mitgliedschaft in der MO, so hätten sie nichts anderes vorbereitet, als Zustände wie 1933, den Kriegsbeginn 1939 oder den Überfall auf die Sowjetunion verhindern zu wollen.

An diesem Punkt kam der Staatsanwaltschaft das Verdienst zu, die Ehre der Justiz wenigstens teilweise gerettet zu haben. Um keinen Preis wollte sie das Verfahren einstellen, ohne das Eingeständnis der zuletzt noch sechs Beschuldigten, dass die MO immerhin existiert habe. In Verhandlungspausen wurde der Inhalt einer solchen „Erklärung" ausgehandelt und der Justizposse schließlich am dritten Verhandlungstag im Novem-

52 Lt. taz v. 19.07.1991.

53 Die Verfahren gegen die aussagewilligen und geständigen MO-Kader trennte das Gericht ab und stellte sie rasch gegen moderate Geldbußen ein. Zeitweilig war angesichts der Aussageverweigerung der Hardliner denkbar erschienen, dass nur die Geständigen verurteilt werden könnten. Diese drei, die im Gerichtssaal mit der Ächtung durch ihre früheren Genossen konfrontiert wurden, verdienen Respekt: Neben Willi Herrmann der Arbeiter Heinz Rolf P., mit kommunistischer Verwandtschaft aus der alten KP-Hochburg Mörfelden-Walldorf, und der Kasseler Betriebsrat Dieter S., einst Mitglied des Parteivorstandes der DKP.

ber 1995 ein Ende gemacht. Das Verfahren gegen die vier noch zur Fahne stehenden MO-Kader Uwe Eichholz, Alfred Matejka, Wolfgang Nord und Otmar Befard wurde gegen Zahlung von Geldbußen zwischen 4.000 und 5.000 D-Mark eingestellt. Schon rein optisch waren damit die Strafen für ein Hochverratsdelikt unter diejenigen für ein qualifiziertes Verkehrsdelikt gefallen.

### 8. Folgerungen

Die Revolutionsträume von DKP/SED verwirklichten sich nicht. Die relativ gründliche Aufklärung des Schauerstücks „Militärorganisation" war u. a. dem Umstand zu verdanken, dass sich zumal die Verfassungsschutzbehörden 1989 relativ rasch von Denkverboten der politischen Mainstream-Kultur zu lösen vermochten. Aber jene ideologischen Dispositionen, die damals junge DKP-Mitglieder mit einem Bein in den Terrorismus führten, sind durchaus nicht völlig überwunden. Insofern ist aus der Geschichte einiges zu lernen:

Erstens: Die Existenz der MO belegte, dass die konsequente Umsetzung ideologischer Grundsätze jenseits aller entspannungs- und bündnispolitischen Rhetorik ein authentisches Antriebsmoment deutscher Kommunisten blieb. Die Parteiführungen gingen dazu ein politisches Risiko ein, das man aus westlicher Perspektive nur als aberwitzig bezeichnen kann. Aber es ist nicht eine solche vernünftige Grundannahme, die eine realistische Sichtweise westlicher Sicherheitsbehörden hätte bestimmen dürfen: Ideologische Konstrukte müssen immanent aus dem Blickwinkel ihres Aussenders beurteilt werden. Damit hätte sich allerdings im Falle DKP die Vorstellung von einem angeblich „nicht-gewaltbereiten" Linksextremismus – etwa in Unterscheidung zu den Autonomen oder terroristischen Gruppierungen – erledigt gehabt.

Zweitens: Die Existenz der MO ist bruch- und spannungsfrei in die Logik kommunistischer Gewalt- und Terrorapparate integriert. Gegründet auf die Lenin'sche Forderung nach „Beherrschung aller Kampfformen", war ihre Existenz innerhalb der DKP ebenso ideologieimmanent korrekt wie diejenige der „weichesten" von der Partei entfalteten Bündnispolitik. Im Klartext: Zwischen den politischen Zielen der zu potenziellen Killern ausgebildeten MO-Kadern einerseits und den pazifistisch verbrämten Bündnisfunktionären, die Ostermärsche koordinierten, bestand niemals ein prinzipieller Unterschied.

Die Konsistenz kommunistischer Gewaltstrategien zeigte sich auch in den Parallelen zwischen der MO und den vom MfS in der DDR geschulten Terroristen der Roten Armee Fraktion.[54] Die konspi-

[54] „Der Spiegel" Nr.14/1990 v. 01.04.1990, S. 22-26, hier S. 25. Zu dieser Problematik insgesamt Martin Jander: Differenzen im antiimperialistischen Kampf. Zur Verbindung des Ministeriums für Staatssicherheit mit der RAF und dem bundesdeutschen Linksterrorismus, in: Wolfgang Kraushaar (Hrsg.): Die RAF und der linke Terrorismus, Bd.1, Hamburg 2006, S. 696–713.

rativen Ausbildungsobjekte beider Strukturen lagen allesamt in einem Dreieck von kaum 20 Kilometern Seitenlänge im Südosten Berlins: Die beiden MO-Basen I und II am Springsee und am Hölzerner See, das Trainingscamp für die RAF-Kader bei Briesen. Parallelen gab es auch bei der Uniformierung der Kursanten als NVA-Angehörige, bei der Wahl der Waffen und bei den Parametern der Sprengausbildung. Die knappen Zahlen der ausgebildeten MO-Kader weisen deutlichst nicht auf eine „Guerilla", sondern auf die Konzeption einer terroristischen Struktur hin.

Drittens: Die im Zuge der Aufarbeitung der SED-Diktatur bewusst lancierte Vorstellung vom „bösen" MfS verkennt die Hierarchie in solchen Systemen. Der Fall MO belegt deutlichst, dass die Verantwortung bei den politischen Apparaten DKP und SED lag; NVA und MfS waren nur Dienstleister.

Viertens: Die Aufarbeitung des Falles bestätigt eine unangemessen verharmlosende Wahrnehmung kommunistischer Unrechts- und Gewaltstrukturen in Öffentlichkeit und Justiz. Es scheint sich fast 20 Jahre danach zu bestätigen, was ein Autor hellsichtig feststellte: „Linke müssen sich in Deutschland für ihre Ansichten nicht wirklich rechtfertigen."[55] Deshalb sahen auch einzelne der MO-Aktivisten keinen Grund, sich nicht nach 1990 neuen politischen Karrieren, bis hin zu parlamentarischen Spitzenpositionen auf Landesebene, zuzuwenden. Wo sie erwischt wurden, benahmen sie sich, wie man es von enttarnten Inoffiziellen Mitarbeitern der Staatssicherheit kennt: Sie stritten alles auch gegen jede Evidenz ab und zogen ihrerseits gegebenfalls zu Gericht. Und in der Tat: Fast stets fanden sich Richter, die entweder die Persönlichkeitsrechte der Täter durch die Thematisierung ihrer Vergangenheit verletzt sahen oder die schriftliche Hinterlassenschaft des MfS insgesamt für systematisch gefälscht hielten.[56]

Nicht alle Gefährdungen demokratischer Kultur kommen eben aus den Gewehrläufen.

---

[55] Jan Fleischhauer: Unter Linken. Von einem, der aus Versehen konservativ wurde, Reinbek 2010, S. 13.

[56] Zum Versagen des Rechtspositivismus bei der Aufarbeitung der Diktatur vgl. vor allem Uwe Müller/Grit Hartmann: Vorwärts und vergessen!, Berlin 2009, bes. S. 50 ff.

Gestern - Heute - Morgen -

GESCHICHTLICHER R

Ein spannendes Verhältnis: Verfassungs

Jihad im Sauerland

e Jungen Nationaldemokraten

:her sicher? Die Durchführung von Sicherheitsüberprüfungen

) Jahre Landesamt für Verfassungsschutz Hessen

Verfassungsschutz im 21. Jahrhundert Verfas

Die Verfassungsschutzberichte des Landes Hes

Abschied vom Trennungsgebot

ngsschutz und Öffentlichkeit

Radikalisieren verboten?

n von Beleidigungen bis zu Gewalttaten

Gescheiterte Revolutionsträume:

Wer ist schon sicher?

hutz in der freiheitlichen Demokratie

/erfassungsschutz im 21. Jahrhundert Verfassungs

GESCHICHTLICHER RÜCKBLICK

Die Verfassungsschutzberichte des

PERSPEKTIVEN DES VERFASSUNGSSCHUTZES

Abschied vom Trennungsgebot

RECHTSEXTREMISMUS

Die Jungen Nationalde

:her? Die Durchführung von Sicherheitsüberprüfungen

ndesamt für Verfassungsschutz Hessen

Verfassungssc

60 Jahre Landesamt

Die Verfassungsschutzbericht

# GEHEIMSCHUTZ

# Wer ist schon sicher?
# Die Durchführung von Sicherheitsüberprüfungen

*Alexandra Karrenberg*

## 1. Einleitung

Nach dem Ende des Kalten Krieges hat sich nicht nur, aber auch für die Sicherheitsbehörden des Landes vieles verändert. Während früher aufgrund der mit der Ost-West-Konfrontation verbundenen Thematik von Spionage und Gegenspionage der maßgebliche Anspruch an die Tätigkeit eines Nachrichtendienstes darin bestanden hatte, unbemerkt vom Gegner - aber auch der Öffentlichkeit - zu agieren, ist spätestens in den 90er Jahren unter dem Stichwort „Verfassungsschutz durch Aufklärung" die Sichtbarkeit in der Gesellschaft auch mit dem Ziel der Legitimation der eigenen Existenz als Nachrichtendienst ein Paradigmenwechsel vollzogen worden.

Dies hat Auswirkungen auf die gesamte Aufstellung der Nachrichtendienste und wirkt sich ohne Zweifel auch darauf aus, wie der Geheimschutz innerhalb eines Nachrichtendienstes gestaltet sein soll.

Während noch zu Zeiten des Kalten Krieges aus Angst vor Spionage von den Mitarbeitern höchste Verschwiegenheit hinsichtlich ihrer Beschäftigung beim Verfassungsschutz verlangt wurde, treten heute (jedenfalls einige) Mitarbeiter der Verfassungsschutzbehörden in der Öffentlichkeit auf, geben Interviews, halten Vorträge und nehmen an Diskussionsveranstaltungen teil.

Mitarbeiter beim personellen Geheimschutz sind bei der Durchführung von Sicherheitsüberprüfungen (im Folgenden: SÜ) schon immer „offen", d.h. als Angehörige des Verfassungsschutzes aufgetreten. Und dennoch ist die Durchführung[1] von SÜen nicht neu für die Verfassungsschutzbehörden, sie ist vielmehr eine originäre Aufgabe zu nennen, sie ist das Kernstück des vorbeugenden personellen Geheimschutzes.[2]

Ich möchte mit diesem Artikel die Gelegenheit nutzen, eine Tätigkeit näher darzustellen, die viele außerhalb der Nachrichtendienste nicht mit dem Verfassungsschutz in Verbindung bringen.

Außerdem soll in diesem Artikel beleuchtet werden, wie sich die Durch-

[1] Korrekterweise spricht man von der Mitwirkung der Verfassungsschutzbehörden an Sicherheitsüberprüfungen. Hierauf wird im Verlauf der Darstellung eingegangen.
[2] Borgs in Borgs/Ebert (Hrsg.): Das Recht der Geheimdienste, Stuttgart 1986, RN 98.

führung von SÜen im Laufe der Jahre verändert hat, wie sich der gewandelte Zeitgeist, aber auch die geänderten gesellschaftlichen Rahmenbedingungen auf diese Aufgabe niedergeschlagen haben. Hierzu soll zunächst dargestellt werden, wie die rechtlichen Rahmenbedingungen aussahen bzw. aussehen. Hierbei wird die Rolle des Volkszählungsurteils für die Verrechtlichung im personellen Geheimschutz dargestellt. Abschließend wird anhand ausgewählter Rechtsprechung zum personellen Geheimschutz herausgearbeitet, worauf es heute bei der Durchführung einer SÜ ankommt, also bei der Frage: Wann ist jemand (aus Sicht des Verfassungsschutzes) sicher oder eben nicht? Oder anders gesprochen: „Wer ist schon sicher?"

### 2. Ziel / Zweck einer SÜ

Der personelle Geheimschutz will verhindern, dass solche Personen Zugang zu besonders schützenswerten Informationen, sogenannten Verschlusssachen, erhalten, die als hierzu nicht geeignet angesehen werden. Wann konkret eine solche fehlende Eignung angenommen werden kann oder muss, darum wird es im Folgenden gehen.

Insgesamt ist die Zielrichtung einer SÜ generell, zu verhindern, dass im staat-lichen Sinne geheim zu haltende Tat-sachen „verloren gehen"[3]. Solches „Verlorengehen" ist als Geheimnis- oder Landesverrat gemäß §§ 94–99 StGB, als Verletzung von Dienstgeheimnissen gemäß § 353b Abs. 1 StGB strafbewehrt.

Außer aus Gründen des Geheimschutzes im originären Sinne werden SÜen zum Zwecke des Sabotageschutzes durchgeführt.[4] In diesen Fällen dient die Überprüfung dem Schutz vor Handlungen, welche die Funktionsfähigkeit von lebens- und verteidigungswichtigen Einrichtungen gefährden bzw. aufheben können.[5]

Zugang zu staatlichen Verschlusssachen darf nur derjenige erhalten, der hierzu aufgrund einer entsprechenden SÜ ermächtigt ist.

Auch wenn mit der Durchführung einer SÜ unter Umständen erheblich in die berufliche Tätigkeit eines Einzelnen eingegriffen wird (bei negativem Ausgang der SÜ kann der Betreffende nicht zum Zugang zu Verschlusssachen ermächtigt werden), so stellen die Gerichte in ständiger Rechtsprechung fest, dass die grundrechtlich geschützte Berufsfreiheit gem. Art. 12 Abs. 1 GG dennoch nicht tangiert ist, wenn das negative Votum im Rahmen einer SÜ zur Ablehnung einer Verwendung im sicherheitsempfindlichen Bereich führt, „weil es

[3] Droste: Handbuch des Verfassungsschutzrechts, Stuttgart 2007, S. 142.

[4] Neben Sicherheitsüberprüfungen, die auf Grundlage des Sicherheitsüberprüfungsgesetzes (SÜG) durchgeführt werden, gibt es Zuverlässigkeitsüberprüfungen, z. B. nach dem Atomgesetz oder dem Luftsicherheitsgesetz. An Zuverlässigkeitsüberprüfungen werden die Verfassungsschutzbehörden nach den jeweiligen Gesetzen beteiligt, indem sie ihre Dateien abfragen. Auf Zuverlässigkeitsüberprüfungen wird hier nicht eingegangen.

[5] Droste: Handbuch des Verfassungsschutzrechts, S. 147.

sich hierbei ausschließlich um die Wahrnehmung staatlicher Sicherheitsbelange handelt."[6] Die Entziehung des Sicherheitsbescheides ist auch dann lediglich eine innerdienstliche Maßnahme ohne Außenwirkung, wenn, wie in Sicherheitsbehörden typischerweise der Fall, der Entzug notwendigerweise den vollständigen Ausschluss von jeder dienstlichen Tätigkeit in der Behörde zur Folge hat.[7]

## 2.1 Warum führt der Verfassungsschutz SÜen durch?

SÜen werden durch die Verfassungsschutzämter durchgeführt – stets auf Veranlassung der personalführenden Stelle[8], die einen Bediensteten mit der Bearbeitung von Verschlusssachen betrauen will. Dies sind in der Regel andere Behörden, im Rahmen des Geheimschutzes in der Wirtschaft können indes auch Mitarbeiter von Wirtschaftsunternehmen sicherheitsüberprüft werden, wenn sie entweder im Rahmen staatlicher Aufträge Umgang mit Verschlusssachen erhalten sollen oder es sich um eine Überprüfung im Rahmen des Sabotageschutzes handelt. Diese Behörden, sie werden „zuständige Stellen" genannt, erhalten von der Verfassungsschutzbehörde das Ergebnis der Überprüfung übermittelt und können dann in eigener Zuständigkeit aufgrund dieses Ergebnisses die Ermächtigung zum Zugang zu Verschlusssachen aussprechen (oder davon absehen).

Da die Entscheidung sowohl bezüglich des Ob der Überprüfung als auch dessen, was aufgrund des Ergebnisses der Überprüfung geschieht, der zuständigen Stelle obliegt, wird die Verfassungsschutzbehörde in den Sicherheitsüberprüfungsgesetzen „mitwirkende Stelle" genannt.

Auf eigene Initiative werden die Verfassungsschutzbehörden lediglich in Bezug auf ihre eigenen Bediensteten tätig. Aufgrund der Trennung zwischen Personalstelle und Geheimschutz liegt allerdings die Entscheidung hinsichtlich des Ob der Erstüberprüfung nicht beim Geheimschutz, sondern der Personalstelle, die mit dem Hinweis, es sei beabsichtigt, die entsprechende Bewerbung weiterzuverfolgen, um Durchführung der SÜ bittet. Im Übrigen aber fallen für die eigenen Mitarbeiter die Rollen der zuständigen und mitwirkenden Stellen zusammen.

Man denkt im Allgemeinen nicht an die Durchführung von SÜen, wenn man sich die Arbeit des Verfassungsschutzes vorstellt. „Die Notwendigkeit der Mitwirkung der Verfassungsschutzbehörden hat sich aus der Erfahrung ergeben. Es

---

[6] BVerwG, Beschluss vom 13.12.1994, AZ 1 C 19.92: „Erteilung, Versagung und Widerruf einer VS- Ermächtigung nach den Regeln des Geheimschutzhandbuchs berühren den geschützten Rechtsbereich – insbesondere den Schutzbereich der Berufsfreiheit – eines Betriebangehörigen eines mit staatlichen Aufträgen betrauten Unternehmens nicht, weil es sich hierbei ausschließlich um die Wahrnehmung staatlicher Sicherheitsbelange handelt." (zit. nach juris), s. a. BVerwG, Urteil vom 22.12.1987, AZ 1 C 34.84 (zit. nach juris).

[7] S. BVerwG, Beschluss vom 01.10.2009, AZ 2 VR 6/09 (zit. nach juris).

[8] Droste: Handbuch des Verfassungsschutzrechts, S. 144.

gehört zum klassischen Instrumentarium der Geheimdienste, Agenten in sicherheitsempfindliche oder sonstige nachrichtendienstlich interessante Behörden oder anderen Stellen einzuschleusen oder bereits dort tätige Personen für eine nachrichtendienstliche Tätigkeit zu gewinnen. Nur der mit Spionageabwehr vertraute Verfassungsschutz ist in der Lage, den scheinbar unverfänglichen Lebenslauf eines Bewerbers auf Unstimmigkeiten oder sonstige Anhaltspunkte zu überprüfen, die auf ein Sicherheitsrisiko schließen lassen“[9].

Die Zahl der durchgeführten SÜen hat im Lauf der Jahre abgenommen. Der Grund für den Rückgang liegt zunächst im Rückgang der Verschlusssachen: Die Öffnung Mittel- und Osteuropas macht Geheimschutz nicht entbehrlich, sie reduziert aber in erheblichem Maße die Bereiche und Informationen, in denen Geheimschutz noch erforderlich ist. Die Neustrukturierung der zivilen Verteidigung in den 90er Jahren führte dazu, dass mit der abnehmenden Zahl der Verschlusssachen der Kreis von Personen, der noch sicherheitsüberprüft werden musste, reduziert werden konnte.[10]

### 2.2. Arten der SÜ

SÜen gibt es abhängig von dem Geheimhaltungsgrad, bis zu dem der Betreffende zum Umgang mit Verschlusssachen befugt werden soll, in drei Abstufungen: die einfache SÜ (Ü1) zielt auf den Umgang mit Verschlusssachen bis zum Verschlusssachengrad VS-Vertraulich, die erweiterte SÜ (Ü2) erlaubt den Umgang mit Verschlusssachen bis Geheim, wird aber auch für solche Beschäftigten verlangt, die eine Vielzahl von Verschlusssachen des Geheimhaltungsgrades VS-Vertraulich bearbeiten. Die umfangreichste Überprüfung, die erweiterte SÜ mit Sicherheitsermittlungen (Ü3), zielt auf die Ermächtigung zum Zugang zu einer Vielzahl von Verschlusssachen des Geheimhaltungsgrades Geheim sowie zum Zugang mit Verschlusssachen bis Streng geheim, der höchsten Geheimhaltungsstufe der Bundesrepublik Deutschland.

## 3. Entwicklung der Rechtsgrundlagen

Um SÜen ranken sich wie insgesamt um die nachrichtendienstliche Tätigkeit viele Mythen und damit verbunden auch Ängste und Spekulationen. So stellen sich manche zu Überprüfenden die Frage, ob sie nun heimlich observiert würden, das Telefon abgehört und alle Lebensgewohnheiten genauestens registriert würden.[11]

Ursache für solche Mutmaßungen ist sicherlich die allgemeine Mystifizierung, die mit der Tätigkeit von Nachrichtendiensten verbunden ist. Zugleich kann man einen Nährboden für solche

---

[9] Droste: Handbuch des Verfassungsschutzrechts, S. 144.

[10] S. a. Denneborg: Sicherheitsüberprüfungsrecht, Kommentar Bd. 1, Einleitung zum SÜG Bund, Loseblatt, Heidelberg, Stand Juli 2010, RN 11, 24.

[11] Ähnlich stellt es Denneborg: Sicherheitsüberprüfungsrecht, Bd. 1, Vorwort RN 21 dar.

„Mythenbildung“ aber darin sehen, dass SÜen in der Anfangszeit der Bundesrepublik ohne schriftliche Regelungen durchgeführt wurden. Die Entwicklung bis heute, dass mit den Sicherheitsüberprüfungsgesetzen des Bundes und der Länder nun flächendeckend gesetzliche Grundlagen vorhanden sind, hat ihre Zeit gedauert.[12]

Die Eingliederung in die NATO führte dazu, dass der Umgang und das Verfahren der SÜen erstmals geregelt wurde. Im Jahr 1955 erging der entsprechende Beschluss der Bundesregierung, „Angehörige von Bundesbehörden, denen staatliches Geheimmaterial anvertraut ist oder anvertraut werden soll, durch die Beschäftigungsbehörde zu überprüfen[13] – unter Mitwirkung des BfV auf Grundlage der vom Nordatlantikrat aufgestellten Richtlinien über den Geheimschutz. Am 2. September 1957 wurden die ersten „Richtlinien für die einheitliche Bewertung von Sicherheitsrisiken bei der Überprüfung öffentlich Bediensteter“ vom Ausschuss der Staatssekretäre beschlossen, mit denen für den Bund eine rechtlich bindende Grundlage für Überprüfungen geschaffen worden war. Diese Richtlinien sind im Laufe der Jahre mehrfach geändert und angepasst worden.[14]

In Hessen war das NATO-Geheimschutzabkommen für die Geheimnisträger des Landes mit der „Richtlinie für die Überprüfung von Landesbediensteten“ vom 10. Juli 1962 umgesetzt worden.[15]

Auch heute noch wird der Umfang der SÜ von Mindestanforderungen der NATO und der Westeuropäischen Union (WEU) bestimmt.[16] Bei dem NATO-Dokument C-M (2002) 49, kurz NATO-Geheimschutzabkommen genannt, handelt es sich um einen völkerrechtlichen Vertrag. Als Ausführung des NATO-Gründungsvertrags hat das NATO-Geheimschutzabkommen in der deutschen Rechtsordnung gemäß Art. 59 Abs. 2 GG Gesetzesrang.[17]

Den bislang tiefgreifendsten Einschnitt für die Arbeit des Verfassungsschutzes in der Nachkriegszeit und im Hinblick auf die Durchführung von SÜen brachte das Urteil des Bundesverfassungsgerichts zum Volkszählungsgesetz vom 15. Dezember 1983[18], in dem das Recht auf informationelle Selbstbestimmung

---

[12] Eine kurze Übersicht zur Entwicklung der Rechtsgrundlagen für den Bund u. a. bei Haedge: Das neue Nachrichtendienstrecht der Bundesrepublik Deutschland, Heidelberg 1998, S. 237 ff; Roewer: Nachrichtendienstrecht der Bundesrepublik Deutschland, Köln 1987, S. 90 ff.

[13] Beschluss der Bundesregierung vom 13.06.1955, zit. nach Denneborg: Sicherheitsüberprüfungsrecht, Bd.1, Einleitung zum SÜG Bund RN 10.

[14] zit. nach Denneborg: Sicherheitsüberprüfungsrecht, Bd. 1, Einleitung zum SÜG Bund, RN 10.

[15] Beschluss der Landesregierung vom 10.07.1962.

[16] Denneborg: Sicherheitsüberprüfungsrecht, Bd. 1, Einleitung zum SÜG Bund, RN 31.

[17] Denneborg: Sicherheitsüberprüfungsrecht, Bd.1, Einleitung zum SÜG Bund, RN 33 .

[18] BVerfG, Urteil vom 15.12.1983, AZ 1 BvR 209, 83 u. a. (zit. nach juris, auch BVerfGE 65,1); kritisch zu den Folgen des Volkszählungsurteils auf die Rechtsprechung zur inneren Sicherheit Kutscha in: Roggan/ Kutscha (Hrsg.): Handbuch zum Recht der Inneren Sicherheit, Berlin 2006, S. 37 ff, Gesamtdarstellung bei Droste: Handbuch des Verfassungsschutzrechts, S. 21.

entwickelt wurde. Hierbei handelt es sich um das Recht des Einzelnen, grundsätzlich selbst über die Preisgabe und Verwendung der eigenen Daten zu bestimmen.

Da dieses Grundrecht nur im Allgemeininteresse und aufgrund gesetzlicher Eingriffsermächtigung eingeschränkt werden darf, entstand auch beim Recht der SÜen die Diskussion, ob die vorhandenen Richtlinien, die den Rang von Rechtsverordnungen innehatten, den neuen Anforderungen entsprechen oder ob nicht vielmehr gesetzliche Regelungen geschaffen werden müssten.[19]

Am 1. Mai 1988 traten vor dem Hintergrund des Volkszählungsurteils auf Bundesebene zunächst neue Sicherheitsrichtlinien in Kraft, die erstmals Regelungen zum Datenschutz, konkret der Datenspeicherung, enthielten.[20]

Das Sicherheitsüberprüfungsgesetz des Bundes von 1994[21], das erstmals in Gesetzesform Maßnahmen und Verfahren bei der SÜ aus Gründen des personellen Geheimschutzes festlegt, beendet die Unsicherheiten und Spekulationen rund um die SÜen[22], wobei das Bundesverfassungsgericht die Zulässigkeit der SÜen auch ohne gesetzliche Regelung für Beamte aus den hergebrachten Grundsätzen des Berufsbeamtentums und aus § 55 BBG, der Gehorsamspflicht des Beamten hergeleitet hat[23].

Mittlerweile haben alle Bundesländer eigene Sicherheitsüberprüfungsgesetze.[24]

## 4. Gegenstand/Inhalt der SÜ

Die SÜ ist kein Instrument, um Spione zu fangen.[25] Dafür ist sie nicht gedacht, wäre aber auch nicht tauglich.

Mit der SÜ wird eine Momentaufnahme über die sicherheitsmäßige Situation einer Person erstellt[26], aufgrund derer die Verfassungsschutzbehörde ein Votum zur Frage der Beschäftigung im sicherheitsempfindlichen Bereich abgibt. Dieses Votum soll im Sinne einer Prognose dazu dienen, zu entscheiden, ob die Person aufgrund ihres bisherigen Verhaltens als zuverlässig in dem Sinne eingeschätzt wird, Zugang zu staatlichen

[19] So äußerte sich kritisch zur seinerzeit fehlenden Rechtsgrundlage bei Einstellungsüberprüfungen auf Bundesebene Riegel: Rechtsgrundlagen für die informationelle Tätigkeit der Verfassungsschutzbehörden und datenschutzrechtliche Konsequenzen aus dem Volkszählungsurteil des Bundesverfassungsgerichts, in DVBl 1985, 765, 768.

[20] Denneborg: Sicherheitsüberprüfungsrecht, Bd. 1, Einleitung zum SÜG Bund, RN 20 m.w.N.

[21] Am 29.04.1994 trat das erste SÜG des Bundes in Kraft, zeitgleich erging die „Allgemeine Verwaltungsvorschrift des Bundesministers für Wirtschaft zur Ausführung des fünften Abschnitts (§§ 24-31) des Sicherheitsüberprüfungsgesetzes - SÜG - vom 20.04.1994, BGBl I S.867 ff.

[22] Denneborg: Sicherheitsüberprüfungsrecht, Bd. 1, Vorwort RN 21.

[23] BVerfG, Nichtannahmebeschluss vom 10.02.1988, AZ 2 BvR 522/87 (zit. nach juris), Anm. Kutscha in DVBl 1988, 532.

[24] Das hessische Sicherheitsüberprüfungsgesetz (HSÜG) ist vom 28.09.2007, GVBl.I S. 623.

[25] Das ist Aufgabe der Spionageabwehr der Verfassungsschutzbehörden des Bundes und der Länder. Wollte man mit der SÜ Spione entlarven, bräuchte man andere Mittel, nämlich konspirative, nachrichtendienstliche Mittel wie Observation, Telefon- und Briefüberwachung. Das wäre unverhältnismäßig, vgl. Denneborg: Sicherheitsüberprüfungsrecht, Bd. 1, Einleitung zum SÜG Bund, RN 37, s.a. Haedge: Das neue Nachrichtendienstrecht für die Bundesrepublik Deutschland, S. 234.

[26] Denneborg: Sicherheitsüberprüfungsrecht, Bd. 1, Einleitung zum SÜG Bund, RN 37.

Verschlusssachen erhalten zu können. Wie eine Person sich später verhält, kann mit den Mitteln einer SÜ selbstverständlich nicht festgestellt werden.[27]

Eine SÜ besteht je nach Überprüfungsart (Ü 1-3) aus einer Abfrage bestimmter, im Gesetz vorgegebener Behördendateien sowie gegebenenfalls Sicherheitsermittlungen, die bei der höchsten Überprüfungsart obligatorisch sind.

Die Auskünfte aus staatlichen Registern sind die Grundlage jeder Überprüfung. Die Überprüfungen nach Ü 1 und Ü 2 bestehen - sofern sich hieraus nichts Gegenteiliges ergibt - in aller Regel ausschließlich, die nach Ü 3 zu einem großen Teil aus dem Abfragen des Vorhandenseins von Datensätzen bei den im SÜG genannten Stellen. Das hessische Sicherheitsüberprüfungsgesetz (HSÜG) sieht vor, dass im Rahmen der Ü 1 eine unbeschränkte Auskunft aus dem Bundeszentralregister sowie dem staatsanwaltschaftlichen Verfahrensregister und, wenn hierzu Anlass besteht, dem Ausländerzentralregister eingeholt wird. Ferner werden Anfragen an das Landeskriminalamt, in dessen Zuständigkeitsbereich der Betreffende innerhalb der letzten fünf Jahre seinen Wohnsitz hatte, sowie das Bundeskriminalamt, die Bundespolizei und die Nachrichtendienste des Bundes gestellt.

Bei der Überprüfung nach Ü 2 kommen noch die Polizeidienststellen, in deren Zuständigkeitsbereich der Betreffende in den letzten fünf Jahren gewohnt hat, hinzu.[28]

Treten Erkenntnisse zutage, die einen Hinweis auf ein Sicherheitsrisiko darstellen[29], sind nach Maßgabe von § 10 Abs. 4 HSÜG notwendige Maßnahmen zur Klärung zu ergreifen. Soweit erforderlich, wird eine Eigenbefragung oder die Befragung einer oder mehrerer Auskunftspersonen durchgeführt. Bei Überprüfungen nach §§ 7 und 8 HSÜG, Ü 1 und Ü 2, darf eine Befragung von Auskunftspersonen, also solcher, die die zu überprüfende Person nicht selbst benannt hat, nur mit Zustimmung der zu überprüfenden Person erfolgen.

Sicherheitsermittlungen sind das „sagenumwobene Element" der SÜ. Ihr Zweck deutet dabei schon an, wie schwierig dieses Ziel bei den Sicherheitsermittlungen zu erreichen ist. Sie sollen nämlich „ein zuverlässiges Bild über das Vorleben und die persönlichen Verhältnisse des Bediensteten ergeben"[30]. Das HSÜG formuliert es so: Zweck der Befragung von Referenzpersonen ist es, zu prüfen, ob die Angaben der betroffenen Person auf dem Erklärungsbogen zutreffen und ob tatsächliche Anhaltspunkte vorliegen, die auf ein Sicherheitsrisiko schließen lassen.[31]

---

[27] Denneborg: Sicherheitsüberprüfungsrecht, Bd. 1, Einleitung zum SÜG Bund, RN 37.
[28] § 10 Abs. 2 Nr. 1 HSÜG.
[29] Das gilt auch dann, wenn nachträglich Erkenntnisse zu den überprüften Personen bekannt werden.
[30] So Richtlinien über die Sicherheitsüberprüfung von Bundesbediensteten, Beschluss der Bundesregierung vom 15.02.1971.
[31] § 10 Abs. 3 HSÜG.

Da Referenz- und Auskunftspersonen nicht zur Auskunft verpflichtet sind, wird den Befragern bei der Durchführung der entsprechenden Gespräche eine besondere Sensibilität abverlangt: „Die Befragung erfordert Takt, Geschick und Einfühlungsvermögen."[32]

Die Referenzpersonen, die ja von den zu Überprüfenden gerade aus dem Grunde benannt worden sind, weil sie sie gut kennen, fühlen zuweilen einen Widerstreit darin, einerseits ihre Freunde nicht „schlechtmachen" zu wollen – auf der anderen Seite die Verpflichtung zu haben, ein wahrheitsgetreues Bild von der zu überprüfenden Person abzugeben. So mancher mag aus diesem Grund auch ablehnen, als Referenzperson zu fungieren – will er nicht „seinen Freund anschwärzen" und auch nichts Intimes ausplaudern, was „niemanden etwas angeht".

Als Referenzperson ist man als Staatsbürger gehalten, von der zu überprüfenden Person ein wahrheitsgetreues Bild zu zeichnen, das den Befrager in die Lage versetzt, ein Urteil über die zu überprüfende Person dahingehend zu fällen, ob sie für die Verwendung in sicherheitsrelevantem Bereich infrage kommt. Hierbei ist sich der Befrager der persönlichen Nähe der Referenzperson zu dem zu Überprüfenden wohl bewusst und weiß diesen Umstand in der Bewertung der Gesprächsergebnisse zu berücksichtigen. Auch aus diesem Grund sieht das Gesetz neben der Befragung von Referenzpersonen die Befragung von weiteren vom zu Überprüfenden nicht benannten Auskunftspersonen vor.

Den Zögernden mag beruhigen, dass die Befragungen von Auskunfts- und Referenzpersonen eine Datenerhebung im Sinne des Datenschutzrechts darstellen und damit den in den Datenschutzgesetzen niedergelegten Grundsätzen zu entsprechen haben[33]. Hierunter fällt die Beschränkung der Datenerhebung auf das für den verfolgten Zweck erforderliche Maß. Mehr als solche Informationen, die der Befrager benötigt, um die Eignung für die Verwendung im sicherheitsempfindlichen Bereich beurteilen zu können, darf er nicht erfragen. Auch im Rahmen einer SÜ will man nicht alles über eine Person wissen.

### 4.1 Worauf zielt eine SÜ?

Die SÜ dient der Überprüfung der sicherheitsmäßigen Zuverlässigkeit.

Und da ist nun die Frage: Wer ist das? Wann ist man sicher? Wann ist der Befrager sich sicher? Also: Wie muss jemand sein (oder: Wie darf er nicht sein), damit er im Sinne des Sicherheitsüberprüfungsrechts sicher ist?

Diese Frage wurde in der Zeit seit Bestehen der Bundesrepublik unterschiedlich beantwortet:

---

[32] So die alten Richtlinien für die Sicherheitsüberprüfung von Landesbediensteten, beschlossen durch die Hessische Landesregierung am 10.07.1962, S. 10.

[33] Denneborg: Sicherheitsüberprüfungsrecht, Kommentar Bd. 1, § 12 RN 26.

Während in den 50er Jahren z. B. unter charakterliche Sicherheitsrisiken auch der „Umgang mit Personen zweifelhaften Rufes oder abnormer Veranlagung auf sexuellem Gebiet"[34] gefasst wurde, war seit den 60er Jahren ein wesentliches Element im Zusammenhang mit der Frage nach dem jederzeitigen Eintreten für die freiheitliche demokratische Grundordnung die Frage nach den Kontakten in den ehemaligen Ostblock (kommunistischer Machtbereich)[35], ohne dass der erstgenannte Aspekt deswegen weggefallen wäre.

Den Ostblock gibt es in dieser Form seit 20 Jahren nicht mehr, und die Sexualmoral hat sich seit den 50er Jahren erheblich gewandelt, sodass diese Beispiele heute nicht mehr in der Form herangezogen werden können. Damit stellt sich die Frage: Wie ist es heute?

### 4.2 Wie muss jemand sein, der „sicher" ist?

Der Maßstab dessen, nach dem man die „sicherheitsmäßige Situation einer Person" beurteilt, hat sich im Laufe der letzten 60 Jahre nicht nur aufgrund der veränderten rechtlichen Rahmenbedingungen, sondern in mindestens ebenso großem Maße aufgrund des Wandels in der Gesellschaft verändert. Denn die Veränderungen in der Gesellschaft haben dazu geführt (und führen auch heute noch dazu), dass auch die Maßstäbe dessen, anhand derer die zu Überprüfenden beurteilt werden, im Hinblick auf den veränderten Wertekonsens überprüft werden müssen.

So, wie die Gesellschaft allgemein mittlerweile eine größere Vielzahl an Lebensentwürfen als „normal" wahrnimmt, wird von den Befragern im Rahmen einer SÜ verlangt, nicht pauschal Menschen aufgrund einer Andersartigkeit von einer wie auch immer zu definierenden Normalität zu beurteilen. Im Rahmen von SÜs müssen bestimmte Wesenheiten/Eigenarten ganz genau daraufhin untersucht werden, ob sie ein (potenzielles) Sicherheitsrisiko darstellen. Eine vor-urteilsfreie Betrachtung sowie eine gründliche Einzelfallprüfung jedes Einzelnen ist hierbei unerlässlich.

> „So unterschiedlich die Menschen sind, so offen und vorurteilsfrei muss der Befrager sein und ein waches Ohr und Auge dafür haben, was unter kulturelle Vielfalt fällt, bunt und sicherheitsmäßig unbedenklich ist und wo möglicher-

---

[34] BT-Drs 7/3246 vom 19.2.1975, S. 9, zit. nach Denneborg: Sicherheitsüberprüfungsrecht, Bd. 1, Einleitung zum SÜG Bund, RN 11.

[35] So lautete es in den Sicherheitsrichtlinien des Bundes von 1960, zit. nach Denneborg, Sicherheitsüberprüfungsrecht, Bd. 1, Einleitung zum SÜG Bund, RN 12–16. Mit den Richtlinien des Bundes von 1971 gab es einen Katalog, was mit der SÜ festgestellt werden soll: Man unterschied zwischen politischen und charakterlichen Sicherheitsrisiken. Unter Erstere fielen insbesondere alle Umstände im Verhalten eines Bediensteten oder Bewerbers, die bezweifeln ließen, dass er sich zur freiheitlich demokratischen Grundordnung bekennt und bereit ist, jederzeit für ihre Erhaltung einzutreten. Als politisches Sicherheitsrisiko kam auch die Auswirkung der Spaltung Deutschlands auf die persönlichen Verhältnisse des Einzelnen in Betracht, worunter nahe Angehörige im kommunistisch beherrschten Gebiet fielen, zit. nach Denneborg: Sicherheitsüberprüfungsrecht, Bd. 1, Einleitung zum SÜG Bund, RN 11.

> weise Probleme anfangen. Sog. „Normalbiographien" – gibt es sie noch und was zeichnet sie aus? Wo sind die Grenzen dessen, was unter „Vielfalt der Lebensentwürfe" fällt? Was ist Beurteilungsgrundlage für das, was „normal" ist?" [36]

Doch was versteht man unter der sicherheitsmäßigen Situation einer Person?

Nicht eine bestimmte Tatsache, eine Lebensform, eine ethnische Herkunft, noch nicht einmal eine gesetzliche Verfehlung muss unbedingt ein „K.-o.-Kriterium" darstellen. Der zu beurteilende Umstand muss stets bezogen auf den Einzelfall dahingehend geprüft werden, wie er sich auf die sicherheitsmäßige Beurteilung auswirkt. Konkret: Was ist es, das als problematisch daran betrachtet wird? Und warum? Je nach Vorfall ist eine solche Prüfung selbstverständlich mehr oder weniger umfangreich. Bestimmte begangene Straftaten dürften ohne größere weitere Prüfung zur Ablehnung führen, da eine Unzuverlässigkeit offensichtlich anzunehmen ist. Andere, auf den ersten Blick neutral wirkende Umstände verlangen einen größeren Begründungsaufwand, wenn diese zu einer Ablehnung oder zur Formulierung von Sicherheitsbedenken führen sollen.[37]

### 4.3 Anknüpfungspunkt ist die Person!

Grundlage der Prognoseentscheidung, ob jemand in Zukunft die Gewähr dafür bietet, die Zuverlässigkeit zu besitzen, Zugang zu staatlichen Verschlusssachen erhalten zu können, muss immer ein konkretes Verhalten oder ein zurechenbarer Umstand in der Person sein, der als tatsächliche Anhaltspunkte für ein Sicherheitsrisiko gewertet wird.

Bei Überprüfungen nach Ü 2 und Ü 3 werden die Ehe- oder Lebenspartner der zu Überprüfenden in die Überprüfung mit einbezogen. Aufgrund der Nähe innerhalb einer persönlichen Beziehung können sich Sicherheitsrisiken in der Person des Partners auf den zu Überprüfenden auswirken. Aus Gründen der Verhältnismäßigkeit wird die Einbeziehung auf diese Personen begrenzt, andere der zu überprüfenden Personen ebenfalls Nahestehende werden nicht in die SÜ einbezogen. Im Einzelfall können allerdings bekannt gewordene Umstände, die in der Person eines nahen Angehörigen liegen, auch Auswirkungen auf das Überprüfungsergebnis haben.[38]

Denneborg hebt hervor, dass das Verhalten, an das angeknüpft wird, nicht verwerflich sein müsse und der Betreffende auch nicht notwendigerweise Schuld hieran haben müsse.[39] Als Bei-

---

[36] Auszug aus dem Geheimschutzkonzept des LfV Hessen (Entwurf).

[37] S.a. BVerwG Beschluss vom 13.11.2009, AZ 1 WDS-VR 6.09 RN 25/26: Es sei i.d.R. ein geringerer Begründungsaufwand, wenn eine festgestellte Straftat oder ein Dienstvergehen zum Anlass genommen werde als ein an sich neutraler Sachverhalt wie eine Kreditaufnahme (unveröffentlicht).

[38] So wie in dem Fall, in dem dem Betreffenden ein enger Kontakt zu dem in OK-Strukturen involvierten Schwager nachgewiesen werden konnte, s. OVG Münster, Beschluss vom 20.07.2007, AZ 1 A 992/06 (zit. nach juris).

[39] Denneborg: Sicherheitsüberprüfungsrecht Bd. 1, Kommentar zu § 5 SÜG RN 2.

spiel für ein nicht verwerfliches Verhalten nennt er das Verschweigen von Homosexualität aus Angst vor Hänseleien – dennoch sei das Verschweigen (nicht der Umstand der Homosexualität!) unter dem Aspekt möglicher Erpressbarkeit sicherheitserheblich.[40]

Das Ergebnis ist ohne Zweifel richtig, die Frage der „Verwerflichkeit" würde ich allerdings gar nicht erst stellen wollen. Meines Erachtens ist es gerade die Aufgabe des Befragers, im Rahmen einer SÜ solche Wertung gar nicht erst vorzunehmen. Die schwierige Aufgabe ist es, unabhängig von solch eigener Meinung den Sachverhalt zu erfassen und unter den Aspekten des Vorliegens eines Sicherheitsrisikos zu beurteilen.

Dieses Beispiel zeigt allerdings auf, dass häufig nicht ein objektiver Umstand – hier die Homosexualität – sicherheitsrelevant ist, sondern auch (oder gerade) die Frage, wie die betreffende Person damit umgeht, also eine subjektive Betrachtung.[41]

Der zu betrachtende Umstand muss zudem relevant sein für die Ausübung einer sicherheitsempfindlichen Tätigkeit. Aus diesem Kriterium darf jedoch nicht der Schluss gezogen werden, dass die SÜ für eine konkrete Tätigkeit, einen konkreten Dienstposten allein ausreichend sein muss. Eine einmal ausgesprochene Ermächtigung zum Umgang mit Verschlusssachen gilt, bis sie aufgehoben wird, für jede Verwendung.

### 4.4 Tatsächliche Anhaltspunkte, die ein Sicherheitsrisiko begründen können

Die vage Vermutung oder rein abstrakte Besorgnis um ein Fehlverhalten reicht nicht aus, um Sicherheitsbedenken zu formulieren, vielmehr muss eine solche Beurteilung „auf Grundlage tatsächlicher Anhaltspunkte getroffen werden", wobei der Geheimschutzbeauftragte im Rahmen seiner Prüfung keinen Beweis dahingehend führen muss, dass der Betreffende diesen Erwartungen bisher nicht gerecht worden ist oder ihnen künftig nicht gerecht wird. Genauso wenig kann allerdings dem Betreffenden eine „Beweislast" auferlegt werden, indem er darlegt, er habe die Sicherheitsinteressen der Bundesrepublik Deutschland bisher gewahrt und er werde sie künftig wahren.[42]

Es entspricht dem Sinn und Zweck von SÜen, dass im Zweifel das Sicherheitsinteresse Vorrang vor anderen persönlichen Belangen hat.

Man gliedert die Umstände, aufgrund derer tatsächliche Anhaltspunkte für ein Sicherheitsrisiko vorliegen können, unter die drei Aspekte

[40] Denneborg: Sicherheitsüberprüfungsrecht Bd. 1, Kommentar zu § 5 SÜG RN 2.

[41] zu der Unterscheidung s. a. Denneborg: Sicherheitsüberprüfungsrecht Bd 1, Kommentar zu § 5 SÜG RN 3, der die hier vertretene Auffassung am Beispiel der Alkoholabhängigkeit vertritt, aber auf eine früher vertretene Auffassung von Riegel verweist, der nur objektive Umstände gelten lassen wollte.

[42] St. Rspr., vgl. Beschlüsse des BVerwG vom 18.10.2001, AZ 1 WB 54.01 (zit. nach juris), vgl. auch BVerfG, Beschluss vom 22.05.1975, AZ 2 BvL 13/73 (zit. nach juris, auch BVerfGE 39,334,353).

- Zweifel an der Zuverlässigkeit
- Gefährdung für Anbahnungs- und Werbungsversuche, insbesondere Erpressbarkeit
- Bekenntnis zur freiheitlichen demokratischen Grundordnung (FDGO)[43]

### 4.4.1 Zweifel an der Zuverlässigkeit

Unter die Fallgruppe „Zweifel an der Zuverlässigkeit" können Alkoholabhängigkeit, aber auch andere Süchte, vor allem Medikamenten- und Drogenabhängigkeit fallen. Wobei nicht bei jedem, der seine Alkoholabhängigkeit überwunden hat (sogenannter trockener Alkoholiker) aufgrund einer abstrakten Rückfallgefahr weiterhin auf ein Sicherheitsrisiko geschlossen werden kann.[44] Auf der anderen Seite muss für die Prognose, dass der Betreffende wirklich abstinent bleibt, ein gewisser Zeitraum verstrichen sein, der eine entsprechende Annahme ermöglicht.[45]

Auch die Spielsucht kann meines Erachtens unter dem Aspekt der fehlenden Zuverlässigkeit Bedeutung erlangen, wenn diese dazu führt, dass persönlichkeitsverändernde Züge aufgrund der Sucht zutage treten, die betreffende Person „nicht mehr sie selbst" ist.[46]

In der Rechtsprechung sind Fälle des Alkoholmissbrauchs in der Regel im Zusammenhang mit Verkehrsdelikten relevant geworden. Trunkenheitsfahrten wurden als „schwerwiegendes außerdienstliches Fehlverhalten, das Zweifel an der Zuverlässigkeit begründet" bewertet: Das Führen von Kfz im Straßenverkehr im Zustand absoluter Fahruntüchtigkeit lasse auf ein mangelndes Verantwortungsbewusstsein schließen, eine Einschätzung, die im konkreten Fall durch den Umstand bekräftigt wurde, dass der Antragsteller binnen eines Jahres nach der ersten Verurteilung erneut eine Trunkenheitsfahrt begangen hatte.[47]

Mangelndes Verantwortungsbewusstsein zeigt auch derjenige, der mehrfache, schwerwiegende Verstöße im Straßenverkehr begangen hat. Hierdurch zeigt er mangelnde Einsicht, insbesondere in die Notwendigkeit, im Straßenverkehr umsichtig, rücksichtsvoll und ohne Gefährdungspotenzial für Dritte zu agieren.[48]

Dieses Beispiel zeigt, dass allgemein von einem Geheimnisträger erwartet werden muss, dass er sich an die Regeln der Gesellschaft, sprich die Gesetze, aber auch Dienstvorschriften hält.

Aus dem Bereich der Bundeswehr gibt es die meisten Gerichtsurteile, die sich mit der Thematik des Entzugs einer VS-Ermächtigung befassen. Dass nicht

---

[43] § 2 Abs. 4 Ziffer 1–3 HSÜG.
[44] BVerwG, Beschluss vom 27.11.1996, AZ 1 WB 56.96 (zit nach juris).
[45] Im konkreten Fall ist es nicht als ausreichend angesehen worden, dass der Betreffende drei Jahre lang keine Straftaten unter Alkoholeinfluss mehr verübt hatte, zumal vorher bereits zwischen zwei Verurteilungen vier Jahre gelegen hatten, s. BVerwG, Beschluss vom 28.11.2000 AZ 1 WB 97/00 (unveröffentlicht).
[46] Denneborg: Sicherheitsüberprüfungsrecht, Bd. 1, Kommentar zu § 5 SÜG RN 11 rechnet die Spielsucht dem Aspekt „Gefährdung durch Anbahnungs- und Werbungsversuche" zu.
[47] BVerwG Beschluss vom 27.01.2000, AZ 1 WB 68.99, S. 6/7 (unveröffentlicht).
[48] BVerwG, Beschluss vom 27.03.2003 AZ 1 WB 61.02 (unveröffentlicht).

allein die Verletzung geheimschutzrelevanter Regelungen eine Unzuverlässigkeit begründen kann, begründet das Bundesverwaltungsgericht wie folgt: „Nicht nur beim Umgang mit geheimhaltungsbedürftigen Tatsachen, Gegenständen oder Erkenntnissen muss sich die militärische Führung darauf verlassen können, dass ein Soldat, der mit Verschlusssachen i.S.d. § 4 SÜG umgeht, sich rechtskonform verhält und deswegen auch die auf Vertrauen und gegenseitige Loyalität fußende Kameradschaft nicht verletzt."[49]

So wurde der Entzug einer VS-Ermächtigung in einem Fall als rechtmäßig erkannt, in dem der Soldat eine intime Beziehung mit der Ehefrau eines Stabsunteroffiziers des gleichen Verbandes unterhielt und damit die Pflicht zur Kameradschaft nach § 12 Abs. 2 Soldatengesetz verletzt hatte.[50]

In der allgemeinen Verwaltung dürften allerdings Dienstvergehen anderer Art häufiger vorkommen, die auch bereits zur Aberkennung einer VS-Ermächtigung geführt haben: Fehlerhafte Angaben auf Anträgen wegen Trennungsgeld und Reisekosten wurden als Anhaltspunke für Unzuverlässigkeit anerkannt.[51] Das Gleiche gilt für Dienstpflichtverletzungen wie etwa Nebentätigkeiten außerhalb einer erteilten Genehmigung.[52] Eine besondere Bedeutung kommt aufgrund der Abhängigkeit von der Informationstechnik und der Einflussmöglichkeiten, die ein Missbrauch in diesem Bereich mit sich bringt, der Einhaltung von Sicherheitsrichtlinien und Standards in der IT zu. So wurde entschieden, dass sich Zweifel an der Zuverlässigkeit daraus ergeben können, wenn ein Beschäftigter, der sich in einem besonders sicherheitsrelevanten Bereich und einer funktionsbezogenen Vertrauensstellung befindet, gegen IT- Richtlinien und IT- Sicherheitskonzepte verstößt und damit das Netzwerk der Behörde potenziell gefährdet.[53]

Dass die zur Last gelegten Verfehlungen einen strafrechtlich relevanten Grad erreichen, ist ebenso wenig erforderlich wie eine Überprüfung der Vorwürfe im Rahmen eines Strafverfahrens.

Auch eine Straftat, deren Verfahren wegen Geringfügigkeit oder wie in einem konkreten Fall gemäß §153a Abs. 2 StPO (Einstellung nach Erfüllung von Auflagen) eingestellt worden ist, kann im Rahmen des Entzugs eines Sicherheitsbescheides herangezogen werden.[54] Genauso ist aufgrund des Grundsatzes „Im Zweifel für die Sicherheit" die Tilgung einer Verurteilung im Bundeszentralregister irrelevant für die Bewertung im Rahmen der SÜ.[55]

[49] BVerwG, Beschluss vom 15.12.2009, AZ 1 WB 58.09 RN 22 mwN (zit. nach juris).
[50] BVerwG, Beschluss vom 15.12.2009, AZ 1 WB 58.09 RN 22 mwN (zit. nach juris).
[51] BVerwG, Beschluss vom 19.12.2001, AZ 1 WB 67.01 (unveröffentlicht).
[52] st. Rspr., s. BVerwG, Beschluss vom 01.10.2009, AZ 2 VR 6.09, RN 19 (zit. nach juris).
[53] BVerwG, Beschluss vom 06.09.2007, AZ 1 WB 62.06, sowie vom 27.09.2007, AZ 1 WDS-VR 7/07 RN 21 (zit. nach juris).
[54] BVerwG, Beschluss vom 01.10.1997, AZ 1WB 113.96 (unveröffentlicht).
[55] BVerwG, Beschluss vom 13.12.1994, AZ 1 C 19.92 (zit. nach juris).

Allerdings müssen die Vorfälle entweder aufgrund ihrer Art oder ihrer Häufigkeit geeignet sein, dass Zweifel an der Zuverlässigkeit entstehen - häufig werden mehrere Dinge zusammenkommen.[56]

### 4.4.2 Gefährdung für Anbahnungs- und Werbungsversuche, insbesondere Erpressbarkeit

Eine Gefährdung durch Anbahnungs- und Werbungsversuche besteht, wenn die betreffende Person abstrakt, d. h. aufgrund ihrer persönlichen Situation, als attraktiv zur Anwerbung durch fremde Nachrichtendienste erscheint.

Ein solcher Umstand kann in der finanziellen Situation begründet liegen. Wer mit seinem Geld nicht auskommt, mag leichter anfällig für Bestechungen sein. Allerdings ist die Frage nach der Höhe der Schulden allein kein ausreichendes Kriterium, um auf das Vorliegen eines Sicherheitsrisikos zu schließen, jedenfalls so lange nicht, wie der Betreffende seinen finanziellen Verpflichtungen nachkommt und eine seiner Dienststellung entsprechenden Lebensführung sicherstellen kann.[57] Wenn allerdings der Schuldenstand einen Umfang erreicht hat, der einen Abbau in überschaubarer Zeit auch bei sparsamster Lebensführung als ausgeschlossen erscheinen lässt und Finanzmittel für eine angemessene Lebensführung kaum noch in ausreichendem Maße vorhanden sind, kann dies die Annahme eines Sicherheitsrisikos rechtfertigen.[58] Dies könnte die Frage nach sich ziehen, ob der Betreffende bestechlich ist und seine Notlage zu beenden sucht, indem er Staatsgeheimnisse verkauft.

Schulden können daneben ein Zeichen für fehlende Zuverlässigkeit sein, wenn nämlich das Schuldenmachen als ein Zeichen für zu große Sorglosigkeit zu bewerten ist.[59] Ebenso problematisch ist unter diesem Aspekt, wenn falsche Angaben in der Sicherheitserklärung z. B. zur finanziellen Situation gemacht werden.[60]

Ein anderer Aspekt der Gefährdung für Anbahnung durch fremde Nachrichtendienste ist der der Erpressbarkeit. Wer etwas zu verbergen hat, den hat man schnell „in der Hand". Verborgen halten von Lebensweisen, das kann für mittlerweile gesellschaftlich anerkannte wie die der Homosexualität gelten, umso mehr aber für (noch) tabuisierte Leiden-

[56] In einem konkreten Fall handelte es sich zugleich um Vorwürfe der sexuellen Belästigungen von Mitarbeiterinnen, Missbrauch dienstlicher Ressourcen, beleidigende Äußerungen, falsche Handhabung der Arbeitszeitregelung, falsche Angaben im Rahmen einer Arbeitszeitregelung, falsche Angaben im Rahmen der Regressprüfung und des unerlaubten Verbringens eines privaten Laptops in die Diensträume der Antragsgegnerin. BVerwG Beschluss vom 1.10.2009, 2 VR 6.09, RN 19 RN 2 (zit. nach juris).

[57] Vgl. Beschlüsse des BVerwG vom 5.6.1991 - AZ 1 WB 5.90 (zit. nach juris) und vom 04.11.1994, AZ 1 WB 64.94 (zit. nach juris).

[58] BVerwG, Beschluss vom 30.01.2001, AZ 1 WB 110.00 (unveröffentlicht).

[59] Um das beurteilen zu können, braucht es allerdings einen ausreichenden Zeitraum, ob nicht eine Besserung eintritt, s. BVerwG, Beschluss vom 01.10.1997, AZ 1 WB 113.96 (unveröffentlicht).

[60] BVerwG Beschluss vom 18.02.1999, AZ 1 WB 60.98, S. 6 (unveröffentlicht), s.a. BVerwG, Beschluss vom 06.09.2007, AZ 1 WB 61.06 (unveröffentlicht).

schaften wie der regelmäßige Besuch von SM-Studios. Allemal gilt das für strafbewehrte Verhaltensweisen wie ein Interesse für Kinderpornografie.

Warum wird so auf das „Verbergen" abgestellt? Weil man nur dann erpressbar ist. Was eh jeder weiß, deswegen kann einen niemand unter Druck setzen.

Dementsprechend gilt auch der „MfS-Leugner", also die Person, die strikt leugnet, je mit dem Ministerium für Staatssicherheit der ehemaligen DDR zusammengearbeitet zu haben, als potenziell gefährdeter für Anbahnungs- und Werbeversuche fremder Nachrichtendienste.[61] Heute, 20 Jahre nach der deutschen Einheit, ist das beständige Leugnen der IM-Tätigkeit einer Person allerdings auch ein Zeichen dafür, „dass sich dessen Einstellung zu seiner Vergangenheit nicht nachhaltig geändert hat"[62].

Im Besonderen gefährdet für Anbahnungs- und Werbungsversuche ist aber auch derjenige, der eine enge Beziehung zu einem „Staat mit besonderem Sicherheitsrisiko" hat, vor allem wenn sich diese Bindung in einer zweiten Staatsangehörigkeit und geerbtem Grundbesitz ausdrückt.[63] Das Gleiche gilt, wenn entsprechend enge Bindungen des Ehe- oder Lebenspartners in einen entsprechenden Staat bestehen. Allerdings wie stets muss der Einzelfall genau untersucht werden, ob Anhaltspunkte für ein solches Risiko vorliegen.[64]

### 4.4.3 Bekenntnis zur freiheitlichen demokratischen Grundordnung

Das Bekenntnis zur freiheitlichen demokratischen Grundordnung (FDGO) muss vorausgesetzt werden bei einer Person, die für diese Gesellschaft Geheimnisträger sein soll.

Aus dem Grund sind Umstände, die Zweifel hieran regen, ein Kriterium, das im Rahmen der SÜ zu prüfen ist. So wurde entschieden, dass „die langjährige Mitgliedschaft und Funktionärstätigkeit bei einer Partei, die vom Verfassungsschutz beobachtet wird (hier: Die Republikaner) [...] Zweifel am Bekenntnis zur FDGO und am jederzeitigen Eintreten für deren Erhaltung" begründen.[65] Das Gericht hat dabei festgestellt, dass der

[61] Zum Thema MfS- Mitarbeit und Sicherheitsermächtigung allgemein s. BVerwG, Beschluss vom 15.10.1996, AZ 1 WB 93,95 (zit. nach juris) sowie Beschluss vom 12.06.1996 AZ 1 WB 41.95 (zit. nach juris). In BVerwG, Beschluss vom 21.02.2002, AZ 1WB 77.01 heißt es: „Der hohe Wahrscheinlichkeitsgrad, dass der Betreffende als IM für den früheren MfS gearbeitet hat, reicht für die Annahme eines Sicherheitsrisikos aus." (zit. nach juris).

[62] So auch BVerfG Urteil vom 08.07.1997, AZ 1 BvR 2111/94 und 95 und 195/2189/95 (BVerfGE 96, 171, 187f), zit. nach BVerwG Beschluss vom 21.02.2002, AZ 1WB 77.01 (zit. nach juris).

[63] BVerwG Beschluss vom vom 17.01.2000 AZ 1 WB 91.99 (unveröffentlicht).

[64] So BVerwG, Beschluss vom 09.12.1999, AZ 1 WB 60 und 61.99: Dass der Ehepartner aus der Ukraine stammt, reicht im Fall eines Soldaten ohne Vorliegen weiterer konkreter Anhaltspunkte für eine Gefährdung für Anbahnungs- und Werbungsversuche nicht aus. (zit. nach juris).

[65] Die Partei Die Republikaner ist heute kein Beobachtungsobjekt der Verfassungsschutzbehörden mehr, war es aber zu dem Zeitpunkt, als die hier zitierten Entscheidungen ergangen sind. Die in diesen Entscheidungen dargelegten Grundsätze über die Bewertung der Mitgliedschaft in einer wegen des Vorliegens tatsächlicher Anhaltspunkte für Extremismus beobachteten Gruppierung gelten über den konkreten Fall der Partei Die Republikaner hinaus.

Betreffende nicht selbst aktiv gegen die FDGO verstoßen oder sich entsprechend geäußert haben muss, es reicht, wenn feststeht, dass der Betreffende jedenfalls „nicht uneingeschränkt auf dem Boden der FDGO steht". Somit reichen auch Zweifel hinsichtlich des Verhältnisses der betreffenden Partei zur FDGO aus. Der Geheimschutzbeauftragte ist jedenfalls nicht dazu verpflichtet, die Verfassungsfeindlichkeit der Partei oder sonstigen Gruppierung darzulegen oder zu prüfen. Als Anhaltspunkt für die Zweifel an der Verfassungsmäßigkeit reicht nach der Rechtsprechung aus, dass die Organisation mit nachrichtendienstlichen Mitteln von den Ämtern für Verfassungsschutz beobachtet wird.[66] Auf der anderen Seite reicht allein der Austritt aus einer vom Verfassungsschutz beobachteten Partei (hier: Die Republikaner) nicht aus, die Zweifel an der Verfassungstreue auszuräumen. Hierzu muss der Betreffende durch sein Verhalten deutlich machen, dass er sich tatsächlich von den Zielsetzungen dieser Partei distanziert.[67]

In einem anderen Fall hat das Verschweigen von Beziehungen zu verfassungsfeindlichen Strukturen (Mitgliedschaft in einer rechtsextremistischen freien Kameradschaft) zu einer Verneinung der verfassungsmäßigen Zuverlässigkeit geführt.[68]

## 5. Abschluss der Überprüfung

Eine SÜ endet in aller Regel mit dem positiven Ergebnis, dass keine Sicherheitsbedenken vorliegen. Liegen aus Sicht der Verfassungsschutzbehörde Bedenken vor, die in Art oder Umfang für eine Ablehnung nicht ausreichen, so ist die Verfassungsschutzbehörde verpflichtet, diese der zuständigen Stelle mitzuteilen. Hierzu können auch Sicherheitshinweise gemäß § 12 Abs. 1 S. 2 HSÜG gegeben werden, in denen Empfehlungen ausgesprochen werden können. Liegt aus Sicht der Verfassungsschutzbehörde ein Sicherheitsrisiko vor, so teilt sie dies „schriftlich unter Darlegung der Gründe und ihrer Bewertung" der zuständigen Stelle mit (§ 12 Abs. 2 HSÜG).

Eine SÜ darf erst beendet werden, wenn keine Zweifel an dem Ergebnis, also in der Regel an der sicherheitsmäßigen Integrität der zu überprüfenden Person bestehen.

Treten nachträglich sicherheitserhebliche Erkenntnisse auf – sei es anlassunabhängig oder im Rahmen einer Wiederholungsüberprüfung – gelten im Grundsatz die gleichen Regelungen wie bei der Erstüberprüfung. Allerdings muss im Rahmen der Bewertung auch geprüft werden, ob bei jemandem, der bereits in sicherheitsempfindlicher Tätigkeit ist, mildere Mittel als der

[66] BVerwG, Beschluss vom 13.10.1997, AZ 1 WB 86.97 (zit. nach juris).
[67] BVerwG, Beschluss vom 09.12.1999, AZ 1 WB 64.99 (zit. nach juris).
[68] BVerwG, Beschluss vom 20.08.2003, AZ 1 WB 03.03 (unveröffentlicht).

Entzug des Sicherheitsbescheids möglich und ausreichend sind.[69]

## 6. Schluss

SÜen gab es in irgendeiner Form seit Menschengedenken, denn seit jeher will man wissen, wem man trauen kann. So spricht man heute noch vom „guten Leumund". Jedoch: So wichtig dieser Leumund immer war, so sehr wusste man auch schon immer, dass ein Leumund auch „falsch" sein kann – gemäß dem geflügelten Wort: Haben Sie keinen, der für Sie lügen kann?

Im Rahmen der SÜ stößt man allein aufgrund der zur Verfügung stehenden Instrumentarien schnell an das Ende der Überprüfbarkeit – zumal keiner in die Zukunft oder „hinter die Stirn des zu Überprüfenden" blicken kann. Dass eine SÜ nur mit den begrenzten gesetzlich vorgeschriebenen Mitteln durchgeführt werden kann, ist Ergebnis einer gesellschaftlichen Interessenabwägung zwischen den Persönlichkeitsrechten der zu überprüfenden Personen und dem Bedürfnis des Staates nach zuverlässigen Geheimnisträgern. Dennoch ist es ein Verfahren, das sich bewährt hat. Dass die große Zahl von Überprüfungen ohne negative Erkenntnisse abgeschlossen wird (nach Denneborg enden zehn Prozent aller Überprüfungen mit einem negativen Votum[70]), sollte hier nicht zur Kritik an der Art der Überprüfung herangezogen werden. Man muss auch bedenken, dass in aller Regel solche Personen überhaupt nur überprüft werden, die bereits in ihrem dienstlichen Umfeld für eine solche Verwendung als geeignet angesehen werden.

Zweck dieses Beitrages war es, einen kurzen Überblick über Sinn und Verfahren der SÜ zu geben – also in eine Thematik einzuführen, die auch in den Verfassungsschutzbehörden in aller Regel eher am Rande wahrgenommen wird. Ich hoffe, dass es gelungen ist, die Vielschichtigkeit, die Schwierigkeiten, aber auch den Reiz der Beschäftigung mit dieser Thematik etwas nähergebracht zu haben.

---

[69] BVerwG, Beschluss vom 13.11.2009, AZ 1 WDS-VR 6.09, RN 25/26 (unveröffentlicht).

[70] Denneborg: Sicherheitsüberprüfungsrecht, Bd. 1, Einleitung zum SÜG, RN 38.

# ANHANG

# Literaturverzeichnis

## Verfassungsschutz / Politischer Extremismus allgemein

Albert, Helmut: Das „Trennungsgebot" – ein für Polizei und Verfassungsschutz überholtes Entwicklungskonzept? ZRP 1995, S. 105

Backes, Uwe / Jesse, Eckhard (Hrsg.): Jahrbuch Extremismus & Demokratie, Bonn bzw. Baden-Baden seit 1989

Backes, Uwe: Politischer Extremismus in demokratischen Verfassungsstaaten. Elemente einer normativen Rahmentheorie, Opladen 1989

Backes, Uwe / Jesse, Eckhard: Politischer Extremismus in der Bundesrepublik Deutschland, Bonn 1996

Backes, Uwe / Jesse, Eckhard (Hrsg.): Vergleichende Extremismusforschung, Baden-Baden 2006

Backes, Uwe: Politische Extreme. Eine Wort- und Begriffsgeschichte von der Antike bis zur Gegenwart, Göttingen 2006

Baier, Maximilian: Die parlamentarische Kontrolle der Nachrichtendienste und deren Reform, Hamburg 2009

Baumann, Karsten: Vernetzte Terrorismusbekämpfung oder Trennungsgebot, DVBl. 2005, S. 798

Bäumler: Datenschutz beim Verfassungsschutz, AöR 1985, S. 30

Benz, Wolfgang (Hrsg.): Jahrbuch für Antisemitismusforschung, Frankfurt / M. bzw. Berlin seit 1992

van Bergh, Hendrik: Köln 4713, Geschichte und Geschichten des Bundesamtes für Verfassungsschutz, Köln / Würzburg 1981

Borgs / Ebert (Hrsg.): Das Recht der Geheimdienste, Kommentar zum Bundesverfassungsschutzgesetz und G10, Stuttgart et.al. 1986

Bull, Hans Peter: Sind Nachrichtendienste unkontrollierbar?, DÖV 2008, S. 751

Bundesamt für Verfassungsschutz (Hrsg.): Verfassungsschutz in der Demokratie, Köln u. a. 1990

Bundesamt für Verfassungsschutz (Hrsg.): 50 Jahre im Dienst der inneren Sicherheit, Köln u. a. 2000

Bundesministerium des Innern (Hrsg.): Extremismus in Deutschland – Erscheinungsformen und aktuelle Bestandsaufnahme, 2004, Texte zur Inneren Sicherheit

Czieche, Dominik: BND: Wie die Kontrolleure im Parlament aufs Kreuz gelegt werden, „Der Spiegel" vom 28.11.2005

Denneborg, Ernst A.: Sicherheitsüberprüfungsrecht, Kommentar dreibändig Loseblatt, Stand: Juli 2010, Heidelberg et al.

Denninger, Erhard: Die Trennung von Verfassungsschutz und Polizei und das Grundrecht auf informationelle Selbstbestimmung, ZRP 1981, S. 231

Doll: Der Verfassungsschutzbericht – ein unverzichtbares Mittel zur geistig-politischen Auseinandersetzung mit dem politisch motivierten Extremismus, NVwZ 2005, S. 658

Dorn, Alexander: Das Trennungsgebot aus verfassungshistorischer Perspektive, Berlin 2004

Dovermann, Ulrich / Güvercin, Eren: „Auf Fragen von Extremisten reagieren können", in: Aus Politik und Zeitgeschichte (APuZ) 44/2010, S. 17–20

Droste, Bernadette: Handbuch des Verfassungsschutzrechts, Stuttgart 2007

Ganßer: Zusammenarbeit von Verfassungsschutz und Polizei, BayVBl. 1983, S. 711

Gemballa, Gero: Geheim-gefährlich, Köln 1990

Grundmann, Cornelia: Das Vereinsverbot – ein überholtes Instrument der streitbaren Demokratie?, in: Bundesministerium des Innern (Hrsg.): Verfassungsschutz: Bestandsaufnahme und Perspektiven, Bonn 1998, S. 120 ff.

Gusy, Christoph: Bundes- und Landeskompetenzen für den administrativen Verfassungsschutz, BayVBl. 1982, S. 201

Gusy, Christoph: Das verfassungsrechtliche Gebot der Trennung von Polizei und Nachrichtendiensten, ZRP 1987, S. 45

Gusy, Christoph: Geheimdienstliche Aufklärung und Grundrechtsschutz, in: Aus Politik und Zeitgeschichte (APuZ) 44 / 2004, S. 14–20

Gusy, Christoph: Parlamentarische Kontrolle der Nachrichtendienste im demokratischen Rechtsstaat, ZRP 2008, S. 36

Haedge, Karl-Ludwig: Das neue Nachrichtendienstrecht der Bundesrepublik Deutschland, Ein Leitfaden mit Erläuterungen, Heidelberg 1998

Huber, Bertold: Die Reform der parlamentarischen Kontrolle der Nachrichtendienste und des Gesetzes nach Art. 10 GG, NVwZ 2009, S. 1321

Imle, Walter: Zwischen Vorbehalt und Erfordernis. Eine historische Studie zur Entstehung des nachrichtendienstlichen Verfassungsschutzes nach 1945, München 1984

Jäger, Thomas/Daun, Anna (Hrsg.): Geheimdienste in Europa – Transformation, Kooperation und Kontrolle, Wiesbaden 2009

Jaschke, Hans-Gerd: Politischer Extremismus, Wiesbaden 2006

Jesse, Eckhard: Formen des politischen Extremismus, in: Bundesministerium des Innern (Hrsg.): Extremismus in Deutschland – Erscheinungsformen und aktuelle Bestandsaufnahme, 2004, Texte zur Inneren Sicherheit, S. 7–24

Jesse, Eckhard: Verfassungsschutzberichte des Bundes und der Länder im Vergleich, in: Uwe Backes/Eckhard Jesse: Vergleichende Extremismusforschung, Baden-Baden 2006, S. 379–396

Jesse, Eckhard: Die Verfassungsschutzberichte der Bundesländer: Deskription, Analyse, Vergleich, in: Uwe Backes/Eckhard Jesse: Jahrbuch Extremismus & Demokratie 2007, Baden-Baden, S. 13-34

Jesse, Eckhard: Die unterschiedliche Wahrnehmung von Rechts- und Linksextremismus, in: Politische Studien 58 (2007), Themenheft 1, S. 8–17

Klump, Andreas: Freiheit den Feinden der Freiheit? Die Konzeption der streitbaren Demokratie in Deutschland – demokratietheoretische Grundlagen, Praxis, Kritik und Gegenkritik, in: Bundesministerium des Innern (Hrsg.): Extremismus in Deutschland – Erscheinungsformen und aktuelle Bestandsaufnahme, 2004, Texte zur Inneren Sicherheit, S. 338–389

König, Marco: Trennung und Zusammenarbeit von Polizei und Nachrichtendiensten, Stuttgart 2005

Kutscha: Die Aktualität des Trennungsgebots für Polizei und Verfassungsschutz, ZRP 1986, S. 194

Lisken, Hans: Polizei und Verfassungsschutz, NJW 1982, S. 1481

Lützinger, Saskia: Die Sicht der Anderen – Eine qualitative Studie zu Biographien von Extremisten und Terroristen, hrsg. vom Bundeskriminalamt, Kriminalistisches Institut, Band 40 der Reihe Polizei + Forschung, Köln 2010

Michaelis, Oliver: Politische Parteien unter der Beobachtung des Verfassungsschutzes. Die Streitbare Demokratie zwischen Toleranz und Abwehrbereitschaft, Baden-Baden 2000

Möllers, Martin H. W./van Ooyen, Robert Chr. (Hrsg.): Jahrbuch Öffentliche Sicherheit, Frankfurt/M. seit 2003

Murswiek: Der Verfassungsschutzbericht – das scharfe Schwert der streitbaren Demokratie, NVwZ 2004, S. 769

Nehm: Das nachrichtendienstliche Trennungsgebot und die neue Sicherheitsarchitektur, NJW 2004, S. 3289

Pfahl-Traughber, Armin (Hrsg.): Jahrbuch für Extremismus- und Terrorismusforschung, Brühl seit 2008

Pfahl-Traughber, Armin: Extremismus und Terrorismus. Eine Definition aus politikwissenschaftlicher Sicht, in: Pfahl-Traughber, Armin (Hrsg.): Jahrbuch für Extremismus- und Terrorismusforschung 2008, Brühl 2008, S. 9–33

Pfahl-Traughber, Armin: Gemeinsamkeiten im Denken der Feinde einer offenen Gesellschaft. Strukturmerkmale extremistischer Doktrine, in: Pfahl-Traughber, Armin (Hrsg.): Jahrbuch für Extremismus- und Terrorismusforschung 2009/2010, Brühl 2010, S. 9–32

Riegel, Reinhard: Rechtsgrundlagen für die informationelle Tätigkeit der Verfassungsschutzbehörden und datenschutzrechtliche Konsequenzen aus dem Volkszählungsurteil des Bundesverfassungsgerichts, DVBl 1985, S. 765 ff.

Roewer, Helmut: Datenverarbeitung und Informationsübermittlung durch die Verfassungsschutzbehörden, NJW 1985, S. 773

Roewer, Helmut: Trennung von Polizei und Verfassungsschutzbehörden, DVBl. 1986, S. 205

Roewer, Helmut: Nachrichtendienstrecht der Bundesrepublik Deutschland, Köln 1987

Roewer, Helmut: Geschichtlicher Nachschlag zur Kontroverse um die Trennung von Polizei und Verfassungsschutzbehörden, DVBl,1988, S. 666

Roggan/Kutscha (Hrsg.): Handbuch zum Recht der inneren Sicherheit, 2. Aufl. Berlin 2006

Roggan/Bergemann: Die „neue Sicherheitsarchitektur" der Bundesrepublik Deutschland, NJW 2007, S. 876

Ronellenfitsch, Michael: Das Recht auf informationelle Selbstbestimmung im Krieg gegen den Terrorismus, in: Nettesheim/Oppermann (Hrsg.): Ehrensymposium für Kossoy, 2007, S. 115

Schafranek, Frank Peter: Die Kompetenzverteilung zwischen Polizei- und Verfassungsschutzbehörden in der Bundesrepublik Deutschland, Aachen 2000

Schwagerl, Hans-Joachim: Verfassungsschutz in der Bundesrepublik Deutschland, Heidelberg 1985

Seel: Der Verfassungsschutz als neue Instanz im Kampf gegen die Organisierte Kriminalität, Der Kriminalist 2006, S. 172

Warg, Gunter: Extremismus und Terrorismus. Eine Definition aus rechtlicher Sicht, in: Pfahl-Traughber, Armin (Hrsg.): Jahrbuch für Extremismus- und Terrorismusforschung 2008, Brühl 2008, S.34–65

Weisser, Niclas-Frederic: Das Gemeinsame Terrorismusabwehrzentrum (GTAZ) – Rechtsprobleme, Rechtsform und Rechtsgrundlage, NVwZ 2011, S. 142

Werthebach/Droste-Lehnen: Der Verfassungsschutz – ein unverzichtbares Instrument der streitbaren Demokratie, DÖV 1992, S. 514

Wolff, Heinrich Amadeus: Der nachrichtendienstliche Geheimnisschutz und die parlamentarische Kontrolle, JZ 2010, S. 173

## Islamismus/Islamistischer Terrorismus

Baehr, Dirk: Charakteristika salafistischer Strömungen in Deutschland, in: Uwe Backes/Alexander Gallus/Eckhard Jesse (Hrsg.): Jahrbuch Extremismus & Demokratie 2010, Baden-Baden, S. 176–191

Breuer, Rita: Grundlagen der Scharia und ihre Anwendung im 21. Jahrhundert, in: Bundesministerium des Innern (Hrsg.): Islamismus, 4. Auflage 2004, Texte zur Inneren Sicherheit, S. 83–101

Brettfeld, Katrin/Wetzels, Peter: Junge Muslime in Deutschland: Eine kriminologische Analyse zur Alltagsrelevanz von Religion und Zusammenhängen von individueller Religiosität mit Gewalterfahrungen, -einstellungen und –handeln, in: Bundesministerium des Innern (Hrsg.): Islamismus, 4. Auflage 2004, Texte zur Inneren Sicherheit, S. 221–316

Bundesministerium des Innern (Hrsg.): Islamismus, 4. Auflage 2004, Texte zur Inneren Sicherheit

Dantschke, Claudia: Freiheit geistig-politischer Auseinandersetzung – islamistischer Druck auf zivilgesellschaftliche Akteure, in: Bundesministerium des Innern (Hrsg.): Islamismus, 4. Auflage 2004, Texte zur Inneren Sicherheit, S. 103-132

Eisvogel, Alexander: Terroristische Bedrohungspotentiale und die Schwierigkeiten, ihnen wirksam zu begegnen, in: Kurt Graulich / Dieter Simon (Hrsg.): Terrorismus und Rechtsstaatlichkeit – Analysen, Handlungsoptionen, Perspektiven, Berlin 2007, S. 57–67

Farschid, Olaf / Rudolph, Ekkehard: Zeitgenössische Akteure der Muslimbruderschaft. Eine extremismustheoretische Analyse des legalistischen Islamismus, in: Pfahl-Traughber, Armin (Hrsg.): Jahrbuch für Extremismus- und Terrorismusforschung 2008, Brühl 2008, S. 403–463

Farschid, Olaf: Antisemitismus im Islamismus. Ideologische Formen des Judenhasses bei islamistischen Gruppen, in: Pfahl-Traughber, Armin (Hrsg.): Jahrbuch für Extremismus- und Terrorismusforschung 2009/2010, Brühl 2010, S. 435–485

Heckmann, Friedrich: Islamische Milieus: Rekrutierungsfeld für islamistische Organisationen?, in: Bundesministerium des Innern (Hrsg.): Extremismus in Deutschland – Erscheinungsformen und aktuelle Bestandsaufnahme, 2004, Texte zur Inneren Sicherheit, S. 273–290

Heine, Peter: Islamismus – Ein ideologiegeschichtlicher Überblick, in: Bundesministerium des Innern (Hrsg.): Islamismus, 4. Auflage 2004, Texte zur Inneren Sicherheit, S. 7–18

Hirschmann, Kai: Jung, weiblich, explosiv: Terroristinnen im Dschihad. Gründe für den Weg der Frauen in den Terrorismus, in: Pfahl-Traughber, Armin (Hrsg.): Jahrbuch für Extremismus- und Terrorismusforschung 2009/2010, Brühl 2010, S. 502–515

Kaiser, Simone / Rosenbach, Marcel / Stark, Holger: „Operation Alberich", „Der Spiegel" vom 10.09.2007

Logvinov, Michail: Zwischen regionalem und internationalem Terrorismus – der Weg der islamischen Dschihad-Union, in: Uwe Backes / Alexander Gallus / Eckhard Jesse (Hrsg.): Jahrbuch Extremismus & Demokratie 2009, Baden-Baden, S. 180–196

Pfahl-Traughber, Armin: Das Gefahrenpotenzial gewaltorientierter Islamisten in Deutschland – eine vergleichende Betrachtung der regional und transnational ausgerichteten Anhänger, in: Uwe Backes / Eckhard Jesse (Hrsg.): Jahrbuch Extremismus & Demokratie 2006, Baden-Baden, S. 189–206

Rudolph, Ekkehard: Salafistische Propaganda im Internet. Eine Analyse von Argumentationsmustern im Spannungsfeld von missionarischem Aktivismus, Islamismus und Gewaltlegitimation, in: Pfahl-Traughber, Armin (Hrsg.): Jahrbuch für Extremismus- und Terrorismusforschung 2009/2010, Brühl 2010, S. 486–501

Sirseloudi, Matenia / Murshed, Syed Mansoob / Pavan, Sara: Radikalisierung von europäischen Muslimen: Zwei Ansätze, in: Aus Politik und Zeitgeschichte (APuZ) 44/2010, S. 39–46

Stark, Holger: Suche nach Islamisten, „Der Spiegel" vom 23.04.2007

Stark, Holger: Der innerste Ring, „Der Spiegel" vom 12.11.2007 (zur Enttarnung der „Sauerland-Gruppe")

Steinberg, Guido: Der nahe und der ferne Feind. Die Netzwerke des islamistischen Terrorismus, München 2005

Steinberg, Guido: Die Wiederkehr von al-Qaida, in: Institut für Sicherheitspolitik an der Universität Kiel (ISUK) (Hrsg.): Jahrbuch Terrorismus 2007/2008, Opladen 2008, S. 23–34

Steinberg, Guido: Die Islamische Jihad-Union. Zur Internationalisierung des usbekischen Jihadismus, Berlin 2008, Stiftung Wissenschaft und Politik (SWP), SWP-Aktuell 23/2008

Steinberg, Guido: Im Visier von al-Qaida. Deutschland braucht eine Anti-Terror-Strategie, Hamburg 2009

Wetzel, Juliane: Antisemitismus und Holocaustleugnung als Denkmuster radikaler islamistischer Gruppierungen, in: Bundesministerium des Innern (Hrsg.): Extremismus in Deutschland – Erscheinungsformen und aktuelle Bestandsaufnahme, 2004, Texte zur Inneren Sicherheit, S. 253–272

Wöhler-Khalfallah, Khadija Katja: Maududis „Als Muslim leben" im Widerstreit mit den Normen der liberalen, rechtsstaatlichen und säkularen Demokratie. Analyse eines Klassikers des islamischen Fundamentalismus aus extremismustheoretischer Perspektive, in: Pfahl-Traughber, Armin (Hrsg.): Jahrbuch für Extremismus- und Terrorismusforschung 2008, Brühl 2008, S. 464–496

Worbs, Susanne / Heckmann, Friedrich: Islam in Deutschland: Aufarbeitung des gegenwärtigen Forschungsstandes und Auswertung eines Datensatzes zur zweiten Migrantengeneration, in: Bundesministerium des Innern (Hrsg.): Islamismus, 4. Auflage 2004, Texte zur Inneren Sicherheit, S. 133–220

## Rechtsextremismus

Backes, Uwe / Steglich, Henrik (Hrsg.): Die NPD, Erfolgsbedingungen einer rechtsextremistischen Partei, Baden-Baden 2007

Benz, Wolfgang: Was ist Antisemitismus?, Bonn 2004, Bundeszentrale für politische Bildung, Schriftenreihe Band 455

Bergmann, Werner: Die Verbreitung antisemitischer Einstellungen in der Bundesrepublik Deutschland, in: Bundesministerium des Innern (Hrsg.): Extremismus in Deutschland – Erscheinungsformen und aktuelle Bestandsaufnahme, 2004, Texte zur Inneren Sicherheit, S. 25–55

Brandstetter, Marc: Die sächsische NPD: Politische Struktur und gesellschaftliche Verwurzelung, ZParl 2007, S. 349–367

Brandstetter, Marc: Feinde im Alltag, Brüder im Geiste – Autonome Nationalisten im Vergleich zu den linksextremen Autonomen,
in: Uwe Backes / Eckhard Jesse (Hrsg.): Jahrbuch Extremismus & Demokratie 2008, Baden-Baden, S. 185-203

Braun, Stephan / Geisler, Alexander / Gerster, Martin (Hrsg.): Strategien der extremen Rechten. Hintergründe – Analysen – Antworten, Wiesbaden 2009

Diamant, Adolf: Geschändete Jüdische Friedhöfe in Deutschland 1945 bis 1999, Potsdam 2000

Dudek, Peter / Jaschke, Hans-Gerd: Entstehung und Entwicklung des Rechtsextremismus in der Bundesrepublik Deutschland, Opladen 1984

Erb, Rainer: Antisemitische Straftäter in den Jahren 1993 bis 1995,
in: Wolfgang Benz (Hrsg.): Jahrbuch für Antisemitismusforschung 6, Frankfurt/M. 1997, S. 160-180

Frölich, Margrit / Hafeneger, Benno / Kaletsch, Christa / Oppenhäuser, Holger (Hrsg.): Zivilgesellschaftliche Strategien gegen die extreme Rechte in Hessen, Frankfurt/M. 2007

Gessenharter, Wolfgang / Pfeiffer, Thomas (Hrsg.): Die Neue Rechte – eine Gefahr für die Demokratie?, Wiesbaden 2004

Geulen, Christian: Geschichte des Rassismus, München 2007, Lizenzausgabe für die Bundeszentrale für politische Bildung, Schriftenreihe Band 677

Glaser, Stefan / Pfeiffer, Thomas (Hrsg.): Erlebniswelt Rechtsextremismus, Schwalbach / Ts. 2007 (2. Aufl. 2009); auch als Lizenzausgabe für die Bundeszentrale für politische Bildung, Schriftenreihe Band 629, Bonn 2007

Goll, Karsten: Biographisches Porträt: Holger Apfel,
in: Uwe Backes/Eckhard Jesse (Hrsg.): Jahrbuch Extremismus & Demokratie 2007, Baden-Baden, S. 226–236

van Hüllen, Rudolf: „Autonome Nationalisten" zwischen politischer Produktpiraterie und „Nähe zum Gegner". Eine Analyse zu Sprachcodes, Widerstandsverständnis und Gewaltrituale als Brücken zu den linksextremistischen Autonomen,
in: Pfahl-Traughber, Armin (Hrsg.): Jahrbuch für Extremismus- und Terrorismusforschung 2009/2010, Brühl 2010, S. 191–210

Jesse, Eckhard: Die Vier-Säulen-Strategie der NPD.
Eine Analyse zu Anspruch und Wirklichkeit ihrer Umsetzung,
in: Pfahl-Traughber, Armin (Hrsg.): Jahrbuch für Extremismus- und Terrorismusforschung 2008, Brühl 2008, S.178–192

Menhorn, Christian: „Autonome Nationalisten" –
Generations- und Paradigmenwechsel im neonationalsozialistischen Lager?,
in: Uwe Backes/Eckhard Jesse (Hrsg.): Jahrbuch Extremismus & Demokratie 2007, Baden-Baden, S. 213–225

Menhorn, Christian: Die Erosion der Skinhead-Bewegung als eigenständiger Subkultur.
Eine Analyse des Wandels elementarer Stilmerkmale,
in: Pfahl-Traughber, Armin (Hrsg.): Jahrbuch für Extremismus- und Terrorismusforschung 2009/2010, Brühl 2010, S. 125–150

Mertens, Lothar: Davidstern unter Hammer und Zirkel. Die Jüdischen Gemeinden in der SBZ/DDR und ihre Behandlung durch Partei und Staat 1945–1990, Hildesheim 1997

Mletzko, Matthias: Gewalthandeln linker und rechter militanter Szenen,
in: Aus Politik und Zeitgeschichte (APuZ) 44/2010, S. 9–16

Neiss, Marion: Schändungen jüdischer Friedhöfe im Deutschland des 18. und 19. Jahrhunderts,
in: Wolfgang Benz (Hrsg.): Jahrbuch für Antisemitismusforschung 3, Frankfurt/M. 1994, S. 69–92

Neiss, Marion: Diffamierung mit Tradition – Friedhofsschändungen,
in: Wolfgang Benz (Hrsg.), Antisemitismus in Deutschland. Zur Aktualität eines Vorurteils, München 1995, S. 140–156

Neiss, Marion: Schändungen jüdischer Friedhöfe in Deutschland,
in: Wolfgang Benz/Angelika Königseder (Hrsg.): Judenfeindschaft als Paradigma. Studien zur Vorurteilsforschung, Berlin 2002, S. 319–326

Pfahl-Traughber, Armin: Antisemitismus in der deutschen Geschichte, Opladen 2002

Pfahl-Traughber, Armin: Rechtsextremismus in der Bundesrepublik Deutschland, 4. Auflage, München 2006

Pfahl-Traughber, Armin: Der „zweite Frühling" der NPD, Konrad-Adenauer-Stiftung, Reihe Zukunftsforum Politik Nr. 92/2008, Sankt Augustin 2008

Pfeiffer, Thomas: Parteinahe Jugendzeitschriften einer neuen sozialen Bewegung von rechts. Eine Analyse zu Funktion und Inhalten von sechs Periodika, in: Pfahl-Traughber, Armin (Hrsg.): Jahrbuch für Extremismus- und Terrorismusforschung 2008, Brühl 2008, S. 264-302

Pfeiffer, Thomas: Islamfeindschaft als Kampagnenthema im Rechtsextremismus – Erfolgspotenzial, strategische Hintergründe und Diskurstechniken am Beispiel der NPD, in: Internetseite der Verfassungsschutzbehörde Nordrhein-Westfalen, www.Verfassungsschutz.nrw.de

Pingel-Schliemann, Sandra: Die NPD im Landtag von Mecklenburg-Vorpommern, in: Uwe Backes/Eckhard Jesse (Hrsg.): Jahrbuch Extremismus & Demokratie 2008, Baden-Baden, S. 151–166

Röpke, Andrea/Speit, Andreas (Hrsg.): Neonazis in Nadelstreifen Die NPD auf dem Weg in die Mitte der Gesellschaft?, Lizenzausgabe für die Bundeszentrale für politische Bildung, Schriftenreihe Band 787, Bonn 2009

Schedler, Jan: „Autonome Nationalisten", in: Aus Politik und Zeitgeschichte (APuZ) 44/2010, S. 20-26

Scheffler, Sonja: Selbstverständnis und Zielsetzung der bedeutendsten rechtsextremistischen Jugendorganisation – die Jungen Nationaldemokraten (JN), in: Herbert Kloninger (Hrsg.): Aktuelle Aspekte des Rechtsextremismus, Beiträge zur inneren Sicherheit Band 14, Brühl 2001

Schmitz-Berning, Cornelia: Vokabular des Nationalsozialismus, Berlin 2000

Schoeps, Julius H.: Sepulcra hostium religiosa nobis non sunt. Zerstörung und Schändung jüdischer Friedhöfe seit 1945, in: Diamant, Adolf: Geschändete Jüdische Friedhöfe in Deutschland 1945 bis 1999, Potsdam 2000, S. 87–95

Staud, Toralf: Moderne Nazis – Die neuen Rechten und der Aufstieg der NPD, Köln 2005; auch als Lizenzausgabe für die Bundeszentrale für politische Bildung, Schriftenreihe Band 566, Bonn 2006

Vieregge, Elmar: Relativierung und Leugnung des Holocaust. Eine Analyse zu Argumentationsmustern und zur Lage des rechtsextremistischen Revisionismus, in: Pfahl-Traughber, Armin (Hrsg.): Jahrbuch für Extremismus- und Terrorismusforschung 2008, Brühl 2008, S. 303–341

Wahl, Klaus (Hrsg.): Fremdenfeindlichkeit, Antisemitismus, Rechtsextremismus. Drei Studien zu Tatverdächtigen und Tätern, Berlin 2001

Walter, Dirk: Antisemitische Kriminalität und Gewalt. Judenfeindschaft in der Weimarer Republik, Bonn 1999

Willems, Hellmut u. a.: Fremdenfeindliche Gewalt. Einstellungen, Täter, Konflikteskalation, Opladen 1993

## Linksextremismus

Auerbach, Thomas: Einsatzkommandos an der unsichtbaren Front. Terror- und Sabotagevorbereitungen des MfS gegen die Bundesrepublik Deutschland, Berlin 1999

Barisic, Thomas / Reinhardt, Arnd: Linksextremismus im Internet, in: Bundesministerium des Innern (Hrsg.): Extremismus in Deutschland – Erscheinungsformen und aktuelle Bestandsaufnahme, 2004, Texte zur Inneren Sicherheit, S. 222–252

Baron, Udo: „Gruppe Ralf Forster" – Die geheime Militärorganisation von DKP und SED in der Bundesrepublik, in: Deutschland-Archiv 6/2005, S.1009–1015

Blank, Bettina: Gegen „Rechtsentwicklung", „Militarisierung" und „Sozialabbau" – Für die Verteidigung der „demokratischen Grundrechte": Die VVN-BdA und das Grundgesetz, in: Uwe Backes / Alexander Gallus / Eckhard Jesse (Hrsg.): Jahrbuch Extremismus & Demokratie 2010, Baden-Baden, S. 165–175

Brandstetter, Marc: Feinde im Alltag, Brüder im Geiste – Autonome Nationalisten im Vergleich zu den linksextremen Autonomen, in: Uwe Backes / Eckhard Jesse (Hrsg.): Jahrbuch Extremismus & Demokratie 2008, Baden-Baden, S. 185–203

Ceylanoglu, Sena: Linksextremismus in Deutschland heute, in: Bundesministerium des Innern (Hrsg.): Extremismus in Deutschland – Erscheinungsformen und aktuelle Bestandsaufnahme, 2004, Texte zur Inneren Sicherheit, S. 136–162

Grumke, Thomas: Die Linke zwischen Demokratie und Extremismus. Eine Analyse zum Spannungsverhältnis der Partei zur freiheitlichen demokratischen Grundordnung, in: Pfahl-Traughber, Armin (Hrsg.): Jahrbuch für Extremismus- und Terrorismusforschung 2009/2010, Brühl 2010, S. 301–318

Hirscher, Gerhard/Pfahl-Traughber, Armin (Hrsg.): Was wurde aus der DKP? Beiträge zur Geschichte und Gegenwart der extremen Linken in Deutschland, Brühl 2008

Jander, Martin: Differenzen im antiimperialistischen Kampf. Zur Verbindung des Ministeriums für Staatssicherheit mit der RAF und dem bundesdeutschen Linksterrorismus, in: Wolfgang Kraushaar (Hrsg.): Die RAF und der linke Terrorismus, Bd.1, Hamburg 2006, S. 696–713

Jesse, Eckhard: Das neue Parteiprogramm der DKP, in: Uwe Backes/Eckhard Jesse (Hrsg.): Jahrbuch Extremismus & Demokratie 2007, Baden-Baden, S. 199–212

Kloke, Martin: Antizionismus und Antisemitismus als Weltanschauung? Tendenzen im deutschen Linksradikalismus und -extremismus, in: Bundesministerium des Innern (Hrsg.): Extremismus in Deutschland – Erscheinungsformen und aktuelle Bestandsaufnahme, 2004, Texte zur Inneren Sicherheit, S. 163–196

Kraushaar, Wolfgang (Hrsg.): Die RAF und der linke Terrorismus, Hamburg 2006

Lang, Jürgen P.: Wandel und Beharrung: SED und PDS, in: Aus Politik und Zeitgeschichte (APuZ) 47/2008, S. 34–39

Lang, Jürgen P.: Ist Die Linke eine demokratische Partei?, in: Uwe Backes/Alexander Gallus/Eckhard Jesse (Hrsg.): Jahrbuch Extremismus & Demokratie 2009, Baden-Baden, S. 161–179

Mletzko, Matthias: Gewalthandeln linker und rechter militanter Szenen, in: Aus Politik und Zeitgeschichte (APuZ) 44/2010, S. 9–16

Müller, Uwe/Hartmann, Grit: Vorwärts und vergessen!, Berlin 2009

Müller-Enbergs, Helmut: Eine stalinistische Sekte wird 40 Jahre alt – seit 25 Jahren heißt sie MLPD, in: Uwe Backes/Eckhard Jesse (Hrsg.): Jahrbuch Extremismus & Demokratie 2008, Baden-Baden, S. 167–184

Pfahl-Traughber, Armin: Die „Deutsche Kommunistische Partei“ (DKP) nach vierzig Jahren. Eine Bilanz zur Entwicklung des ehemaligen Interventionsapparates der SED, in: Pfahl-Traughber, Armin (Hrsg.): Jahrbuch für Extremismus- und Terrorismusforschung 2008, Brühl 2008, S. 342–376

Pfahl-Traughber, Armin: Die Achtundsechziger zwischen Gesellschaftskritik und totalitärer Heilslehre. Eine kritische Analyse der Protestbewegung aus extremismustheoretischer Sicht, in: Pfahl-Traughber, Armin (Hrsg.): Jahrbuch für Extremismus- und Terrorismusforschung 2008, Brühl 2008, S. 377–402

Pfahl-Traughber, Armin: Antifaschismus als Thema linksextremistischer Agitation, Bündnispolitik und Ideologie. Zu den ideologischen Hintergründen und politischen Implikationen eines Kampfbegriffs, in: Pfahl-Traughber, Armin (Hrsg.): Jahrbuch für Extremismus- und Terrorismusforschung 2009/2010, Brühl 2010, S. 273–300

Weber, Hermann: Wer war „Ralf Forster"? Der Leiter der DKP-Militärorganisation im Spiegel der Erinnerung und der MfS-Akten, in: Jahrbuch für Historische Kommunismusforschung 2006, S. 298–310

# Autoren

**Alexander Bauer**

MdL, Mitglied der Parlamentarischen Kontrollkommission Verfassungsschutz (PKV) des Hessischen Landtags

**Holger Bellino**

MdL, stellv. Vorsitzender der Parlamentarischen Kontrollkommission Verfassungsschutz (PKV) des Hessischen Landtags

**Roland Desch**

Präsident des Landesamtes für Verfassungsschutz Hessen

**Nancy Faeser**

MdL, Vorsitzende der Parlamentarischen Kontrollkommission Verfassungsschutz (PKV) des Hessischen Landtags

**Michael Fischer**

Leiter des Dezernats al-Quaida-nahe Netzwerke und Personenstrukturen im Landesamt für Verfassungsschutz Hessen

**Jürgen Frömmrich**

MdL, Mitglied der Parlamentarischen Kontrollkommission Verfassungsschutz (PKV) des Hessischen Landtags

**Wolfgang Greilich**

MdL, Mitglied der Parlamentarischen Kontrollkommission Verfassungsschutz (PKV) des Hessischen Landtags

**Dr. Rudolf van Hüllen**

Extremismusforscher, freier Publizist

**Prof. Dr. Eckhard Jesse**

Professor für Politikwissenschaft an der TU Chemnitz, 2007–2009 Vorsitzender der Deutschen Gesellschaft für Politikwissenschaft, Mitherausgeber des Jahrbuchs Extremismus & Demokratie, Baden-Baden

**Dr. Roland Johne**

Leiter des Dezernats Rechtsextremismus (Kompetenzzentrum Rechtsextremismus, KOREX) im Landesamt für Verfassungsschutz Hessen

**Dr. Alexandra Karrenberg**

Leiterin des Dezernates Geheimschutz im Landesamt für Verfassungsschutz Hessen

**Prof. Dr. Armin Pfahl-Traughber**

Professor an der Fachhochschule des Bundes für öffentliche Verwaltung in Brühl mit den Arbeitsschwerpunkten Extremismus und Ideengeschichte, Herausgeber des in Brühl erscheinenden Jahrbuchs für Extremismus- und Terrorismusforschung

**Dr. Iris Pilling**

Leiterin der Abteilung Inlandsextremismus im Landesamt für Verfassungsschutz Hessen

**Catrin Rieband**

Leiterin der Abteilung Islamismus, allgemeiner Ausländerextremismus und stellvertretende Amtsleiterin des Landesamtes für Verfassungsschutz Hessen

**Prof. Dr. Michael Ronellenfitsch**

Hessischer Datenschutzbeauftragter, Professor für öffentliches Recht und Verwaltungsrecht an der Universität Tübingen

**Martin Rößler**

Leiter des Referats Versammlungsrecht, Vereinsrecht,
Verfassungsschutz im Hessischen Ministerium des Innern und für Sport